高等学校经济与工商管理系列教材

基础会计学

（修订本）

主　编　赵忠伟
副主编　尹利勇　刘国余

清华大学出版社
北京交通大学出版社
·北京·

内容简介

本书以企业会计准则为基础，以会计核算为主线，系统地阐述了会计的基本理论、基本方法和基本操作技能，包括总论，会计要素与会计等式，会计核算基础，会计科目、账户与复式记账，会计凭证，会计账簿，制造业企业主要经济业务核算，财产清查，财务会计报告，会计核算组织程序，会计工作组织和财务报表分析。

本书适合普通高等院校会计学、财务管理专业和其他经济管理类专业学生使用，也可作为从事经济管理工作人员的培训教材。

本书封面贴有清华大学出版社防伪标签，无标签者不得销售。
版权所有，侵权必究。侵权举报电话：010-62782989　13501256678　13801310933

图书在版编目（CIP）数据

基础会计学 / 赵忠伟主编. —北京：北京交通大学出版社 ：清华大学出版社，2017.11
（2022.2 重印）
（高等学校经济与工商管理系列教材）
ISBN 978-7-5121-3376-1

Ⅰ. ① 基… Ⅱ. ① 赵… Ⅲ. ① 会计学–高等学校–教材 Ⅳ. ① F230

中国版本图书馆 CIP 数据核字（2017）第 245871 号

基础会计学
JICHU KUAIJIXUE

责任编辑：	黎　丹
出版发行：	清 华 大 学 出 版 社　　邮编：100084　电话：010-62776969　http://www.tup.com.cn
	北京交通大学出版社　　邮编：100044　电话：010-51686414　http://www.bjtup.com.cn
印　刷　者：	北京时代华都印刷有限公司
经　　　销：	全国新华书店
开　　　本：	185 mm×260 mm　　印张：17　　字数：424 千字
版　　　次：	2017 年 11 月第 1 版　　2020 年 2 月第 1 次修订　　2022 年 2 月第 4 次印刷
书　　　号：	ISBN 978-7-5121-3376-1/F・1733
印　　　数：	4 001～5 000 册　　定价：42.00 元

本书如有质量问题，请向北京交通大学出版社质监组反映。对您的意见和批评，我们表示欢迎和感谢。
投诉电话：010-51686043，51686008；传真：010-62225406；E-mail：press@bjtu.edu.cn。

前　言

教育部在《国家中长期教育改革和发展规划纲要（2010—2020 年）》中指出，高等教育要重点扩大应用型、复合型、技能型人才培养规模。本书按照应用型人才的培养目标，依据《中华人民共和国会计法》《会计基础工作规范》，2014 年财政部印发的修订后的《企业会计准则第 9 号——职工薪酬》《企业会计准则第 30 号——财务报表列报》等，以及财政部、国家税务总局印发的一系列"营改增"政策等相关会计准则和税收法规，以会计核算为主线，系统地阐述了会计的基本理论、基本方法和基本操作技能。

本书共 12 章，第 1~10 章主要阐述了会计的基本理论和基本方法，即会计核算方法，包括设置账户、复式记账、填制和审核凭证、登记账簿、财产清查和编制财务会计报告。因为成本计算在后续的成本会计课程中还要进行系统的学习，考虑到学时和初学者的接受程度，本书删除了成本计算部分，只阐述了会计核算方法中的 6 种方法。第 12 章是财务报表分析，主要从财务报表使用者的角度出发组织内容，使学生学会阅读、运用财务报表数据，读取其隐含的信息。

本书特色如下。

（1）完整性。本书以会计核算为主线，以企业会计准则为依据，按照会计核算程序，系统、完整地阐述了会计核算方法；理论联系实际，以制造业企业为例，用一个完整的实例来系统地说明会计凭证的填制、账簿的登记及财务报表的编制，以提高学生的实际操作能力。

（2）时效性。本书按照最新会计准则和税收法规组织内容，尤其是"营改增"税收法规制度的改革在本书中都有所体现，有利于学生及时掌握最新的会计工作要求，为后续课程的学习和毕业后实际工作的开展打下良好的基础。

（3）适应性。本书针对基础会计课程涉及专业多的特点，增加了会计信息分析模块，从财务报表使用者的角度出发组织教学内容，使学生学会阅读、运用财务报表数据，读取其隐含的信息，培养学生解读会计信息的能力。

本书由赵忠伟担任主编，尹利勇、刘国余担任副主编，其中第 1、2、3、4、7、8、9 章由赵忠伟编写，第 5、6 章由尹利勇编写，第 10、11、12 章由刘国余编写。

本书配有教学课件和相关的教学资源，有需要的读者可以从网站 http://www.bjtup.com.cn 下载或者与 cbsld@jg.bjtu.edu.cn 联系。

本书在编写过程中得到了有关院校的大力支持与帮助，在此深表谢意。

由于作者经验、学识水平有限，书中内容安排与语言表述可能存在不妥之处，敬请读者提出宝贵意见。

编　者

2017 年 8 月

目　　录

第 1 章　总论 1
　1.1　会计概述 1
　1.2　会计目标和会计信息质量要求 5
　1.3　会计方法 7
　本章小结 10
　思考题 10
　练习题 11

第 2 章　会计要素与会计等式 13
　2.1　会计的对象 13
　2.2　会计要素 15
　2.3　会计等式 21
　本章小结 24
　思考题 24
　练习题 25

第 3 章　会计核算基础 29
　3.1　会计基本假设 29
　3.2　会计要素的计量 31
　3.3　权责发生制与收付实现制 32
　本章小结 33
　思考题 33
　练习题 33

第 4 章　会计科目、账户与复式记账 36
　4.1　会计科目 36
　4.2　账户 40
　4.3　复式记账法 43
　4.4　借贷记账法 44
　本章小结 56
　思考题 56
　练习题 57

第 5 章 会计凭证 ... 61
- 5.1 会计凭证的意义和种类 ... 61
- 5.2 原始凭证的填制与审核 ... 69
- 5.3 记账凭证的填制与审核 ... 72
- 5.4 会计凭证的传递和保管 ... 74
- 本章小结 ... 75
- 思考题 ... 76
- 练习题 ... 76

第 6 章 会计账簿 ... 80
- 6.1 会计账簿的作用和分类 ... 80
- 6.2 会计账簿的设置与登记 ... 83
- 6.3 会计账簿的启用与错账更正方法 ... 88
- 6.4 对账与结账 ... 92
- 6.5 会计账簿的更换与保管 ... 95
- 本章小结 ... 95
- 思考题 ... 96
- 练习题 ... 96

第 7 章 制造业企业主要经济业务核算 ... 100
- 7.1 制造业企业主要经济业务核算概述 ... 100
- 7.2 资金筹集业务的核算 ... 101
- 7.3 供应过程业务的核算 ... 108
- 7.4 产品生产过程业务的核算 ... 118
- 7.5 销售过程业务的核算 ... 131
- 7.6 财务成果形成与分配业务的核算 ... 138
- 7.7 资金退出企业的核算 ... 148
- 本章小结 ... 149
- 思考题 ... 150
- 练习题 ... 150

第 8 章 财产清查 ... 156
- 8.1 财产清查概述 ... 156
- 8.2 财产清查的内容与方法 ... 158
- 8.3 财产清查结果的处理 ... 165
- 本章小结 ... 170
- 思考题 ... 171
- 练习题 ... 171

第 9 章　财务会计报告 ... 174
9.1　财务会计报告概述 ... 174
9.2　资产负债表 ... 176
9.3　利润表 ... 185
9.4　现金流量表 ... 189
9.5　所有者权益变动表 ... 193
9.6　附注 ... 195
本章小结 ... 196
思考题 ... 197
练习题 ... 197

第 10 章　会计核算组织程序 ... 200
10.1　会计核算组织程序 ... 200
10.2　科目汇总表核算组织程序的应用 ... 206
本章小结 ... 226
思考题 ... 227
练习题 ... 227

第 11 章　会计工作组织 ... 230
11.1　会计工作组织概述 ... 230
11.2　会计机构与会计人员 ... 231
11.3　会计档案与会计工作交接 ... 237
本章小结 ... 240
思考题 ... 240
练习题 ... 241

第 12 章　财务报表分析 ... 243
12.1　财务报表分析概述 ... 243
12.2　财务报表分析的方法 ... 245
12.3　财务指标分析 ... 247
本章小结 ... 258
思考题 ... 258
练习题 ... 259

参考文献 ... 262

第1章

总　论

【学习目标】
本章主要阐述会计的概念、会计的职能、会计目标、会计信息质量要求、会计核算方法等一些基本概念。通过本章的学习，使学生理解会计的含义，了解会计应向谁提供信息，会计信息质量有何特征，重点掌握会计核算方法体系。

1.1　会计概述

当今世界处于信息时代——所有活动的开展都依赖于信息的提供、传递、分析及应用，而会计则是这个信息时代的核心。会计信息及其可靠性会影响到我们每个人。

1. 会计信息使用者

会计常常被称为商业语言，因为所有的企业都会建立一套会计信息系统来传递信息，以使人们能够更好地做出决策。会计信息系统可以为许多信息使用者服务，这些使用者可以分为两类：外部信息使用者和内部信息使用者。

（1）外部信息使用者

会计信息的外部使用者（external users）不直接参与企业经营。外部信息使用者包括股东（投资者）、债权人、董事、客户、供应商、政府管理机构、律师、经纪人和媒体。外部信息使用者获取企业信息的渠道有限，但是他们要依赖具有可靠性、相关性和可比性的信息来进行决策。财务会计是通过提供通用财务报表来实现服务外部信息使用者目标的一个会计分支。所谓通用财务报表，是指可供外部信息使用者用于多种用途的外部财务报表。以下列举了部分外部信息使用者及他们利用会计信息所做的决策。股东（投资者）是企业的所有者，他们使用财务报表来决定是否购买、持有或出售股票。债权人将资金或其他资源借给企业。银行、储蓄贷款机构、消费合作社、抵押和金融公司常常充当债权人的角色。债权人通常会收集能够帮助他们评估一个企业能否还本付息的信息。董事通过选举成立董事会来监管他们在企业中的利益。因为董事要对股东负责，所以董事和股东对信息有着类似的需求。外部独立审计人员检查财务报表以确定报表是否按照公认会计原则编制。普通员工和工会使用财务报表来判断工资的分配是否公正、评价未来的工作前景及为实现加薪与企业进行谈判。政府管理机构对于企业的某些活动享有法定权利。比如税收机构要求企业提交财务报表以计算纳税额，证券管理机构要求上市公司提交财务报表。供应商在赊销前使用会计信息判断客户的信用状况。客户使用财务报表来评价潜在供应商能否长期供货。

（2）内部信息使用者

会计信息的内部使用者（internal users）是指那些直接参与企业经营管理的人。他们使用会计信息来改善企业的经营效率和效果。管理会计是会计的另一个分支，它主要满足内部信息使用者的决策需要。内部报表的编制不需要遵守外部报表的编制规则，内部报表是为了满足内部信息使用者的特殊需要而编制的。以下列举了部分内部信息使用者及他们利用会计信息所做的决策。研发部门经理想知道如果改变产品和服务，成本和收入预计会发生怎样的变化。采购部门经理想知道何时以何种价格采购何种物资。人力资源部门经理需要有关员工工资、津贴、绩效和报酬方面的信息。生产部门经理需要有关监控成本和保证质量方面的信息。销售部门经理需要有关及时、准确、高效地交付产品和服务的报告。服务部门经理需要掌握为提供产品和服务而发生的成本及所带来的收益。

2. 会计的概念

会计信息使用者需要了解和评价企业的财务状况和经营业绩，以便进行决策。会计就是为会计信息使用者提供企业财务状况和经营业绩的信息系统。会计是经济管理的重要组成部分，是以货币为主要计量尺度，运用一系列专门方法，对经济单位的经济活动进行连续、系统、综合的核算和监督，提供以财务信息为主的经济信息，为外部有关各方的投资、信贷决策服务，为内部强化管理和提高经济效益服务的一个经济信息系统。

3. 会计的职能

会计的职能是指会计在经济管理中所具有的功能或能够发挥的作用。进行会计核算和实施会计监督是会计的两项基本职能。

1）会计的核算（反映）职能

会计的核算职能是指会计以货币为主要计量单位，通过确认、计量、记录和报告等环节，对特定对象（或特定主体）的经济活动进行记账、算账、报账，为利益相关者提供会计信息的功能。会计的核算职能是会计的首要功能。会计的核算职能具有以下特征。

（1）会计是以货币为主要计量单位，从价值量方面反映各单位的经济活动情况

由于经济活动的复杂性，人们不可能单凭观察和记忆掌握经济活动的全面情况，也不可能简单地将不同类别的经济业务加以计量、汇总，只有以货币为度量单位，将经济活动以货币量化表示，并将其按一定的程序进行加工处理生成会计数据，才能反映经济活动的全过程及其结果。会计在对各单位经济活动进行反映时，主要是从数量而不是从质量方面进行反映。例如企业对固定资产进行会计反映时，只记录其数量、成本、折旧等数量或金额变化，而并不反映其技术水平、运行状况等。会计在反映各单位经济活动时以货币量度为主，以实物量度及劳动量度为辅。

（2）会计核算具有完整性、连续性、系统性

会计核算的完整性、连续性、系统性，是会计资料完整性、连续性、系统性的保证。会计核算的完整性，是指对所有的会计对象都要进行确认、计量、记录、报告，不能有任何遗漏；会计核算的连续性，是指对会计对象的确认、计量、记录、报告要连续进行，不能有任何中断；会计核算的系统性，是指对会计对象按科学的方法分类，进而进行系统的加工、整理和汇总，以便提供管理所需要的各类信息。

（3）会计主要是核算过去已经发生的经济活动

会计核算必须以会计凭证为依据，才能保证会计所提供信息的真实、可靠。只有在每项经济业务发生或完成以后，才能取得该项经济业务完成的书面凭证，会计核算对已经发生的经济活动进行事后的记录、核算、分析，通过加工处理后提供大量的信息资料，反映经济活动的现实状况及历史状况。

核算职能是会计核算工作的基础。它通过会计信息系统所提供的信息，既服务于国家的宏观调控部门，又服务于会计主体的外部投资者、债权人和内部管理者。这种服务是具有能动性的，从这一角度来看，会计的核算职能也在一定程度上体现了管理精神。

2）会计的监督职能

会计的监督职能是指会计按照一定的目的和要求，利用会计信息系统所提供的信息，对会计主体的经济活动进行控制、监察和督促，使之达到预期的目标。会计的监督职能就是监督经济活动按照有关的法规和计划进行。这是会计的另一个职能，与会计的核算职能相辅相成。会计的监督职能具有以下特征。

（1）会计监督具有强制性和严肃性

会计监督是国家财经法规和财经纪律所赋予的权力，因此这种监督具有强制性。《中华人民共和国会计法》（以下简称《会计法》）不仅赋予会计人员实行监督的权力，而且规定了被检查单位必须如实提供会计凭证、会计账簿、财务会计报告、其他会计资料及有关情况，如有拒绝、隐匿、谎报等情况，则属违法行为，应当承担法律责任。因此，会计监督以国家的财经法规和财经纪律为准绳，具有强制性和严肃性。

（2）会计监督具有连续性

社会再生产过程不间断，会计反映就要不断地进行下去。在这个持续过程中，始终离不了会计监督，各会计主体每发生一笔经济业务，都要通过会计进行反映，在反映的同时，就要审查它们是否符合法律、制度、规定和计划。会计反映具有连续性，会计监督也就具有连续性。

（3）会计监督具有完整性

会计要对单位经济活动的全过程进行监督，包括事前监督、事中监督、事后监督。事前监督是指在经济活动开始前进行的监督。会计人员在参与制订各种决策及相关的各项计划或费用预算时，依据有关政策、法规、准则等的规定对各项经济活动的可行性、合理性、合法性和有效性等进行审查，从而做到在事前就有目的地控制经济活动的进程。事中监督是指会计对正在发生的经济活动过程和取得的核算资料进行审查、分析，并据以纠正经济活动进程中的偏差及失误，促使有关部门或人员采取措施予以改正。事后监督是指以事先制定的目标、标准和要求为依据，利用会计反映取得的资料对已经完成的经济活动进行考核、分析和评价。事后监督可以为制订下期计划、预算提供资料，也可以预测今后经济活动的发展趋势。

会计监督主要通过价值指标来进行。会计核算利用货币计量形成的价值指标综合地反映经济活动的过程及结果，为了便于监督，有时还需要事先制定一些可供检查、分析的价值指标，用来监督和控制有关经济活动，以避免出现大的偏差。会计监督通过价值指标可以全面、及时、有效地控制各个单位的经济活动。

3）会计核算职能与监督职能的关系

会计核算与会计监督两项基本职能相辅相成、辩证统一。会计核算是会计监督的基础，没有会计核算提供的各种信息，会计监督就失去了依据；而会计监督又是会计核算质量的保证，没有监督职能进行控制，提供有力的保证，就不可能提供真实可靠的会计信息，也就不能发挥会计管理的能动作用，会计核算也就失去了存在的意义。因此，会计的核算职能和监督职能是紧密结合、密不可分的。

视野拓展

现阶段关于会计职能的观点是多样的，如预测、决策、计划、核算、控制、分析、考核等，但可以认为这些职能都是从会计的基本职能（核算和监督）中派生出来的。综合会计的基本职能和派生职能，可将现代会计的职能概括为"反映（核算）经济活动、评价（分析和考核）经营业绩、控制经济过程、监督经济业务、预测经济前景、参与经营决策"。

4. 会计学与会计学科体系

会计学属于经济管理中的一门应用型学科，是研究和探索会计产生、发展规律的一门经济管理科学，是人们对会计实践进行科学总结而形成的知识体系。会计实践是不断发展和不断丰富的，相应地，会计学理论也在不断发展和完善。会计实践的发展和丰富推动了会计学的发展和完善。随着科学领域的扩展和研究的不断深入，特别是计算机与数学方法在会计中的应用，以及管理科学的发展及其向会计领域的渗透，会计学的内容得到不断充实，并已初步形成了一个独立的、完整的现代会计学科体系。会计学科体系有以下几种分类。

（1）按其研究的内容划分

会计学按其研究的内容的不同，可分为理论会计学和应用会计学。理论会计学包括会计史和会计理论，应用会计学包括财务会计、管理会计和审计三部分。

（2）按其从事的领域划分

会计学按从事领域的不同，可分为营利组织会计和非营利组织会计。营利组织会计即企业会计，由财务会计和管理会计组成。非营利组织会计又称行政事业单位会计，是指学校、医院、科研机构、图书馆及各级政府机构等采用的会计。

（3）按会计主体划分

按会计主体的不同，会计学可分为微观会计学和宏观会计学。微观会计学是以具体的微观单位为核算范围，包括营利组织会计（又称企业会计）和非营利组织会计。宏观会计学是以一个国家或某一地区为核算范围，核算该国或该地区的经济活动与成果，包括总预算会计、社会会计和国际会计等。

会计学科体系反映在会计教育中又具体表现为会计课程体系。会计课程体系一般由以下课程组成：基础会计学、财务会计学、成本会计学、财务管理学、管理会计学、审计学、会计制度设计、会计电算化、会计理论、特殊业务会计学（高级会计学）、国际会计学（涉外会计学）等。其中，基础会计学、财务会计学、成本会计学、管理会计学、财务管理学和审计学是会计学科体系中的主干学科，也是会计课程体系中的主要课程。研究会计学及其学科体系，对于了解会计研究的内容，把握会计研究的方向，掌握每个分支学科在整个会计学科体系中的位置都具有十分重要的意义，也可以为今后科学地学习和研究会计学奠定基础。

会计学科体系并不是一成不变的，随着科学的发展和技术的进步，自然科学和社会科学相互渗透，边缘科学或交叉科学的出现，以及人类社会生产实践和会计实践活动的不断丰富，传统的会计理论将会被新的会计理论替代，现行的会计学科将被改造，适应会计实践需要的新会计理论和学科体系将会出现并展现其强大的生命力。

1.2 会计目标和会计信息质量要求

1. 会计目标

会计目标是指在一定的社会经济条件下，在会计职能范围内会计工作所要达到的目的和要求。会计目标集中体现了会计工作的宗旨，是会计最基本的概念，会计理论和会计实务都是建立在它的基础之上的。会计目标主要解决两个问题：一是会计工作为谁服务；二是这种服务应当达到什么样的要求，即提供什么样的信息。会计目标包括总目标和具体目标两个层次。会计是经济管理的重要组成部分，会计目标要从属于经济管理的总目标。在社会主义市场经济条件下，经济管理的总目标是提高经济效益，所以会计工作也应当以提高经济效益为最终目标。在此目标下，其具体目标是提供对决策有用的信息。我国《企业会计准则——基本准则》第四条规定："财务会计报告的目标是向财务会计报告使用者提供与企业财务状况、经营成果和现金流量等有关的会计信息，反映企业管理层受托责任履行情况，有助于财务会计报告使用者作出经济决策。财务会计报告使用者包括投资者、债权人、政府及其有关部门和社会公众等。"

2. 会计信息质量要求

会计作为一项管理活动，其主要目标是向财务会计报告使用者提供对决策有用的经济信息。要达到这个目标，就必须要求会计信息具有一定的质量特征。它是建立在会计核算基本前提基础上的，是进行会计处理的依据和准绳。根据《企业会计准则——基本准则》的规定，会计信息质量要求包括以下八项：可靠性、相关性、可理解性、可比性、实质重于形式、重要性、谨慎性、及时性。这些准则都是为了保证会计信息的质量而提出，是会计确认、计量和报告质量的保证。

（1）可靠性

可靠性是指企业应当以实际发生的交易或者事项为依据进行会计确认、计量和报告，如实反映符合确认和计量要求的各项会计要素及其他相关信息，保证会计信息真实可靠、内容完整。

可靠性是对会计信息质量的一项基本要求。可靠性包括三层含义：一是会计必须根据审核无误的原始凭证，采用特定的专门方法进行记账、算账、报账，保证所提供的会计信息真实可靠、内容完整。如果会计核算不是以实际发生的交易或事项为依据，为使用者提供虚假的会计信息，就会误导信息使用者，使之做出错误的决策；二是会计人员在进行会计处理时应保持客观的态度，运用正确的会计原则和方法，准确反映企业的实际情况；三是会计信息应当能够经受检验，以核实其是否真实。如果会计人员进行会计处理时不客观，同样不能为会计信息使用者提供真实的会计信息，也会导致信息使用者做出错误决策。

（2）相关性

相关性又称有用性，是指企业提供的会计信息应当与财务会计报告使用者的经济决策需要相关，且有助于财务会计报告使用者对企业过去、现在或者未来的情况做出评价或者预测。这里所说的相关，是指与决策相关，有助于决策。如果会计信息提供后，不能帮助会计信息使用者进行经济决策，就不具有相关性。

根据相关性原则，要求在收集、记录、处理和提供会计信息过程中能充分考虑各方面会计信息使用者决策的需要，满足各方面具有共性的信息需求。对于特定用途的信息，不一定都通过财务会计报告来提供，也可以采取其他形式加以提供。

（3）可理解性

可理解性，也称明晰性，是指企业提供的会计信息应当清晰明了，便于财务会计报告使用者理解和使用。提供会计信息的目的在于使用，要使用就必须了解会计信息的内涵，明确会计信息的内容，这就要求会计信息应当简明、易懂，能够简单明了地反映企业的财务状况、经营成果和现金流量，从而有助于会计信息使用者正确理解、掌握企业的情况。

根据可理解性原则，会计记录应当准确、清晰，填制会计凭证、登记会计账簿必须做到依据合法、账户对应关系清楚、文字摘要完整；在编制会计报表时，要做到项目钩稽关系清楚、项目完整、数字准确。

（4）可比性

可比性是指企业提供的会计信息应当具有可比性。这包括两个方面的质量要求：一是信息的纵向可比，即同一企业不同时期发生的相同或者相似的交易或者事项，应当采用一致的会计政策，不得随意变更，确需变更的，应当在附注中说明；二是信息的横向可比，即不同企业发生的相同或者相似的交易或者事项，应当采用规定的会计政策，确保会计信息口径一致、相互可比。

（5）实质重于形式

实质重于形式是指企业应当按照交易或者事项的经济实质进行会计确认、计量和报告，不应仅以交易或者事项的法律形式为依据。有时，经济业务的外在法律形式并不能真实反映其实质内容。为了真实地反映企业的财务状况和经营成果，就不能仅仅根据经济业务的外在表现形式来进行核算，而要反映其经济实质。例如，以融资租赁方式租入固定资产，从法律形式上看，企业并不拥有其所有权，但是由于租赁合同中规定的租赁期较长，接近于该资产的使用寿命。租赁期结束时，承租企业有优先购买该资产的选择权，在租赁期内承租企业有权支配资产并从中受益等。因此，从其经济实质上看，企业能够控制其创造的未来经济利益，在会计上应视为企业资产加以核算。

（6）重要性

重要性是指企业提供的会计信息应当反映与企业财务状况、经营成果和现金流量等有关的所有重要交易或者事项。

企业在全面反映财务状况和经营成果的同时，应当区别经济业务的重要程度，采用不同的会计处理程序和方法。对资产、负债、损益等有较大影响，并进而影响财务会计报告使用者据以做出合理判断的重要会计事项，必须按照规定的会计程序处理，并在财务会计报告中予以充分、准确的披露；对于次要的会计事项，在不影响会计信息真实性和不至于误导财务会计报告使用者做出正确判断的前提下，可适当简化会计核算或合并反映。

对于会计信息使用者来说，需要了解的是对决策有重大影响的会计信息，而不要求面面俱到。如果企业提供的会计信息不分主次，反而会有损于使用，甚至影响决策。而且，对不重要的经济业务简化核算或合并反映，可以节省人力、物力和财力，符合成本效益原则。

在评价某些项目的重要性时，很大程度上取决于会计人员的职业判断。一般来说，应当从质和量两个方面来进行分析。从性质方面来说，如果某会计事项发生可能对决策产生重大影响，则该事项属于具有重要性的事项；从数量方面来说，如果某会计事项的发生达到一定数量或比例可能对决策产生重大影响，则该事项属于具有重要性的事项。

（7）谨慎性

谨慎性是指企业对交易或者事项进行会计确认、计量和报告应当保持应有的谨慎，不应高估资产或者收益、低估负债或者费用。

谨慎性，又称稳健性，是指在处理不确定性经济业务时，应持谨慎态度。如果一项经济业务有多种处理方法，应选择不导致夸大资产、虚增利润的方法。在进行会计核算时，应当合理预计可能发生的损失和费用，而不应预计可能发生的收入和过高估计资产的价值。实施谨慎性原则，对于企业存在的经营风险加以合理估计，对防范风险起到预警作用，有利于企业做出正确的经营决策，有利于保护投资者和债权人的利益，有利于提高企业在市场上的竞争能力。例如，现行会计制度要求企业定期或者至少每年年度终了，对可能发生的各项资产损失计提资产减值准备，对应收账款提取坏账准备，固定资产采用加速折旧法等，就充分体现了谨慎性原则。

（8）及时性

及时性是指企业对于已经发生的交易或者事项，应当及时进行会计确认、计量和报告，不得提前或者延后。任何信息的使用价值不仅在于真实可靠，还在于必须保证时效，及时将信息提供给利益相关者使用。尤其是在新的市场经济条件下，市场竞争日趋激烈，市场变化越来越迅速，企业竞争更加激烈，会计信息使用者对会计信息的及时性要求越来越高。任何信息如不及时提供，则必将丧失其使用价值或降低其有用性。企业应当做到以下三点：一是根据及时性原则，及时收集会计信息，在经济业务发生后，及时取得有关原始凭证；二是对会计数据及时进行处理，即要求会计人员根据收集的各种原始凭证及时编制记账凭证、登记账簿等；三是在国家统一的会计制度规定的时限内，编制财务会计报告并及时传递给会计信息使用者。

1.3 会 计 方 法

1. 会计方法体系

会计方法是指用何种手段去实现会计的目标，完成会计核算与监督的职能。会计方法是从会计实践中总结出来的,并随着社会实践发展、科学技术的进步及管理要求的提高而不断发展和完善。会计作为经济管理的重要组成部分,需要有一整套科学的方法体系。会计必须具备提供已经发生或已经完成的经济活动即历史会计信息的方法体系:会计要对已经发生或完成的经济活动进行确认、计量、记录、分类、汇总、加工处理,成为有效的会计信息,这个信息的转换过程就是会计核算。会计还要具备提供反映预计发生的经济活动情况,即未来会计信息的方法体系:会计要依照会计核算提供的各项资料及经济业务发生的过程,运用一定的分析方法,对企业的经营过程及经营成果进行定性或定量分析。长期以来,人们把评价历史信息的方法归结为会计分析的方法。为了检查和保证历史信息和未来信息的质量,并对检查结果做出评价,会计还必须具备检查的方法体系。会计检查方法是指利用会计核算资料,主要是会计凭证,检查经济活动的合理性和合法性,以及会计记录的完整性和正确性的方法。其目的是保证会计核算信息的客观性和公正性。因此,会计对经济活动的管理是通过会计核算方法、会计分析方法及会计检查方法来进行的。上述各种会计方法紧密联系、相互依存,形成了一个完整的会计方法体系。其中,会计核算方法是基础,会计分析方法是会计核算方法的继续和发展,会计检查方法是会计核算方法和会计分析方法的保证。本书主要介绍会计核算方法。至于会计分析方法、会计检查方法及其他会计方法将在以后的专业课中陆续学习。

2. 会计核算方法

会计核算方法,是指对企业已经发生的经济活动进行连续、系统和全面的反映和监督所采用的方法。它主要包括下列 7 种专门方法:设置账户、复式记账、填制和审核凭证、登记账簿、成本计算、财产清查、编制财务报告。

(1) 设置账户

设置账户是对会计对象的具体内容进行分类核算的方法。也就是根据会计对象具体内容的不同特点和经济管理的不同要求,选择一定的标准,在进行会计核算之前,将各种各样、错综复杂的会计对象的具体内容进行科学的分类。每个会计账户只能反映一定的经济内容,将会计对象的具体内容划分为若干项目,即设置若干个会计账户,就可以使所设置的账户既有分工又有联系地反映整个会计对象的内容,提供管理所需要的各种信息。

(2) 复式记账

复式记账是一种记账方法,是对每笔经济业务都以相等的金额同时在相互关联的两个或两个以上账户中进行登记的一种专门方法。复式记账能反映经济活动的来龙去脉。复式记账有着明显的特点,它对每项经济业务都必须以相等的金额,在相互关联的两个或两个以上账户中进行登记,使每项经济业务所涉及的两个或两个以上的账户之间产生平衡关系,可以检查有关经济业务的记录是否正确。例如,用银行存款 5 000 元购买材料。这笔经济业务,一方面要在"银行存款"账户中记减少 5 000 元;另一方面又要在"原材料"账户中记增加 5 000 元。这样既可以了解这笔经济业务的具体内容,又可以反映该项经济活动的来龙去脉,完整、系统地记录资金运动的过程和结果。

(3) 填制和审核凭证

填制和审核凭证是保证账簿记录正确、完整,审查经济业务(或称会计事项)合理合法而采用的一种专门方法。会计凭证是记录经济业务、明确经济责任的书面证明,是登记账簿的重要依据。经济业务是否发生和完成,关键是看是否取得或填制了会计凭证。取得或填制了会计凭证，就证明该项经济业务已经发生或完成。会计凭证必须经过会计部门和有关部门的审核，在保证符合有关法律、制度、规定而又正确无误的情况下，才能据以登记账簿。填制和审核凭证可以为经济管理提供真实可靠的会计信息，同时也是实行会计监督的一个重要方面。

（4）登记账簿

登记账簿亦称记账，是根据填制和审核无误的会计凭证，在账簿上进行全面、连续、系统的记录的方法。账簿是用来记录各项经济业务的簿籍，也是保存会计信息的重要工具。它具有一定的结构、格式，应该根据审核无误的会计凭证序时、分类地进行登记。在账簿中应该开设相应的账户，把所有的经济业务分别记入有关账户中。账簿所提供的各种信息，是编制财务会计报告的主要依据。

（5）成本计算

成本计算是指在生产经营过程中，按照一定的成本计算对象归集和分配各种费用支出，以确定各成本计算对象的总成本和单位成本的一种专门方法。生产过程同时也是消耗过程，通过成本计算，可以正确地对会计核算对象进行计价，考核经济活动过程中物化劳动和活劳动的耗费程度，监督企业经营过程中所发生的各项费用。

（6）财产清查

财产清查就是通过盘点实物、核对账目查明各项财产物资和资金的实有数，并查明实有数与账存数是否相符的一种专门方法。在日常会计核算过程中，为了保证会计信息真实可靠，必须定期或不定期地对各项财产物资、货币资金和往来款项进行清查、盘点和核对。在财产清查中如果发现财产、资金账面数额与实存数额不符，应及时调整账簿记录，使账存数额同实存数额保持一致，并查明账实不符的原因，明确责任。通过财产清查，还可以查明各项财产物资的保管和使用情况，以便采取措施挖掘物资潜力和加速资金周转。因此，财产清查是保证会计核算资料真实性和正确性的一种手段。

（7）编制财务报告

编制财务报告是根据账簿记录的数据资料，采用一定的表格形式，定期总括地反映各单位一定时期内经济活动过程和结果的一种方法。编制财务报告是对日常会计核算资料的总结，也就是将账簿记录的内容定期地加以分类、整理和汇总，形成经营管理所需要的各种指标，再报送给会计信息使用者，以便据此进行决策。财务报告所提供的资料，是进行会计分析、会计检查的重要依据。

在经济业务事项发生时，从填制和审核会计凭证开始，到登记账簿，直至编制财务报告，一个会计期间的会计核算工作即告结束，然后按照上述程序进入新的会计期间。如此循环往复，就形成会计循环。

会计核算的各种方法是相互联系、密切配合的。在对经济业务进行记录和反映的过程中，不论是采用手工处理方式，还是使用计算机数据处理系统，对于日常所发生的经济业务，首先要根据业务的内容取得或填制会计凭证并加以审核。按照规定的会计科目，在账簿中开设账户，进行复式记账。根据账簿的记录，进行成本计算，对凭证和账簿记录通过财产清查加以核实，在账实相符的基础上编制财务报告。会计核算的7种方法相互联系、相互配合，构成了一个完整的方法体系，如图1-1所示。

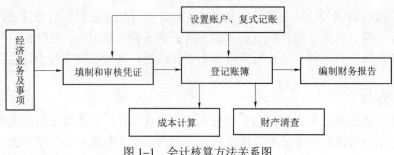

图 1-1 会计核算方法关系图

本 章 小 结

1. 现代会计是以货币为主要计量尺度，运用一系列专门方法，对经济单位的经济活动进行连续、系统、综合的核算和监督，提供以财务信息为主的经济信息，为外部有关各方的投资、信贷决策服务，为内部强化管理和提高经济效益服务的一个经济信息系统。

2. 会计的基本职能是核算和监督。

3. 会计的目标是向财务报告使用者提供与企业财务状况、经营成果和现金流量等有关的会计信息，反映企业管理层受托责任履行情况，有助于财务报告使用者做出经济决策。

4. 会计信息质量要求包括：可靠性、相关性、可理解性、可比性、实质重于形式、重要性、谨慎性、及时性。

5. 会计核算方法主要包括设置账户、复式记账、填制和审核凭证、登记账簿、成本计算、财产清查和编制财务报告。

思 考 题

1. 什么是会计？会计信息使用者有哪些？
2. 什么是会计的职能？会计的基本职能有哪些？
3. 会计的基本职能各有什么特征？会计的反映职能与监督职能的关系如何？
4. 我国《企业会计准则——基本准则》对财务报告的目标是如何表述的？
5. 什么是会计信息质量特征？其内容有哪些？分别有什么含义？
6. 会计方法包括哪些内容？它们之间有何关系？
7. 会计核算方法的含义是什么？包括哪些内容？它们之间的关系如何？

练 习 题

一、单项选择题

1. 会计对特定组织的经济活动进行综合反映，所使用的主要计量尺度是（   ）。
   A. 实物量度   B. 劳动量度
   C. 货币量度   D. 实物量度和货币量度
2. 会计的基本职能是（   ）。
   A. 核算和管理   B. 控制和监督   C. 核算和监督   D. 核算和分析
3. 要求不同企业发生的相同或者相似的交易或者事项，应当采用规定的会计政策，从而确保会计信息口径一致、相互可比，这一要求体现的会计信息质量特征是（   ）。
   A. 重要性   B. 可比性   C. 及时性   D. 谨慎性
4. 不属于会计核算方法的是（   ）。
   A. 设置账户和复式记账   B. 填制和审核凭证、登记账簿
   C. 财务预测、决策   D. 成本计算、编制财务报告
5. 会计核算提供的信息应当以实际发生的经济业务为依据，如实反映财务状况和经营成果，这符合（   ）。
   A. 历史成本原则   B. 配比原则   C. 可靠性原则   D. 可比性原则

二、多项选择题

1. 会计的基本特征有（   ）。
   A. 以货币作为主要计量单位   B. 拥有一系列专门方法
   C. 具有核算和监督的基本职能   D. 会计的本质就是管理活动
   E. 会计核算具有连续性、系统性、完整性
2. 会计信息质量特征中，谨慎性的具体要求包括（   ）。
   A. 不应高估资产   B. 不应高估收益
   C. 不应低估负债   D. 不应低估费用
   E. 不应高估费用和不应低估收益
3. 企业会计信息使用者包括（   ）。
   A. 债权人   B. 政府有关部门
   C. 投资者   D. 社会公众
   E. 企业管理当局
4. 会计的核算（反映）职能具有的特征是（   ）。
   A. 会计是以货币为主要计量单位
   B. 会计是反映过去已经发生的经济活动
   C. 会计反映具有连续性、系统性、全面性
   D. 包括事前反映、事中反映、事后反映
   E. 体现在记账、算账、报账三个阶段上

5. 下列属于会计信息质量要求的是（   ）。
   A. 实质重于形式   B. 货币计量
   C. 计量精确性   D. 可比性
   E. 及时性

三、判断题

1. 会计是以货币为唯一计量单位，反映和监督一个单位经济活动的一种经济管理工作。
（   ）

2. 复式记账就是对每笔经济业务，都以相等的金额在相互关联的两个或两个以上账户中登记的一种方法。（   ）

3. 会计监督是会计核算的基础，会计核算是会计监督的延伸和保证。（   ）

4. 按照会计信息质量的有用性要求，企业的会计信息应当完全满足财务报告使用者的所有要求。（   ）

5. 会计可以反映过去已经发生的经济活动，也可以反映未来可能发生的经济活动。
（   ）

第 2 章

会计要素与会计等式

> 【学习目标】
> 本章主要从会计对象入手，阐述会计要素和会计等式的具体内容。通过本章的学习，使学生理解资金运动的含义，掌握会计要素的概念、内容，以及会计等式的具体内容。

2.1 会计的对象

1. 会计的一般对象

会计对象就是会计核算和监督的内容，即会计所要核算和监督的客体，它界定了会计工作的内容和范围。会计以货币为主要计量单位，对特定主体的经济活动进行核算和监督。因此，凡是特定主体能够以货币表现的经济活动，都是会计核算和监督的内容，即会计对象。以货币表现的经济活动，通常又称为价值运动或资金运动。因此，会计的一般对象概括为价值运动或者是能用货币表现的经济活动。

在社会再生产过程中，由于各个企业、行政事业单位分置于不同的环节，有其特定的资金运动形式，从而形成了各自具体的会计对象。

2. 制造业企业的会计对象

制造业企业资金运动的方式具体表现为资金进入企业、资金在生产经营过程中的循环与周转、资金退出等过程。

（1）资金的投入

拥有一定数量的资金是各经济单位进行生产经营活动的前提。企业的资金包括企业所有者（投资者）投入的资金和债权人投入的资金两部分。前者属于企业所有者权益，是企业的自有资金，后者属于企业债权人权益，即企业负债。投入企业的资金主要用于购买机器、设备和原材料等，这样投入的资金最终构成企业流动资产和非流动资产。

（2）资金的循环和周转

制造业企业的经营过程包括供应、生产、销售三个阶段。在供应过程中企业要用货币资金去购买原材料等劳动对象，为生产过程做准备；在生产过程中，劳动者借助于劳动工具将劳动对象加工成特定的产品，同时发生原材料消耗、固定资产磨损的折旧费、生产工人劳动耗费的人工费等；在销售过程中，将生产的产品销售出去，发生支付销售费用、收回货款、交纳税金等业务活动。综上所述，资金的循环就是从货币资金开始，依次转化为储备资金、生产资金、成品资金，最后又回到货币资金的过程。资金周而复始地循环称为资金的周转。

（3）资金的退出

在资金循环过程中，有一部分资金会退出企业的资金循环，如上缴各项税金、按法定程序返回给投资者的投资、偿还各项债务及向所有者分配利润等。这使得一部分资金离开企业，游离于企业资金运动之外。企业的资金是不断循环和周转的，如图2-1所示。

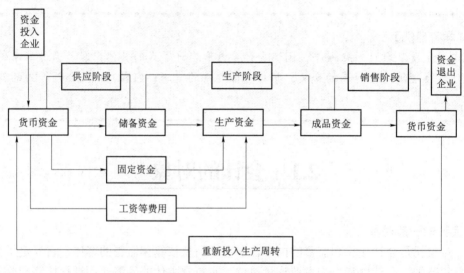

图 2-1　资金循环和周转图

从上述内容可以看出，制造业企业因资金的投入、资金的循环和周转、资金的退出等经济活动而引起的各项资源的增减变化、各项成本费用的形成和支出、各项收入的取得，以及损益的发生、实现和分配，共同构成了会计对象的内容。

> **视野拓展**
>
> 商品流通企业的经营过程分为商品购进和商品销售两个过程。在商品购进过程中，主要是采购商品，此时货币资金转换为商品资金；在商品销售过程中，主要是销售商品，此时商品资金转换为货币资金。因此，商品流通企业的资金是按照"货币资金—商品资金—货币资金"方式运动的。

2.2 会计要素

1. 会计要素的含义

会计对象是社会再生产过程中的资金运动。但是,这一概念的涉及面太广泛,而且很抽象。为了具体地实施会计核算,需要对会计核算和监督的具体内容进行适当的分类,会计要素就是对经济业务进行的基本分类,是会计记录和报告对象的具体化。经济业务是影响企业经济利益变化的经济活动。企业经济利益变化可分为"经济利益流入"和"经济利益流出"。会计意义上的经济利益是指现金和最终能转化为现金的非现金资产。合理划分会计要素,有利于清晰地反映产权关系和其他经济关系。

《企业会计准则——基本准则》对会计要素做了详细的规定和说明。企业会计要素分为六大类,即资产、负债、所有者权益、收入、费用和利润。其中资产、负债和所有者权益三类会计要素反映企业的财务状况,又称资产负债表要素,是构成资产负债表的基本单位;收入、费用和利润三类会计要素反映企业的经营成果,又称利润表要素,是构成利润表的基本单位。因此,这六类会计要素又称为财务报表要素。

企业的资金运动具有相对静止状态和显著运动状态。进行生产经营活动首先要有可供利用的物质资源,这些物质资源的具体表现即为企业的资产。资产是资金占用的具体表现形式。企业的物质资源有着不同的取得来源,如果是从外部借入的,则被称为负债;如果是由所有者(业主)投入的,则被称为所有者权益。另外,企业的各项资产经过一定时期的营运,将发生一定的耗费,形成一定的经济利益的流出,即费用,包括工资、设备、材料消耗等。企业生产出特定种类和数量的产品,销售这些产品获得一定的经济利益的流入,即收入。会计工作的最重要内容,就是要比较费用与收入之差,从而确定企业的经营损益,即利润。

2. 会计要素的内容

1)资产

《企业会计准则——基本准则》指出:资产是指企业过去的交易或者事项形成的、由企业拥有或者控制的、预期会给企业带来经济利益的资源。拥有或控制一定数量的资产,是企业进行生产经营的前提条件。从定义可以看出,资产具有以下特征。

(1)资产是由企业过去交易或事项形成的

资产是由企业过去交易或事项形成的,过去的交易或事项包括购买、生产、建造行为及其他交易或者事项,企业预期在未来发生的交易或者事项不形成资产。

(2)资产必须是由企业所拥有或者控制

资产必须是由企业所拥有或者控制,是指企业享有某项资源的所有权,或者虽然不享有某项资源的所有权,但该资源能被企业所控制。企业享有资产的所有权,通常表明企业能够排他性地从资产中获取经济利益。有些情况下,资产虽然不为企业所拥有,即企业并不享有其所有权,但企业控制了这些资产,同样表明企业能够从这些资产中获取经济利益,符合会计上对资产的定义。例如,企业融资租入的固定资产,企业虽不具有对该项资产的所有权,但是该项资产所生产的产品由企业控制,企业实质上享有了其所带来的经济利益,因而企业对融资租入的固定资产具有控制权，应将其确认为一项固定资产进行核算。

（3）资产预期会给企业带来经济利益

资产预期会给企业带来经济利益，是指资产直接或间接导致现金或现金等价物流入企业的潜力。资产预期能为企业带来经济利益是资产的重要特征。带来未来经济利益的资产可以是有形的，也可以是无形的，但必须是具有交换价值或使用价值，是可以给企业带来现金流入的资产。没有交换价值或使用价值的物品，即不能给企业带来未来经济利益，应当作为企业的损失或费用进行确认，而不应作为资产。例如一条在技术上已经被淘汰的生产线，尽管在实物上仍然存在，但是它实际上已经不能用于产品生产，不能给企业带来经济利益，所以它不应确认为企业的资产，而应确认为一项资产损失。

符合资产定义的资源，在同时满足以下条件时，确认为资产：与该资源有关的经济利益很可能流入企业；该资源的成本或者价值能够可靠计量。符合资产定义和资产确认条件的项目，应当列入资产负债表；符合资产定义、但不符合资产确认条件的项目，不应当列入资产负债表。

企业的资产按其流动性的不同可以划分为流动资产和非流动资产。这里的流动性指的是资产的变现能力或耗用期限。流动资产是指可以在一年或者超过一年的一个营业周期内变现或者耗用的资产。有些企业经营活动比较特殊，其经营周期可能长于一年。比如，造船、大型机械制造，从购料到销售商品直到收回货款，周期比较长，往往超过一年。在这种情况下，就不能把一年内变现作为划分流动资产的标志，而应将经营周期作为划分流动资产的标志。流动资产主要包括库存现金、银行存款、以公允价值计量且其变动计入当期损益的金融资产、应收款项及预付款项、存货等。

① 库存现金和在银行及其他金融机构的存款统称为货币资金。

② 以公允价值计量且其变动计入当期损益的金融资产主要是指企业为了在近期内出售而持有的金融资产。例如企业以赚取差价为目的从二级市场购入的股票、债券、基金等。

③ 应收款项及预付款项是指企业在日常生产经营过程中发生的各项债权，包括应收票据、应收账款、其他应收款和预付账款等。

④ 存货是指企业在日常活动中持有以备出售的产成品或商品、处在生产过程中的在产品、在生产过程或提供劳务过程中耗用的材料和物料等，包括原材料、半成品、在产品、库存商品等。

非流动资产是指流动资产以外的资产，包括长期股权投资、固定资产、在建工程、无形资产等。

① 长期股权投资是指持有时间超过一年（不含一年）、不能变现或不准备随时变现的股票投资和其他股权投资。企业进行长期股权投资的目的是获得较为稳定的投资收益或者对被投资企业实施控制或影响。

② 固定资产是指企业为生产商品、提供劳务、出租或经营管理而持有的使用寿命超过一个会计年度的有形资产。主要包括房屋及建筑物、机器设备、运输工具，以及其他与生产、经营有关的工具、器具等。

③ 无形资产是指企业拥有或控制的没有实物形态的可辨认非货币性资产。包括专利权、非专利技术、商标权、著作权、土地使用权、特许权等。

2）负债

《企业会计准则——基本准则》指出：负债是指企业过去的交易或者事项形成的、预期会导致经济利益流出企业的现时义务。负债具有如下特征。

（1）负债是由企业过去的交易或者事项形成的

即导致负债的交易或事项必须已经发生。例如，企业向银行借款，会产生偿还借款的义务。对于这些已经发生的交易或事项，会计上才能确认为负债。正在筹划的未来交易或者事项，如企业的业务计划，不会产生负债。

（2）负债是企业承担的现时义务

现时义务有两种类型：一种是合同或者法律要求强制执行的。例如企业购买原材料形成的应付账款，企业向银行借入款项形成的短期借款或长期借款等，均属于企业承担的法定义务，需要依法予以偿还。另一种是非强制执行的，如企业制定了对于售出商品提供一定期限内的售后保修服务的制度，则企业对已经售出的产品预计将会发生的修理费就应确认为企业负债。

（3）负债的清偿预期会导致经济利益流出企业

只有在履行义务时会导致经济利益流出企业的，才符合负债的定义，如果不会导致经济利益流出，就不符合负债的定义。导致经济利益流出企业的形式较多，如用现金偿还或以实物资产形式偿还，以提供劳务形式偿还，部分转移资产、部分提供劳务形式偿还，将负债转为资本等。

某一项目要确认为负债必须符合负债定义，并同时满足两个条件：一是与该项目有关的经济利益很可能流出企业；二是未来流出的经济利益的金额能够可靠计量。符合负债定义和负债确认条件的项目，应当列入资产负债表；符合负债定义、但不符合负债确认条件的项目，不应当列入资产负债表。

按流动性不同，一般将负债分为流动负债和非流动负债。

① 流动负债是指将在一年（含一年）或者超过一年的一个营业周期内偿还的债务，包括短期借款、应付票据、应付账款、预收账款、应付职工薪酬、应付利息、应付股利、应交税费、其他应付款和一年内到期的长期借款等。

② 非流动负债是指偿还期限在一年或者超过一年的一个营业周期以上的债务，包括长期借款、应付债券、长期应付款等。

3）所有者权益

《企业会计准则——基本准则》指出：所有者权益是指企业资产扣除负债后由所有者享有的剩余权益。公司的所有者权益又称为股东权益。

所有者权益是所有者在企业资产中享有的经济利益，它在数值上等于企业全部资产减去全部负债后的余额，又称净资产。所有者权益相对于负债而言，具有以下特点。

① 所有者权益是企业对投资人所承担的经济责任，一般情况下企业不需要归还给投资者，而负债需要偿还。

② 企业清算时，负债往往优先清偿，而所有者权益只有在清偿所有的负债之后才返还给投资者。

③ 所有者权益能够分享利润，而负债则不能参与利润分配。所有者权益在性质上体现为所有者对企业资产的剩余权益，在数量上也就体现为资产减去负债后的余额。所有者权益项目应当列入资产负债表。

所有者权益的来源包括所有者投入的资本、直接计入所有者权益的利得和损失、留存收益等。通常由实收资本（或股本）、资本公积、盈余公积和未分配利润构成。

① 所有者投入的资本包括实收资本（或股本）和资本公积。企业的实收资本是指投资者按照企业章程或合同、协议的约定，实际投入企业的资本。资本公积主要来源于资本在投入过程中所产生的溢价。资本公积主要用于转增资本或股本。

② 直接计入所有者权益的利得和损失是指不应计入当期损益、会导致所有者权益发生增减变动的、与所有者投入资本或者向所有者分配利润无关的利得和损失。其中，利得是指由企业非日常活动形成的、会导致所有者权益增加的、与所有者投入资本无关的经济利益的流入。损失是指由企业非日常活动形成的、会导致所有者权益减少的、与向所有者分配利润无关的经济利益的流出。直接计入所有者权益的利得和损失也反映在资本公积项目中。

③ 留存收益是企业历年实现的净利润留存于企业的部分，包括盈余公积和未分配利润。盈余公积又分为法定盈余公积和任意盈余公积。法定盈余公积是指企业按照《公司法》规定的比例从净利润中提取的盈余公积金；任意盈余公积，是指企业经股东大会或类似机构批准后按照规定的比例从净利润中提取的盈余公积金。企业的法定盈余公积和任意盈余公积可以用于弥补亏损、转增资本（或股本）。符合规定条件的企业，也可以用盈余公积分派现金股利。未分配利润是企业实现的净利润经过弥补亏损、提取盈余公积和向投资者分配利润后留存在企业的历年结存的利润。未分配利润通常用于留待以后年度向投资者进行分配。

例 2-1

20×2 年，几个合伙人创建了一家公司，共筹集资金 700 万元（其中合伙人投资 500 万元，从银行借款 200 万元），用于建造厂房、购买设备和材料，形成企业的资产。经过三年的苦心经营，某日企业已拥有资产 900 万元，需要偿还各种债务 200 万元（假设企业在此期间没有追加投资）。企业的净资产是多少？企业的留存收益又是多少？

解： 由于企业的净资产是全部资产减去全部负债后的余额，因此三年后某日该企业的净资产为 700 万元（900-200）。

企业的留存收益属于所有者权益，三年前企业的所有者权益为 500 万元，且均为实收资本，三年后某日企业的所有者权益为 700 万元（900-200），扣除初始投资形成的实收资本 500 万元，留存收益为 200 万元（700-500）。

4）收入

《企业会计准则——基本准则》指出：收入是指企业在日常活动中形成的、会导致所有者权益增加的、与所有者投入资本无关的经济利益的总流入。收入只有在经济利益很可能流入从而导致企业资产增加或者负债减少且经济利益的流入额能够可靠计量时才予以确认。符合收入定义和收入确认条件的项目，应当列入利润表。收入具有以下特征。

（1）收入产生于企业的日常活动，而不是从偶发的交易或事项中产生

日常活动应理解为企业为完成其经营目标所从事的经常性活动及与之相关的活动。例如，制造业企业销售产品、商品流通企业销售商品、服务企业提供劳务、租赁公司出租资产等，均属于企业的日常活动。企业非日常活动所形成的经济利益的流入不能确认为收入，而应计入利得。

（2）收入会导致所有者权益增加

与收入相关的经济利益流入会导致资产增加、负债的减少或二者兼而有之，最终导致企业

所有者权益增加。收入可以为企业带来经济利益,其表现形式是多种多样的。有时表现为资产的增加,如企业销售商品并收到银行存款,在销售收入发生的同时增加了企业的资产;也可能表现为负债的减少,如以商品或劳务抵偿债务;或二者兼而有之,如销售商品的货款中部分抵偿债务、部分收到现金。由于收入是企业经济利益的流入,收入的发生必然会导致企业利润的增加,收入无论表现为资产的增加还是负债的减少,最终都会导致企业所有者权益的增加。

(3) 收入所导致的所有者权益的增加与所有者投入资本无关

收入是企业经营现有资产的所得,而非所有者投入资本带来的经济利益的流入。所有者向企业投入资本虽然也可以导致所有者权益的增加,但它不是企业日常经营的成果,因而不能作为收入。

收入按其性质可分为销售商品收入、提供劳务收入和让渡资产使用权所取得的收入;按企业经营业务的主次可分为主营业务收入和其他业务收入。

主营业务收入也称基本业务收入,是指企业在其基本或主流业务活动中所获得的收入。例如制造业企业销售产品取得的收入、服务业的劳务收入等。

其他业务收入是指企业非主流业务活动所获得的收入。例如制造业企业销售原材料、出租包装物等业务取得的收入。

> **特别提示**
> 收入和利得的区别:它们都是经济利益的流入,但收入是由企业日常活动所形成的,利得是由企业非日常活动所形成的。收入在会计处理中,可以计入主营业务收入和其他业务收入;而利得则计入营业外收入和资本公积。

5)费用

《企业会计准则——基本准则》指出:费用是指企业在日常活动中发生的、会导致所有者权益减少的、与向所有者分配利润无关的经济利益的总流出。费用只有在经济利益很可能流出从而导致企业资产减少或者负债增加且经济利益的流出额能够可靠计量时才予以确认。费用具有如下特征。

(1) 费用是企业在日常活动中发生的

这些日常活动的界定与收入定义中涉及的日常活动的界定是一致的。日常活动所产生的费用通常包括销售成本、管理费用等。企业非日常活动所形成的经济利益的流出不能确认为费用,而应计入损失。

(2) 费用会导致所有者权益减少

费用表现为企业资产的减少、负债的增加或二者兼而有之,最终导致企业所有者权益的减少。费用导致企业经济利益流出的形式是多种多样的:有时表现为资产的减少,如企业用现金支付当期的办公费,则费用发生的同时减少了企业的资产;也可能表现为负债的增加,如企业当期发生的租赁费,但没有实际支付,则费用发生的同时增加了企业的负债。由于费用是企业经济利益的流出,费用的发生必然会导致企业利润的减少,费用无论表现为资产的减少还是负债的增加,最终都会导致企业所有者权益的减少。

(3) 费用所导致的所有者权益的减少与向所有者分配利润无关

费用是企业经营现有资产的耗费,费用的发生会导致经济利益流出。企业向所有者分配利润也会导致经济利益的流出，但该经济利益的流出属于所有者权益的抵减项目，不应确认为费用。

企业为生产产品、提供劳务等发生的可归属于产品成本、劳务成本等的费用，应当在确认产品销售收入、劳务收入等时，将已销售产品、已提供劳务的成本等计入当期损益。企业发生的支出不产生经济利益的，或者即使能够产生经济利益但不符合或者不再符合资产确认条件的，应当在发生时确认为费用，计入当期损益。企业发生的交易或者事项导致其承担了一项负债而又不确认为一项资产的，应当在发生时确认为费用，计入当期损益。符合费用定义和费用确认条件的项目，应当列入利润表。

企业在销售商品、提供劳务等日常活动中所发生的费用，可划分为两类：成本和费用。

成本是指企业为生产产品、提供劳务而发生的直接材料费用、直接人工费用和各种间接费用。企业应当在确认收入时，将已销售产品或已提供劳务的成本计入当期损益。

费用是不应计入成本而直接计入当期损益的各种耗费，包括各种税费、期间费用和资产减值损失。期间费用包括管理费用、财务费用和销售费用。管理费用是指企业为组织和管理生产经营活动而发生的各项费用；财务费用是指企业为筹集资金而发生的各项费用；销售费用是指企业在销售商品的过程中发生的各项费用。

费用与成本既有联系又有区别。费用是和期间相联系的，而成本是和产品相联系的；成本要有实物承担者，而费用一般没有实物承担者。但二者都反映资金的耗费，都意味着企业经济利益的减少，也都是由过去已经发生的经济活动引起或形成的。

6）利润

《企业会计准则——基本准则》指出：利润是企业在一定会计期间的经营成果。利润包括收入减去费用后的净额、直接计入当期利润的利得和损失等。其中，收入减去费用后的净额反映的是企业日常活动的业绩。直接计入当期利润的利得和损失，是指应当计入当期损益，会导致所有者权益发生增减变动的、与所有者投入资本或者向所有者分配利润无关的利得和损失。利润金额取决于收入和费用、直接计入当期利润的利得和损失金额的计量。利润项目应当列入利润表。利润具体指营业利润、利润总额和净利润。

① 营业利润是指营业收入（主营业务收入加上其他业务收入），减去营业成本（主营业务成本加上其他业务成本）、税金及附加、销售费用、管理费用、财务费用、资产减值损失，加上公允价值变动净收益和投资净收益后的余额。

② 利润总额是指营业利润加上营业外收入，减去营业外支出后的金额。

③ 净利润是利润总额减去所得税后的金额。

关于利润的计算和结转将在本书第 7 章详细介绍。

特别提示

资产、负债及所有者权益能够反映企业在某一个时点的财务状况。例如，在 20×× 年 12 月 31 日这一天，企业有 2 000 万元的资产、500 万元的负债，所有者的剩余权益为 1 500 万元，因此这三个要素属于静态要素，在资产负债表中予以列示。

收入、费用及利润能够反映企业在某一个期间的经营成果。例如在 20×× 年企业实现了 800 万元的收入，扣除 600 万元的成本费用，因此在 20×× 年这一年，企业实现了 200 万元的利润，因此这三个要素属于动态要素，在利润表中列示。

2.3 会计等式

1. 会计恒等式

会计等式也称为会计平衡公式,它是表明各会计要素之间基本关系的恒等式。任何企业为了进行正常的经营活动,实现其经营目标,必须拥有一定数量和一定结构的资产,如现金、银行存款、房屋和机器设备等。这些资产要么来源于债权人,形成企业的负债;要么来源于投资者,形成企业的所有者权益。既然债权人和所有者为企业提供了资金,他们对企业资产就有要求权,这种要求权会计上称为"权益"。因此,企业的全部资产应当等于提供者对其资产的权益总和。资产表明了企业所拥有的经济资源的数量和构成,权益表明了企业经济资源的来源及其要求权。也就是说,一定数额的资产必然对应着相同数额的权益,而一定数额的权益也必然对应着相同数额的资产。这一恒等关系用公式表示出来,就是

资产=权益

由于权益由债权人的要求权和所有者的要求权两部分构成,其中债权人的要求权即"债权人权益",通常称为负债;所有者的要求权称为"所有者权益",所以上述等式又可表示为

资产=负债+所有者权益

这一会计等式既表明了某一会计主体在某一特定时点所拥有的各种资产,同时也表明了这些资产的归属关系。其经济内容和数学上的等量关系,既是资金平衡的理论依据,也是设置账户、复式记账及编制会计报表的理论依据,在会计核算体系中有着举足轻重的地位。

"资产=负债+所有者权益"是最基本的会计等式,它反映了资金运动在静态情况下,资产、负债及所有者权益三个要素之间存在平衡关系。资金运动在动态情况下,其循环周转过程中发生的收入、费用和利润,也存在平衡关系,其平衡公式为

收入−费用=利润

若利润为正,则企业盈利;若利润为负,则企业亏损。

"资产=负债+所有者权益"是会计期初的会计恒等式。从表面上看,它只反映了会计要素中三个静态要素的关系,但实际上还概括了三个动态要素的变化,因为动态要素体现在静态要素的变化之中。在会计期间,企业由于开展经营活动而取得收入,收入的取得表现为资产(现金、银行存款、应收账款等)的增加或负债的减少。同时企业为了获得收入需要支付费用,费用的发生表现为资产的减少或负债的增加。收入是权益的增加因素,费用是权益的减少因素。所以,企业在未结账前,会计恒等式便转化为

资产=负债+所有者权益+(收入−费用)

会计期末,将收入与费用相减得出企业的利润(或亏损)。企业按规定程序对实现的利润进行分配(或弥补亏损)后,增加(或减少)了所有者权益,因此会计等式又恢复到最基本的形式,即"资产=负债+所有者权益"。

在正常情况下，此时企业的资产应比会计期初的资产有所增加，表明企业的生产经营过程是有效的，使资产价值发生了增值。

综上所述，会计等式不仅反映了静态要素的关系，而且反映了动态要素的变化，它是设置账户、复式记账及编制会计报表的理论依据，也是正确、合理组织会计核算、发挥会计监督作用的重要基础。

2. 经济业务及其对会计等式的影响

经济活动可以分为两类：一类是应当办理会计手续，也能运用会计方法进行反映的经济活动，如采购商品、销售商品、支付费用等；另一类是不应当办理会计手续，或不能运用会计方法来反映的经济活动，如签订采购商品的合同等。只有那些应当办理会计手续，也能运用会计方法来反映的经济活动，才能称之为经济业务（也称会计事项）。

会计等式反映了会计要素之间的相互关系。企业在生产经营过程中，不断地发生各种经济业务。这些经济业务的发生会对有关的会计要素产生影响，但是却不会破坏上述等式的恒等关系。企业的经济业务归纳起来共有以下9种类型。

① 经济业务的发生，导致资产项目此增彼减，但增减金额相等，故等式保持平衡。
② 经济业务的发生，导致负债项目此增彼减，但增减金额相等，故等式保持平衡。
③ 经济业务的发生，导致所有者权益项目此增彼减，但增减金额相等，故等式保持平衡。
④ 经济业务的发生，导致负债项目增加、所有者权益项目减少，但增减金额相等，故等式保持平衡。
⑤ 经济业务的发生，导致所有者权益项目增加、负债项目减少，但增减金额相等，故等式保持平衡。
⑥ 经济业务的发生，导致资产项目增加，同时负债项目亦增加相同金额，故等式保持平衡。
⑦ 经济业务的发生，导致资产项目增加，同时所有者权益项目亦增加相同金额，故等式保持平衡。
⑧ 经济业务的发生，导致资产项目减少，同时负债项目亦减少相同金额，故等式保持平衡。
⑨ 经济业务的发生，导致资产项目减少，同时所有者权益项目亦减少相同金额，故等式保持平衡。

例 2-2

宏达有限责任公司20××年11月30日的资产负债表如表2-1所示。

表 2-1　资产负债表　　　　　　　　　　　　　单位：元

资产	金额	负债及所有者权益	金额
库存现金	5 000	短期借款	60 000
银行存款	120 000	应付账款	45 000
原材料	60 000	长期借款	100 000
库存商品	100 000	实收资本	400 000
固定资产	420 000	资本公积	100 000
合计	705 000	合计	705 000

这是一张简单的资产负债表，资产总额为 705 000 元，负债总额为 205 000 元，所有者权益总额为 500 000 元，资产=负债+所有者权益。

该公司 20××年 12 月份发生如下经济业务。

① 购买原材料 50 000 元，用银行存款支付。

这是资产项目此增彼减的经济业务。这项经济业务的发生，使企业的一项资产（原材料）增加 50 000 元，同时使企业的另一项资产（银行存款）减少 50 000 元。这时，仅是会计等式左方资产内部的增减变动，且变动的金额相等，资产总额不变，所以会计等式并未变化，仍然保持平衡。

② 以应付票据抵付应付账款 30 000 元。

这是负债项目此增彼减的经济业务。这项经济业务的发生，使企业的一项负债（应付账款）减少 30 000 元，同时使另一项负债（应付票据）增加了 30 000 元。这时，仅是会计等式右方负债内部的增减变动，且变动的金额相等，负债总额不变，所以会计等式并未变化，仍然保持平衡。

③ 企业经批准将盈余公积 20 000 元转增资本。

这是所有者权益项目此增彼减的经济业务。这项经济业务的发生，使企业的一项所有者权益（盈余公积）减少 20 000 元，同时使另一项所有者权益（实收资本）增加了 20 000 元。这时，仅是会计等式右方所有者权益内部的增减变动，且变动的金额相等，所有者权益总额不变，所以会计等式并未变化，仍然保持平衡。

④ 企业经过股东大会审议批准拟向股东分配现金股利 50 000 元。

这是一项负债项目增加、一项所有者权益项目减少的经济业务。这项经济业务的发生，使企业的一项负债（应付股利）增加 50 000 元，同时一项所有者权益（利润分配）减少了 50 000 元。这时，会计等式右方负债增加，所有者权益减少，且增减金额相等，负债和所有者权益总额不变，所以会计等式并未变化，仍然保持平衡。

⑤ 公司借入的短期借款 30 000 元，由甲公司代为偿还，并作为甲公司对企业的投资。

这是一项所有者权益项目增加、一项负债项目减少的经济业务。这项经济业务的发生，使企业的一项所有者权益（实收资本）增加 30 000 元，同时一项负债（短期借款）减少了 30 000 元。这时，会计等式右方负债减少，所有者权益增加，且增减金额相等，负债和所有者权益总额不变，所以会计等式并未变化，仍然保持平衡。

⑥ 公司从某企业购入材料 30 000 元，货款未付。

这是一项资产项目增加，同时一项负债项目亦增加的经济业务。这项经济业务的发生，使企业的一项资产（原材料）增加 30 000 元，同时一项负债（应付账款）增加 30 000 元。这时，会计等式左方资产和右方负债同时增加，且增加金额相等，会计等式仍然保持平衡。

⑦ 收到投资者投资 100 000 元，款项已存入银行。

这是一项资产项目增加，同时一项所有者权益项目亦增加的经济业务。这项经济业务的发生，使企业的一项资产（银行存款）增加 100 000 元，同时一项所有者权益（实收资本）增加 100 000 元。这时，会计等式左方资产和右方所有者权益同时增加，且增加金额相等，会计等式仍然保持平衡。

⑧ 用银行存款归还短期借款 20 000 元。

这是一项资产项目减少，同时一项负债项目亦减少的经济业务。这项经济业务的发生，使企业的一项资产（银行存款）减少20 000元，同时一项负债（短期借款）减少20 000元。这时，会计等式左方资产和右方负债同时减少，且减少金额相等，会计等式仍然保持平衡。

⑨ 按照企业与乙公司签订的协议，联营期已满，乙公司抽回投资100 000元。

这是一项资产项目减少，同时一项所有者权益项目亦减少的经济业务。这项经济业务的发生，使企业的一项资产（银行存款）减少100 000元，同时一项所有者权益（实收资本）减少100 000元。这时，会计等式左方资产和右方所有者权益同时减少，且减少金额相等，会计等式仍然保持平衡。

经过上述变化后，企业的资产为715 000元（705 000+30 000+100 000−20 000−100 000），负债为235 000元（205 000+50 000−30 000+30 000−20 000），所有者权益为480 000元（500 000−50 000+30 000+100 000−100 000）。

从上述经济业务的分析中可以看到，企业无论发生何种经济业务，引起了会计要素的怎样变化，都不会破坏会计等式的平衡关系。这是由于会计事项的发生不外乎这几种情况，即一项经济业务的发生或者引起等式左右两边项目同时增加相等的金额，或者引起等式左右两边项目同时减少相等的金额，或者引起等式左边项目此增彼减相等的金额，或者引起等式右边项目此增彼减相等的金额，因而会计等式的平衡关系不会因为经济业务的发生而改变。因此，"资产=负债+所有者权益"又称为会计恒等式。

本 章 小 结

1. 会计的一般对象是能用货币表现的经济活动。
2. 会计要素是对会计对象的具体分类，包括资产、负债、所有者权益、收入、费用和利润六要素。
3. 会计恒等式表示为：资产=负债+所有者权益，任何经济业务的发生都不会破坏该恒等式。

思 考 题

1. 企业的资金循环和周转分为几个阶段？
2. 为什么要划分会计要素？我国《企业会计准则——基本准则》中是如何划分会计要素的？
3. 什么是资产？资产的确认需满足哪些条件？
4. 资产按照流动性不同可以划分为哪些种类？各包括哪些内容？
5. 什么是负债？负债有哪些特征？
6. 负债按照流动性不同可以划分为哪些种类？各包括哪些内容？
7. 所有者权益包括哪些内容？它与资产、负债有何关系？

8. 什么是收入？收入有哪些基本特征？
9. 什么是费用？费用有哪些基本特征？
10. 什么是利润？利润可以划分为哪几个层次？如何计算？
11. 什么是会计等式？会计事项的发生对会计恒等式的影响如何？

练 习 题

一、单项选择题

1. 会计的一般对象可以概括为（　　）。
   A. 经济活动　　　　　　　　　　B. 再生产过程中的资金运动
   C. 生产活动　　　　　　　　　　D. 管理活动
2. 下列不属于期间费用的是（　　）。
   A. 销售费用　　　　　　　　　　B. 管理费用
   C. 财务费用　　　　　　　　　　D. 营业外支出
3. 由企业非日常活动所发生的、会导致所有者权益减少的、与向所有者分配利润无关的经济利益的流出称为（　　）。
   A. 费用　　　B. 损失　　　C. 负债　　　D. 所有者权益
4. 下列项目中，属于所有者权益的是（　　）。
   A. 长期借款　　B. 银行存款　　C. 预收账款　　D. 实收资本
5. 下列引起资产和负债同时减少的经济业务是（　　）。
   A. 从银行提取现金　　　　　　　B. 赊购材料一批
   C. 用银行存款偿还银行借款　　　D. 通过银行收到应收账款
6. 应付股利属于会计要素中的（　　）。
   A. 所有者权益　　B. 收入　　　C. 负债　　　D. 利润
7. 下列属于企业的流动资产的是（　　）。
   A. 存货　　　B. 厂房　　　C. 机器设备　　D. 专利权
8. 所有者权益在数量上等于（　　）。
   A. 全部资产减去全部负债后的净额　　B. 所有者的投资
   C. 实收资本与资本公积之和　　　　　D. 实收资本与未分配利润之和
9. 某公司资产总额为60 000元，负债总额为20 000元，以银行存款20 000元偿还短期借款，并以银行存款12 000元购买材料，上述经济业务入账后该公司的资产总额为（　　）元。
   A. 30 000　　B. 40 000　　C. 25 000　　D. 15 000
10. 以下选项，影响营业利润的是（　　）。
    A. 营业外收入　　B. 营业外支出　　C. 投资收益　　D. 所得税费用

二、多项选择题

1. 反映企业财务状况的会计要素有（　　）。

A. 资产　　　　B. 收入　　　　C. 费用　　　　D. 负债
　　E. 所有者权益
2. 企业费用的发生可能表现为（　　）。
　　A. 资产的减少　　B. 资产的增加　　C. 负债的减少　　D. 负债的增加
　　E. 所有者权益的增加
3. 下列属于所有者权益的有（　　）。
　　A. 实收资本　　B. 资本公积　　C. 盈余公积　　D. 未分配利润
　　E. 银行借款
4. 下列各项中，能够使企业资产总额增加的有（　　）。
　　A. 向银行借款　　　　　　　　B. 收到某单位前欠货款，存入银行
　　C. 以银行存款偿还借款　　　　D. 接受投资者投入的现金
　　E. 购买材料，货款用银行存款支付
5. 属于只引起会计等式左边会计要素变动的经济业务有（　　）。
　　A. 购买材料，货款 5 000 元尚未支付
　　B. 从银行提取现金 2 000 元
　　C. 购买机器设备一台，用银行存款 80 000 元支付货款
　　D. 接受投资人投资 200 000 元，存入银行
　　E. 用银行存款 20 000 元偿还前欠货款

三、判断题

1. 一项财产物资要作为企业的资产，其所有权必须属于企业。（　　）
2. 应收票据、应收账款、预收账款均属于资产。（　　）
3. 所有者权益是企业投资人对企业净资产的所有权，其大小由资产与负债两要素的大小共同决定。（　　）
4. 企业收到某单位还来欠款 10 000 元，该项经济业务会引起会计等式左右两方会计要素发生同时增加的变化。（　　）
5. 费用产生于企业的日常活动，是为取得收入而付出的代价，费用与收入之间必须存在配比关系。（　　）

四、业务题

1. （**熟练掌握会计恒等式**）某公司 20×6 年资产总额与负债总额的期初、期末资料如下。

	期初	期末
资产	400 000 元	500 000 元
负债	100 000 元	50 000 元

要求：根据下列三种情况，分别计算该公司本年度的有关数据：

（1）本年度股东投资不变，费用为 80 000 元，计算本年度利润和收入。

（2）本年度增加股东投资 20 000 元，计算本年度利润。

（3）本年度曾收回投资 40 000 元，但又增加对另一企业的投资 60 000 元，计算本年度利润。

2.（对会计要素进行分类，并掌握它们之间的关系）某企业20××年12月31日的资产、负债、所有者权益的状况如表2-2所示。

表2-2　资产、负债及所有者权益状况表　　　　　　　　　单位：元

项目	金额	资产	负债	所有者权益
库存现金	1 500			
存放在银行的款项	95 000			
生产车间厂房	280 000			
各种机器设备	350 000			
对外短期投资	250 000			
库存产品	75 000			
车间正在加工的产品	86 500			
库存材料	85 000			
投资人投入的资本	800 000			
应付外单位材料货款	145 000			
尚未交纳的税金	50 000			
向银行借入的短期借款	50 000			
应收产品的销货款	115 000			
采购员出差预借差旅费	4 000			
商标权	250 000			
向银行借入三年期的借款	300 000			
预付购买材料款	95 000			
盈余公积	70 000			
公司的资本公积金	140 000			
未分配利润	132 000			
合计				

要求：根据上述资料确定资产、负债及所有者权益项目，并分别加计资产、负债及所有者权益金额和合计数，验证资产和权益是否相等。

3.（练习会计恒等式）某企业8月31日的资产、负债及所有者权益情况如表2-3所示。

表2-3　资产负债表　　　　　　　　　单位：元

资产	金额	负债及所有者权益	金额
库存现金	1 000	负债：	
银行存款	13 000	短期借款	100 000
应收账款	14 000	应付账款	25 000

续表

资产	金额	负债及所有者权益	金额
其他应收款	2 000	应付职工薪酬	5 000
生产成本	140 000	所有者权益:	
原材料	60 000	实收资本	500 000
库存商品	70 000	盈余公积	50 000
固定资产	400 000	未分配利润	20 000
合　计	700 000	合　计	700 000

9月份该企业发生下列各项经济业务。

① 向甲企业购入原材料一批，货款为20 000元，材料验收入库，货款未付。
② 生产车间领用材料45 000元，投入生产。
③ 向银行借入短期借款50 000元，存入银行。
④ 职工出差预借款1 000元，用现金支付。
⑤ 用银行存款偿还前欠甲公司材料款20 000元。
⑥ 收到某单位投入资本30 000元，存入银行。
⑦ 收回乙公司前欠货款12 000元，存入银行。
⑧ 从银行提取现金1 000元。
⑨ 用银行存款购买机器设备一台，价值20 000元。
⑩ 用银行存款支付职工医药费5 000元。

要求:

（1）根据9月份发生的经济业务，分析经济业务的发生对会计要素的影响。
（2）计算9月末该公司的资产总额、负债总额和所有者权益总额。

第 3 章

会计核算基础

【学习目标】
本章主要阐述会计假设、会计要素的计量及会计处理基础。通过本章的学习，使学生理解各项会计假设，能够运用权责发生制和收付实现制对收入和费用进行计算和分析。

3.1 会计基本假设

会计基本假设，也叫会计核算基本前提，是指将客观不确定因素进行人为限定，以使财务报告边界清晰、内容有用、计算合理。会计基本假设是企业会计确认、计量和报告的前提，是对会计核算所处的时间、空间环境所做的合理设定，是为了保证会计工作的正常进行和会计信息的质量。例如，会计核算的范围有多大，会计为谁核算，给谁记账；会计核算的资金运动能否持续不断地进行下去；会计应该在什么时候记账、算账、报账；在核算过程中应该采用什么计量手段等，这些都是进行会计核算工作的前提条件。按照国际惯例同时结合我国情况，我国企业会计准则规定：企业在组织会计核算时，应遵循的会计假设包括会计主体假设、持续经营假设、会计分期假设和货币计量假设。

1. 会计主体假设

会计主体，是指企业会计确认、计量和报告的空间范围。会计核算应当以本会计主体发生的经济活动或事项为对象，记录和反映会计主体本身的各项生产经营活动。会计主体又称会计实体或会计个体，是会计所服务的特定单位，它明确了会计工作的空间范围。会计主体是一个在经济上独立的整体，它明确了会计人员进行会计核算（确认、计量、记录、报告）所站的立场。组织会计核算工作的首要前提是明确会计主体，即明确会计为谁核算的问题。

尽管企业本身的经济活动总是与其他企业、单位或个人的经济活动相联系，但对于会计来说，其核算的范围既不包括企业所有者本人，也不包括其他企业的经济活动。

会计主体不同于法律主体。一般来说，法律主体往往是一个会计主体。例如，一个企业作为一个法律主体，应当建立会计核算体系，独立反映其财务状况、经营成果和现金流量。但是，会计主体不一定是法律主体，比如在企业集团里，一个母公司拥有若干个子公司，子公司在母公司的统一领导下开展经营活动。为了全面反映这个企业集团的财务状况、经营成果和现金流量，就有必要将这个企业集团的财务状况、经营成果和现金流量予以综合反映。有时，为了内部管理需要，也对企业内部的部门单独加以核算，并编制内部会计报表。企业内部划出的核算单位也可以视为一个会计主体，但它不是一个法律主体。

会计主体假设是持续经营假设、会计分期假设和全部会计原则的基础。因为如果不划定会计的空间范围，会计核算工作就无法进行，指导会计核算工作的原则也就失去了存在的意义。

2. 持续经营假设

持续经营是指在可以预见的将来，企业会按当前的规模和状态继续经营下去，不会面临破产清算。持续经营假设是指会计核算应当以企业持续、正常的生产经营活动为前提，而不考虑企业是否破产清算等，在此前提下选择会计程序及会计处理方法，进行会计核算。在持续经营假设下，企业所拥有的各项资产在正常的生产经营过程中被耗用、出售和转让，承担的债务将按期清偿，经营成果不断形成。只有在持续经营的前提下，企业才能履行既定的合同和承诺。持续经营假设明确了会计工作的时间范围。

持续经营假设对会计十分重要，它为会计原则和会计方法的选择提供了理论依据。只有具备了这一前提条件，企业才能以历史成本作为资产计价的基础，固定资产才能按使用年限的长短以折旧的方式分摊到各个会计期间或相关产品的成本中，并为权责发生制原则奠定基础。

由于持续经营是根据企业发展的一般情况所做的设定，而企业在生产经营过程中缩减经营规模乃至停业的可能性总是存在的，因此往往要求定期对企业持续经营这一前提做出分析和判断。一旦判定企业不符合持续经营前提，就应当改变会计核算的原则和方法，并在企业财务报告中做相应的披露。

3. 会计分期假设

会计核算应当划分会计期间，分期结算账目和编制财务报告。会计分期是指将一个企业持续经营的生产经营活动划分为连续、相等的期间，又称会计期间。

会计分期假设的目的是通过会计期间的划分，分期结算账目、计算盈亏，按期编报财务报告，从而及时地向有关方面提供反映企业财务状况、经营成果和现金流量的会计信息。从理论上来说，在企业持续经营情况下，要反映企业的财务状况和经营成果只有等到企业所有的生产经营活动结束后，才能通过收入和费用的归集与比较，进行准确的计算，但那时提供的会计信息已经失去了应有的作用，因此必须人为地将这个过程划分为较短的会计期间。

会计分期假设是对会计工作时间范围的具体划分。会计期间分为年度和中期，各国所采用的会计年度一般都与本国的财政年度相同。我国采用历年制，以公历1月1日至12月31日为一个会计年度。会计年度确定后，一般按日历确定会计半年度、会计季度和会计月度。

中期是指短于一个完整的会计年度的报告期间。

会计分期对会计原则和会计政策的选择有重要影响。由于会计分期，产生了当期与其他期间的差别，从而出现了权责发生制和收付实现制的区别，进而出现了应收、应付等会计处理方法。

4. 货币计量假设

《企业会计准则——基本准则》指出：企业会计应当以货币计量。货币计量是指会计主体在会计核算过程中应采用货币作为计量单位，记录、反映会计主体的经营情况。货币作为商品的一般等价物，能计量一切资产、负债和所有者权益，以及收入、费用和利润，也便于综合。因此，会计必须以货币计量为前提。需要说明的是，其他计量单位，如实物、劳动工时等，在会计核算中也要使用，但不占主要地位。

在我国，要求企业对所有经济业务采用同一种货币进行计量。若企业的经济业务由两种以上的货币计量，应该选用一种作为基准，称为记账本位币。记账本位币以外的货币称为外币。我国有关会计法规规定，企业会计核算以人民币为记账本位币。一般企业的会计核算以人民币为记账本位币。业务收支以外币为主的企业，也可以选定某种外币作为记账本位币，但编制财务报告时，应折算为人民币。

综上所述，会计假设虽然是人为确定的，但完全是出于客观的需要，有充分的客观必然性，否则，会计核算工作就无法进行。

3.2　会计要素的计量

企业在将符合确认条件的会计要素登记入账并列报于会计报表及其附注（又称财务报表）时，应当按照规定的会计计量属性进行计量，确定其金额。

会计计量属性主要包括以下几种。

（1）历史成本

在历史成本计量下，资产按照购置时支付的现金或者现金等价物的金额，或者按照购置资产时所付出的对价的公允价值计量。负债按照因承担现时义务而实际收到的款项或者资产的金额，或者承担现时义务的合同金额，或者按照日常活动中为偿还负债预期需要支付的现金或者现金等价物的金额计量。

（2）重置成本

在重置成本计量下，资产按照现在购买相同或者相似资产所需支付的现金或者现金等价物的金额计量。负债按照现在偿付该项债务所需支付的现金或者现金等价物的金额计量。

（3）可变现净值

在可变现净值计量下，资产按照其正常对外销售所能收到现金或者现金等价物的金额，扣减该资产至完工时估计将要发生的成本、估计的销售费用及相关税费后的金额计量。

（4）现值

在现值计量下，资产按照预计从其持续使用和最终处置中所产生的未来净现金流入量的折现金额计量。负债按照预计期限内需要偿还的未来净现金流出量的折现金额计量。

（5）公允价值

在公允价值计量下，资产和负债按照市场参与者在计量日发生的有序交易中，出售资产所能收到或者转移负债所需支付的价格计量。

《企业会计准则——基本准则》规定：企业在对会计要素进行计量时，一般应当采用历史成本计量，采用重置成本、可变现净值、现值、公允价值计量的，应当保证所确定的会计要素金额能够取得并可靠计量。

3.3 权责发生制与收付实现制

权责发生制与收付实现制是确认收入和费用的两种截然不同的会计处理基础。

由于会计核算是分期进行的，这就使得有些经济业务的发生时间与货币实际收付的时间不在同一会计期间。例如，有时销售业务在本期已经完成，但款项却在以后期间才能收到，或本期销售业务尚未发生已预收了款项；或本期费用已经发生，但并未实际支付款项；或本期费用尚未发生却预付了款项。对于这些收入和费用的实际发生期与款项收付期不一致的经济业务，其收入、费用应确认归属于哪一个会计期间，《企业会计准则——基本准则》规定：企业应当以权责发生制为基础进行会计确认、计量和报告。

1. 权责发生制

权责发生制亦称应计制或应收应付制，是指企业按收入的权利和支出的义务是否归属于本期来确认收入、费用的一种会计处理基础，而不是按款项的实际收支是否在本期发生为标准来确认本期的收入和费用。在权责发生制下，凡是属于本期实现的收入和发生的费用，不论款项是否实际收到或实际付出，都应作为本期的收入和费用入账；凡是不属于本期的收入和费用，即使款项在本期收到或付出，也不作为本期的收入和费用处理。

2. 收付实现制

收付实现制亦称现收现付制，它以款项是否实际收到或付出作为确定本期收入和费用的标准。凡是本期实际收到的款项，不论其是否属于本期实现的收入，都作为本期的收入处理；凡是本期付出的款项，不论其是否属于本期负担的费用，都作为本期的费用处理。反之，凡本期没有实际收到款项和付出款项，即使应归属于本期，也不作为本期收入和费用处理。权责发生制与收付实现制的比较如表 3–1 所示。

表 3–1 权责发生制与收付实现制的比较

业务内容	业务发生期	款项收付期	收入、费用归属期	8月份收入、费用	
				权责发生制	收付实现制
8月20日销售商品，货款30 000元在9月收到	8月	9月	8月	收入：30 000 费用：5 000	收入：50 000 费用：8 000
8月预收货款50 000元，商品于9月份发出	9月	8月	9月		
8月份发生水电费5 000元，款项于9月份支付	8月	9月	8月		
8月份预付9月份的房租8 000元	9月	8月	9月		

权责发生制与收付实现制都是会计处理基础。由于会计分期假设，产生了本期与非本期的区别，因此在确认收入或费用时，就产生了上述两种不同的处理基础。采用不同的会计处理基础会影响各期的损益。在权责发生制下，必须考虑预收款项、预付款项和应收款项、应付款项。由于企业日常的账簿记录不能完全地反映本期的收入和费用，需要在会计期末对账簿记录进行调整，使未收到款项的应计收入和未付出款项的应付费用，以及收到款项而不完全属于本期的收入和付出款项而不完全属于本期的费用，归属于相应的会计期间，以便正确地计算本期的经营成果。采用权责发生制核算比较复杂，但反映本期的收入和费用比较合理、真实。目前，我国的行政单位采用收付实现制，事业单位除经营业务采用权责发生制外，其他业务也采用收付实现制。

本 章 小 结

1. 会计的基本假设是会计主体假设、持续经营假设、会计分期假设和货币计量假设。
2. 会计要素的计量属性包括：历史成本、重置成本、可变现净值、现值和公允价值。
3. 会计处理基础有权责发生制和收付实现制两种。

思 考 题

1. 什么是会计假设？为什么要确定会计假设？
2. 会计假设有哪些内容？各个假设的意义何在？如何理解这些假设之间的关系？
3. 如何划分会计期间？
4. 我国会计法规中，对记账本位币的选择是如何规定的？
5. 权责发生制与收付实现制在确认收入和费用方面有何区别？
6. 为什么企业在进行会计核算时采用权责发生制？

练 习 题

一、单项选择题
1. 会计主体假设规定了会计核算的（   ）。
   A. 时间范围   B. 空间范围
   C. 期间费用范围   D. 成本开支范围
2. 我国会计法规规定，会计核算采用的记账本位币是（   ）。

A. 美元　　　　B. 欧元　　　　C. 英镑　　　　D. 人民币

3. （　　）作为会计核算的基本前提，就是将一个会计主体持续经营的生产经营活动划分为若干个相等的会计期间。

A. 会计分期　　B. 会计主体　　C. 会计年度　　D. 持续经营

4. 会计对各单位经济活动进行核算时，选作统一计量标准的是（　　）。

A. 劳动量度　　B. 货币量度　　C. 实物量度　　D. 其他量度

5. 下列哪项条件存在，才能使会计核算建立在非清算的基础上。（　　）

A. 会计主体假设　　　　　　　B. 持续经营假设
C. 会计分期假设　　　　　　　D. 货币计量假设

6. 下列各项中，对会计核算的具体内容表述不正确的是（　　）。

A. 款项和有价证券的收付　　　B. 债权、债务的发生和结算
C. 收入、支出、费用、成本的计算　　D. 资本的增减可以不进行核算

7. 我国企业会计准则、会计制度均规定，企业采用的记账基础是（　　）。

A. 货币计价　　B. 相关性　　C. 权责发生制　　D. 收付实现制

8. 20××年6月20日采用赊销方式销售产品30 000元，9月25日收到货款存入银行。按收付实现制核算时，该项收入应属于（　　）。

A. 20××年6月　　B. 20××年7月　　C. 20××年8月　　D. 20××年9月

二、多项选择题

1. 企业在组织会计核算时，应作为会计核算基本前提的是（　　）。

A. 会计主体　　B. 持续经营　　C. 货币计量　　D. 会计原则
E. 会计分期

2. 根据权责发生制原则，下列各项中应计入本期的收入和费用的是（　　）。

A. 本期销售货款收存银行　　　B. 上期销售货款本期收存银行
C. 本期预收下期货款存入银行　　D. 计提本期固定资产折旧费
E. 以银行存款支付下期的报纸杂志费

3. 会计中期包括（　　）。

A. 会计年度　　B. 会计半年度　　C. 会计季度　　D. 会计月度
E. 会计旬度

4. 会计计量的属性主要有（　　）。

A. 历史成本　　B. 公允价值　　C. 可变现净值　　D. 现值
E. 重置成本

5. 根据收付实现制原则，下列收入或费用应计入本期的是（　　）。

A. 本期提供劳务已收款　　　　B. 本期提供劳务未收款
C. 本期未付的费用　　　　　　D. 本期预付后期的费用
E. 本期支付上期的费用

三、判断题

1. 会计分期不同，对利润总额会产生影响。（　　）
2. 我国所有企业的会计核算都必须以人民币作为记账本位币。（　　）
3. 权责发生制是以权益、责任是否发生为标准来确定本期收益和费用。（　　）

4. 目前，我国事业单位会计采用收付实现制；在行政单位会计中，除经营业务采用权责发生制外，其他大部分业务采用收付实现制。　　　　　　　　　　　　　（　）

5. 会计主体前提为会计核算确定了空间范围，会计分期前提为会计核算确定了时间范围。　　　　　　　　　　　　　　　　　　　　　　　　　　　　　　（　）

四、业务题

某企业20××年12月发生下列经济业务。

① 销售产品，收到货款50 000元，存入银行。
② 本月份的水电费1 000元，下月支付。
③ 用银行存款预付下年度房租18 000元。
④ 收到购货单位预付货款25 000元，下月交货。
⑤ 销售产品，货款80 000元，尚未收到。
⑥ 收到8月份的销货款10 000元。

要求：

（1）按收付实现制原则计算12月份的收入、费用。
（2）按权责发生制原则计算12月份的收入、费用。

第 4 章

会计科目、账户与复式记账

【学习目标】
本章主要阐述会计核算方法体系中的设置账户和复式记账的核算方法。通过本章的学习，使学生了解会计科目的内容、账户的基本结构，以及账户与会计科目之间的关系，理解复式记账原理，能够运用借贷记账法处理简单的经济业务。

4.1 会计科目

1. 会计科目的含义

会计科目就是在会计对象划分为六大会计要素的基础上，对会计要素的具体内容进行分类核算的科目。

会计的对象是资金运动。在企业实际工作中，会计为了记录经济业务，提供会计信息，又将资金运动按照一定的标准划分为资产、负债、所有者权益、收入、费用和利润这六个会计要素，这是对资金运动的最基本的分类。企业在经营过程中发生的各种各样的经济业务，会引起各项会计要素发生增减变化。由于企业的经营业务错综复杂，即使涉及同一种会计要素，也往往具有不同性质和内容。因此，仅按会计要素分类还不能完整地、系统地对经济业务进行核算和监督，还必须对会计要素的具体内容进行科学的分类，以便分门别类地核算，提供信息使用者所需的会计信息。例如，机器设备和材料虽然都属于资产，但它们的经济内容及在经济活动中的周转方式和所引起的作用各不相同，因此对其增减变动情况，在会计上应分别设置"固定资产"科目和"原材料"科目进行核算和监督；又如，应付供应商的材料款和银行借款虽然都是负债，但它们形成的原因和偿付期限也各不相同，前者是在赊购或结算中形成的,而后者是向银行举债形成的,因此在会计上应分别设置"应付账款""短期借款""长期借款"等科目进行核算和监督。

会计科目是进行会计核算的基本依据。为了全面、系统、分类地反映和监督经济业务的发生情况,以及由此引起的各项会计要素的增减变动情况,以满足使用者对会计信息的需要,每个会计主体进行会计核算时必须首先设置会计科目。当然,在实际工作中,会计科目是事先通过会计制度规定的,它是设置账户、进行账务处理所必须遵循的规则和依据,是正确进行会计核算的一个重要条件。

2. 设置会计科目的原则

设置会计科目是会计核算方法之一。为了更好地发挥会计的作用,使会计主体提供的会计信息口径一致,以便于相互比较、相互理解,会计科目的设置应遵循一定的原则。

(1) 统一性与适用性相结合

会计科目作为对会计要素进行分类核算的项目,应根据提供会计信息的要求,按照企业会计准则的统一规定设置,以便编制会计凭证、登记账簿、查阅账目。同时,会计科目设置必须与各单位会计要素的特点相适应,要符合本单位经济管理的要求,为加强内部经济管理提供必要的资料。各会计主体除了需要设置各行各业的共性会计科目外,还应根据本单位经营活动的特点,设置相应的会计科目。例如,制造业企业的主要经营活动是制造产品,因而需要设置反映生产耗费的会计科目。"生产成本"和"制造费用"等会计科目,就是为适应这一特点而设置的。

(2) 灵活性与稳定性相结合

会计科目的设置,要适应社会经济环境的变化和本单位业务发展的需要。例如,随着商业信用的发展,为了核算和监督商品交易中的提前付款或延期交货而形成的债权债务关系,核算中应单独设置"预收账款"科目和"预付账款"科目,即把预收货款、预付货款的核算从"应收账款"科目和"应付账款"科目中分离出来。但是,会计科目的设置应保持相对稳定,以便在一定范围内综合汇总和在不同时期对比分析其所提供的核算指标。这就要求在设置会计科目时,要具有前瞻性并留有余地,以此来保证会计科目的灵活性和稳定性。

(3) 会计科目名称力求简明扼要、内容确切

每一个会计科目都应有特定的核算内容,各科目之间既有联系,又要有明确的界限,不能含糊不清。所以,在设置会计科目时,对每一个科目的特定核算内容必须严格地、明确地界定。总分类会计科目的名称应与国家有关会计制度的规定相一致,明细分类会计科目的名称也要含义明确、通俗易懂。会计科目的数量和详略程度应根据企业规模的大小、业务的繁简和管理的需要而定。

3. 会计科目的分类

会计科目作为一个体系包括科目的内容和级次,会计科目可以按其内容和级次进行分类。

1) 会计科目按反映的经济内容分类

会计科目是会计要素的具体分类项目,某一个会计科目的内容也就是其反映的会计要素的内容。会计要素分为资产、负债、所有者权益、收入、费用和利润,相应地,会计科目也就分为资产类科目、负债类科目、所有者权益类科目、收入类科目、费用类科目和利润类科目。但收入类科目和费用类科目都是用来反映企业损益的会计科目,因此可将其合并称为损益类会计科目。企业实现的利润或发生的亏损,其最终承担者是所有者,所以又可将其归并

到所有者权益类科目。此外,有成本核算的工业企业中还有成本类科目。这种分类便于明确应当设置哪些会计科目来核算和监督经济活动,也便于取得编制会计报表所需的综合会计核算资料。此分类亦称为按会计报表要素分类。

2)会计科目按级次分类

会计科目按级次,也就是按其反映经济业务的详细程度,可以分为总分类科目和明细分类科目。

(1)总分类科目

总分类科目也称总账科目或一级科目,它是对会计要素的具体内容进行总括分类的会计科目,是反映总括性核算指标的科目,是进行总分类核算的依据。为了满足会计信息使用者对信息质量的要求,总分类科目由财政部统一规定。我国企业会计准则规定的主要会计科目如表4-1所示。

表4-1 会计科目表

序号	编号	会计科目名称	序号	编号	会计科目名称
		一、资产类	23	1501	持有至到期投资
1	1001	库存现金	24	1502	持有至到期投资减值准备
2	1002	银行存款	25	1503	可供出售金融资产
3	1012	其他货币资金	26	1511	长期股权投资
4	1101	交易性金融资产	27	1512	长期股权投资减值准备
5	1121	应收票据	28	1521	投资性房地产
6	1122	应收账款	29	1531	长期应收款
7	1123	预付账款	30	1532	未实现融资收益
8	1131	应收股利	31	1601	固定资产
9	1132	应收利息	32	1602	累计折旧
10	1221	其他应收款	33	1603	固定资产减值准备
11	1231	坏账准备	34	1604	在建工程
12	1401	材料采购	35	1605	工程物资
13	1402	在途物资	36	1606	固定资产清理
14	1403	原材料	37	1701	无形资产
15	1404	材料成本差异	38	1702	累计摊销
16	1405	库存商品	39	1703	无形资产减值准备
17	1406	发出商品	40	1711	商誉
18	1407	商品进销差价	41	1801	长期待摊费用
19	1408	委托加工物资	42	1811	递延所得税资产
20	1411	周转材料	43	1901	待处理财产损溢
21	1461	融资租赁资产			二、负债类
22	1471	存货跌价准备	44	2001	短期借款

续表

序号	编号	会计科目名称	序号	编号	会计科目名称
45	2201	应付票据	64	4103	本年利润
46	2202	应付账款	65	4104	利润分配
47	2203	预收账款			五、成本类
48	2211	应付职工薪酬	66	5001	生产成本
49	2221	应交税费	67	5101	制造费用
50	2231	应付利息			六、损益类
51	2232	应付股利	68	6001	主营业务收入
52	2241	其他应付款	69	6051	其他业务收入
53	2501	长期借款	70	6101	公允价值变动损益
54	2502	应付债券	71	6111	投资收益
55	2701	长期应付款	72	6301	营业外收入
		三、共同类	73	6401	主营业务成本
56	3001	清算资金往来	74	6402	其他业务成本
57	3002	货币兑换	75	6403	税金及附加
58	3101	衍生工具	76	6601	销售费用
59	3201	套期工具	77	6602	管理费用
60	3202	被套期项目	78	6603	财务费用
		四、所有者权益类	79	6701	资产减值损失
61	4001	实收资本	80	6711	营业外支出
62	4002	资本公积	81	6801	所得税费用
63	4101	盈余公积	82	6901	以前年度损益调整

（2）明细分类科目

明细分类科目也称为明细科目、细目。明细分类科目是对总分类科目所反映的经济内容进行进一步详细分类的会计科目，以提供更详细、更具体的会计信息，它是反映核算指标详细、具体情况的科目。例如，在"应付账款"总分类科目下按具体应付单位分设明细科目，具体反映应付哪个单位的货款。明细分类科目除会计制度规定设置的以外，各单位可根据实际需要自行设置。在实际工作中，如果某一总分类科目下设置的明细分类科目较多，可将相同性质的明细分类科目进行归类，在总分类科目与明细分类科目之间增设二级科目（也称子目）。二级科目所提供的指标或信息介于总分类科目和明细分类科目之间。因此，会计科目可分为二级或三级，即总分类科目统驭下属若干明细分类科目，或者总分类科目统驭下属若干二级科目，再在每个二级科目下设置明细科目。例如，在"原材料"一级科目下，可按材料类别设置"原料及主要材料""辅助材料""燃料"等二级科目。在"原料及主要材料"下，再根据材料规格、型号等开设三级明细科目，如表4-2所示。

表4–2 "原材料"总分类科目和明细分类科目

总分类科目（一级科目）	明细分类科目	
	二级科目（子目）	明细科目（三级科目）
原材料	原料及主要材料	圆钢
		生铁
	辅助材料	润滑剂
		防锈剂
	燃料	汽油
		柴油

视野拓展

会计科目的内容很多，对于初学者来说，要想在短时间内记清楚不是一件很容易的事，下面归纳总结一下，以便于记忆。

① 很多科目名称是相对应的，例如：
- 收、付对应。如应收票据和应付票据、应收股利和应付股利、应收账款和应付账款、预收账款和预付账款、其他应收款和其他应付款。
- 收、支对应。如主营业务收入和主营业务成本、其他业务收入和其他业务成本、营业外收入和营业外支出。
- 长、短对应。如短期借款和长期借款、应收账款和长期应收款、应付账款和长期应付款。

② 有一些根据名字就可以理解其含义的科目。如库存现金、银行存款、应收账款、材料采购、原材料、库存商品、在建工程、无形资产、长期待摊费用、短期借款、应付账款、长期借款等。

4.2 账 户

1. 账户的概念

账户是根据会计科目开设的，具有一定的结构和格式，用来分类、连续、系统地记录经济业务，反映会计要素增减变动及其结果的一种工具。会计科目的设置只是确定了对会计要素具体内容进行分类核算的项目。这些项目本身仅表示其所反映的会计要素的内容，而经济业务的发生所引起的会计要素的变化不能在这些项目中反映或加以说明。为了能够分门别类地对各项经济业务的发生所引起的会计要素的增减变动情况及其结果进行全面、连续、系统、准确的反映和监督，为经营管理提供需要的会计信息，就必须根据规定的会计科目来开设账户，对会计要素进行分类核算。例如，为了了解企业产成品的收入、发出及库存情况，就必须根据规定的会计科目设置"库存商品"账户。通过"库存商品"账户的记录，就可以随时掌握企业产成品的增减变动及其库存情况，为企业的生产管理、销售管理提供依据。正确地设置和运用账户，可以将各项经济业务的发生情况，以及由此引起的资产、负债、所有者权益、收入、费用和利润各要素的变化,系统地、分门别类地进行反映和监督,进而向会计信息使用者提供各种会计信息,这对于加强宏观经济管理和微观经济管理具有重要意义。

2. 账户与会计科目的关系

账户是根据会计科目开设的,会计科目就是账户的名称。账户和会计科目两者之间既有联系又有区别。会计科目与账户的共同点:都是分门别类地反映某项经济内容,即两者所反映的经济内容是相同的。它们之间的主要区别是:会计科目只表明某项经济内容,本身没有结构,而账户不仅表明相同的内容,还具有一定的结构、格式,可以对会计对象进行连续、系统的记录,以反映某项经济内容的增减变化及其结果。即会计科目仅仅是会计要素具体内容进行分类的项目名称,而账户还具有一定的结构和格式。在实际工作中,由于账户是根据会计科目开设的,并且按会计科目命名,也就是说会计科目是账户的名称,二者的称谓及核算内容完全一致,因此通常将二者作为同义语来理解,互相通用,不加区别。

3. 账户的基本结构

账户是用来记录经济业务,反映会计要素的具体内容增减变动及其结果的。随着会计主体经济业务的不断发生,会计要素的具体内容也必然随之发生变化。企业的经济业务引起各会计要素的变动,虽然错综复杂,但从数量上看,不外乎增加和减少两种情况。因此,账户通过两列,即划分为左、右两列,分别记录经济内容的增加(减少)与减少(增加),这就是账户的基本结构。在账户中,如果左列用来登记增加数,那么右列肯定就用来登记减少数;反之,亦然。但究竟账户的哪一列登记增加数,哪一列登记减少数,则由所采用的记账方法和所记录的经济内容决定。

在实际工作中,为了随时考察引起会计要素增减变动的经济业务事项的内容、记账时间与记账依据,账户中除"增加""减少"基本部分外,还应包括以下内容:账户的名称,即会计科目;日期和凭证号数(说明账户记录的日期和依据);摘要(简要说明经济业务的内容);增加和减少的金额;账户余额等。下面以借贷记账法下账户结构为例进行说明,如表 4–3 所示。

表 4–3 账户的一般格式

会计科目(账户名称)

年		凭证号数		摘要	借方	贷方	借或贷	余额
月	日	字	号					

为了日常业务汇总与试算平衡的方便,一般将账户的格式简化为左、右两方,形成一个"T"形账户来说明,如图 4–1 所示。

图 4–1 "T"形账户

每个账户一般有 4 个金额要素,即期初余额、本期增加发生额、本期减少发生额和期末余额。一个会计期间开始时记录的余额称为期初余额,结束时记录的余额称为期末余额。账户如有期初余额,首先应当在记录增加额的那一方登记,会计事项发生后,要将增减内容记录在相应的栏内。一定期间记录到账户增加方的数额合计,称为增加发生额;记录到账户减少方的数额合计,称为减少发生额。正常情况下,账户 4 个金额之间的关系可以用下列等式来表示。

期末余额=期初余额+本期增加发生额−本期减少发生额

账户本期的期末余额转入下期,即为下期的期初余额。每个账户的本期发生额反映的是该类经济内容在本期内变动的情况,而期末余额则反映变动的结果。某企业某一期间"银行存款"账户的记录如图 4-2 所示。

左方		银行存款	右方
期初余额	40 000		
本期增加发生额	35 000	本期减少发生额	65 000
	22 000		10 000
本期增加发生额	57 000	本期减少发生额	75 000
期末余额	22 000		

图 4-2 账户记录

根据图 4-2 的账户记录,可以了解到企业期初的银行存款为 40 000 元,本期增加了 57 000 元,本期减少了 75 000 元,到期末企业还有 22 000 元银行存款。

上面所举的账户都是简化格式。对于一个完整的账户而言,除了反映增加数和减少数以外,还包括其他栏目,反映其他相关内容,而这些在账簿中才能体现。因此,在实际工作中,账户不是独立开设的,而是依附于账簿开设。具体内容和格式将在以后的有关章节中详述。

4. 账户的分类

1)按照账户提供信息的详细程度分类

账户是根据会计科目开设的,会计科目分为总分类科目和明细分类科目,所以账户按提供信息的详细程度可分为总分类账户和明细分类账户。

(1)总分类账户

总分类账户简称总账或一级账户,它是根据一级会计科目开设的,用来提供总括分类核算资料的账户。例如,"原材料"总账用来提供所有材料的增减变动及结存的总括核算指标,因此总分类账户一般只用货币计量。

(2)明细分类账户

明细分类账户简称明细账,它是根据明细分类科目开设的,用来提供详细核算资料的账户。除可以用货币计量外,有的还用实物量度(如件、千克、吨等)辅助计量。在总分类账户和明细分类账户之间,根据二级科目开设的二级账户,也将其归入明细分类账户中。总分类账户与明细分类账户之间有密切联系:总分类账户统驭明细分类账户,明细分类账户则对总分类账户起着进一步补充说明的作用。对于发生的经济业务应按平行登记的原则,分别在有关总分类账户及其所属的明细分类账户中进行登记。

2）按照账户的经济内容分类

账户的经济内容就是指账户反映的会计要素的具体内容。账户按其经济内容不同可分为资产类账户、负债类账户、所有者权益类账户、成本类账户、损益类账户五大类。其中资产、负债和所有者权益类账户是根据资产、负债和所有者权益类科目设置的，成本类账户和损益类账户是根据成本类和损益类的相应会计科目设置的。这是账户最基本的分类，通过这种分类，可以掌握每个账户的经济内容，明确账户之间的区别，以便在经济业务发生时能迅速判断应使用的账户。

4.3 复式记账法

1. 记账方法

为了便于对会计要素进行核算和监督，除了要按照规定的会计科目设置账户外，还应采用一定的记账方法将会计要素的增减变动登记在账户中，以便全面、系统地记录经济业务的内容。

所谓记账方法，是指按照一定的记账规则，使用一定的记账符号，采用一定的计量单位，利用文字和数字记录经济业务活动的一种专门方法。会计上的记账方法，最初是单式记账法，随着社会经济的发展和人们的实践与总结，单式记账法逐步改进，演变为复式记账法。

2. 记账方法的分类

（1）单式记账法

单式记账法是指对发生的经济业务，只用一个会计科目，在一个账户中进行记录的记账方法。例如，用银行存款 20 000 元购买材料的经济业务发生后，只对"银行存款"账户作减少的记录，而对材料的收入业务，却不在账户中记录。单式记账法是一种比较简单、不完整的记账方法。采用这种方法，只是记录现金和银行存款的收付业务，以及债权、债务方面发生的经济业务，而不登记实物的收付业务。除了对有关应收款、应付款的现金收付业务，需要在两个或两个以上账户中各自进行记录外，其他业务都只在一个账户中登记。因此，一般只需要设置"库存现金""银行存款""应收账款""应付账款"等账户，而没有一套完整的账户体系，账户之间也不能形成相互对应的关系，不能全面、系统地反映经济业务的来龙去脉，也不便于检查账户记录的正确性。单式记账法的缺陷是其难以适应社会化大生产的需要，因此逐渐被复式记账法所取代。

（2）复式记账法

复式记账法是指对发生的每一项经济业务，都要以相等的金额在相互关联的两个或两个以上账户中进行记录的记账方法。例如，用银行存款购买原材料的业务，不仅要在"银行存款"账户中记录银行存款的付出，而且还要在"原材料"账户中记录原材料收入，同时要求两个账户中记录的金额要相等。这样，"银行存款"账户和"原材料"账户之间就形成了一种对应关系。再如，企业向银行借入短期借款的经济业务，一方面要在"短期借款"账户中记录借款的增加，另一方面要在"银行存款"账户中记录银行存款的增加。"银行存款"账户与"短期借款"账户之间也形成了一种对应关系。复式记账法是一种科学的记账方法，它建立在会计等式的基础上，并以此作为理论依据。

复式记账法的特点如下。

① 对于每一项经济业务，都必须在两个或两个以上相互联系的账户中进行记录。需要强调说明的是，复式记账法所记录的对象是企业发生的任何一项经济业务，不能有所遗漏。每项业务所涉及的至少是两个账户，而这些账户之间存在一种对应关系。也正因为如此，通过账户记录不仅可以全面、清晰地反映经济业务的来龙去脉，还能够全面、系统地反映经济活动的过程和结果。

② 对于每一项经济业务，必须以相等的金额进行记录。不仅在相互联系的账户中进行登记，还要以相等的金额进行记录。因而，可据此进行试算平衡，以检查账户记录是否正确。

复式记账法根据记账符号、记账规则等的不同，又可分为借贷记账法、增减记账法和收付记账法。其中，借贷记账法是世界各国普遍采用的一种记账方法。目前，我国企业和行政、事业单位所采用的记账方法，都属于复式记账法，主要是借贷记账法。一方面，因为借贷记账法经过多年的实践已被全世界的会计工作者普遍接受，是一种比较成熟、完善的记账方法；另一方面，从会计实务角度看，统一记账方法对企业间横向经济联系和加强国际交往等都会带来极大的方便，并且对会计核算工作的规范和更好地发挥会计的作用具有重要意义。

4.4　借贷记账法

1. 借贷记账法概述

借贷记账法是以"借"和"贷"作为记账符号的一种复式记账方法。记账符号是会计核算中采用的一种抽象标记。借贷记账法下，"借""贷"两字并不表示原有的字面含义，而是一对单纯的记账符号，其表示经济业务的增减变动和记账方向，是会计上的专门术语。借贷记账法以"借"和"贷"作为记账符号，"借"表示记入账户的借方，"贷" 表示记入账户的贷方。

借贷记账法起源于13世纪的意大利。当时，意大利沿海城市的商品经济特别是海上贸易已有很大的发展。在商品交换中，为了适应借贷资本和商业资本经营者的需要，逐步形成了这种记账方法。"借"和"贷"最初是从借贷资本家的角度来解释的。借贷资本家以经营货币资金为主要业务，对于借进来的存款，记在贷主的名下，表示自身债务的增加；对于贷出去的款项，记在借主的名下，表示自身债权的增加。"借"和"贷"也就是表示债权（应收款）和债务（应付款）的增减变动。随着社会经济的发展，经济活动的内容日益复杂，记录的经济业务已不局限于货币资金的收付业务，而逐渐扩展到财产物资、经营损益和经营资本等的增减变化。这时，为了求得账簿记录的统一，对于非货币资金的收付活动，也利用"借""贷"两字说明经济业务的增减变动情况。这样，"借""贷"两字逐渐失去了原来的含义，而转化为纯粹的记账符号，变成会计上的专门术语。

15世纪，借贷记账法已逐渐成熟，被用来反映资本的存在形态和所有者权益的增减变化。与此同时，西方国家的会计学者提出了借贷记账法的理论依据，即"资产=负债+所有者权益"的平衡公式，并根据这个理论确立了借贷的记账规则，使借贷记账法日趋完善，为世界各国所普遍采用。"资产=负债+所有者权益"这个公式是借贷记账法的理论基础，在一个会计要素发生增减变动时，另一个或两个会计要素必然随之发生增减变动，以维持平衡公式不被破坏。只有维持会计要素之间的平衡关系，在相关的账户中进行等额登记，才能保证记录经济业务的完整性。所以说，会计恒等式是借贷记账法的理论基础。

2. 借贷记账法的账户结构

借贷记账法是以"借""贷"作为记账符号，分别表示会计要素的增减变化，但对不同类的账户其含义也不同。在借贷记账法下，账户的基本结构是：左方为借方，右方为贷方。记账时，账户的借、贷两方必须做相反方向的记录，即对于每一个账户来说，如果借方用来登记增加额，则贷方就用来登记减少额；如果借方用来登记减少额，则贷方就用来登记增加额。在一个会计期间，借方登记的合计数称为借方发生额；贷方登记的合计数称为贷方发生额。但究竟哪一方登记增加数，哪一方登记减少数，则要根据账户反映的经济内容，也就是账户的性质来决定。下面分别说明借贷记账法下各类账户的结构。

（1）资产类账户的结构

资产类账户的结构是：账户的借方记录资产的增加额，贷方记录资产的减少额。由于资产的减少额不可能大于它的期初余额与本期增加额之和，所以资产类账户期末如有余额，一般在借方，借方期末余额转到下一期就成为借方期初余额。例如"库存现金"账户，从银行提取现金，现金增加，记录在"库存现金"账户的借方，用现金购买办公用品，现金减少，记录在"库存现金"账户的贷方。期末余额在借方，表示企业库存现金的实际数额。资产类账户期末余额的计算公式为

资产类账户期末借方余额=期初借方余额+本期借方发生额−本期贷方发生额

资产类账户的结构如图4-3所示。

借方	资产类账户		贷方
期初余额	×××		
（1）增加额	×××	（1）减少额	×××
（2）增加额	×××	（2）减少额	×××
本期发生额合计	×××	本期发生额合计	×××
期末余额	×××		

图4-3 资产类账户的结构

（2）负债和所有者权益类账户的结构

由会计恒等式"资产=负债+所有者权益"决定，负债和所有者权益类账户的结构与资产类账户正好相反，其贷方记录负债和所有者权益的增加额，借方记录负债和所有者权益的减少额，期末余额一般在贷方，贷方期末余额转到下一期就成为贷方期初余额。例如"短期借款"账户，企业从外部取得借款时，借款数额增加，记录在"短期借款"账户的贷方，企业偿还借款时，短期借款减少，记录在"短期借款"账户的借方。期末余额在贷方，表示企业实际借款的数额。负债和所有者权益类账户期末余额的计算公式为

负债和所有者权益类账户期末贷方余额=期初贷方余额+本期贷方发生额−本期借方发生额

负债和所有者权益类账户的结构如图4-4所示。

借方		负债和所有者权益类账户	贷方
		期初余额	×××
(1) 减少额	×××	(1) 增加额	×××
(2) 减少额	×××	(2) 增加额	×××
本期发生额合计	×××	本期发生额合计	×××
		期末余额	×××

图 4-4　负债和所有者权益类账户的结构

（3）成本类账户

成本类账户主要是"生产成本"和"制造费用"，其结构与资产类账户相似，借方记录成本的增加额，贷方记录成本的减少额。"生产成本"账户期末如果有余额在借方，表示期末在产品的生产成本，"制造费用"账户期末一般无余额。成本类账户的结构如图 4-5 所示。

借方		成本类账户	贷方
期初余额	×××		
(1) 增加额	×××	(1) 减少额	×××
(2) 增加额	×××	(2) 减少额	×××
本期发生额合计	×××	本期发生额合计	×××
期末余额	×××		

图 4-5　成本类账户的结构

（4）损益类账户

损益类账户可以分为收入类账户和费用类账户。收入是企业在生产经营过程中销售产品所形成的经济利益的流入，费用是企业为了获得收入所发生的经济资源的耗费。收入类账户的结构与负债及所有者权益类账户的结构一样，收入的增加额记入账户的贷方，收入的减少额记入账户的借方，由于期末所有收入转入"本年利润"账户，所以收入类账户没有期末余额。

费用类账户与资产类账户相似，借方记录费用的增加额，贷方记录费用的减少额（或转销），由于期末所有费用转入"本年利润"账户，所以费用类账户没有期末余额。收入类账户的结构如图 4-6 所示，费用类账户的结构如图 4-7 所示。

借方		收入类账户	贷方
(1) 减少额	×××	(1) 增加额	×××
(2) 减少额	×××	(2) 增加额	×××
本期发生额合计	×××	本期发生额合计	×××

图 4-6　收入类账户的结构

借方		费用类账户	贷方
(1) 增加额	×××	(1) 减少额	×××
(2) 增加额	×××	(2) 减少额	×××
本期发生额合计	×××	本期发生额合计	×××

图 4-7　费用类账户的结构

在借贷记账法下，可以根据需要设置双重性质账户。所谓双重性质账户，是指既可以用来核算资产,又可以用来核算负债的账户。双重性质的账户要根据账户的余额方向确定其性质,如果余额在借方则应归入资产项目,若余额在贷方则应归入负债项目。在借贷记账法下设置双重性质账户,可减少账户设置数量,使账务处理简便灵活。

综合以上对各类账户结构的说明,将全部账户借方和贷方所记录的经济内容加以归纳,具体如表4-4所示。

表4-4 借贷记账法下各类账户的结构

账户类别	借方	贷方	余额方向
资产类	增加	减少	借方
负债类	减少	增加	贷方
所有者权益类	减少	增加	贷方
收入类	减少	增加	一般无余额
费用类	增加	减少	一般无余额
成本类	增加	减少	如果有,余额在借方

3. 借贷记账法的记账规则

借贷记账法的记账规则可以用一句话概括:"有借必有贷,借贷必相等。"这一记账规则要求对每项经济业务都要以相等的金额、相反的方向,登记在两个或两个以上相互联系的账户中。借贷记账法的记账规则是根据以下两方面来确定的:第一,根据复式记账的原理,对任何一项经济业务都必须以相等的金额,在两个或两个以上相互关联的账户中进行记录;第二,对每一项经济业务,都应当做借贷相反的记录。具体地说,如果在一个账户中记借方,必须同时在另一个或几个账户中记贷方;或者在一个账户中记贷方,必须同时在另一个或几个账户中记借方。记入借方的总额与记入贷方的总额必须相等。

在实际运用借贷记账法的记账规则去记录经济业务时,一般按照以下步骤进行。

① 需要分析经济业务的内容,确定它引起哪些账户发生变化及这些账户的性质。
② 确定这些账户变化的金额是增加还是减少。
③ 根据账户的性质及变动方向确定借贷方向。

下面通过几笔简单的经济业务,说明借贷记账法的运用。

(1) 会计等式左、右两边同时增加的经济业务

例 4-1

企业收到投资者投入的资金50 000元,并存入银行。

这项经济业务一方面使企业的资产——银行存款增加,应记入"银行存款"账户的借方;另一方面使所有者权益——实收资本增加,应记入"实收资本"账户的贷方。这项经济业务在账户中的登记结果如图4-8所示。

图4-8 例4-1的经济业务在账户中登记的结果

（2）会计等式左、右两边同时减少的经济业务

例 4-2

公司用银行存款 100 000 元偿还银行的短期借款。

这项经济业务一方面使企业的资产——银行存款减少，应记入"银行存款"账户的贷方；另一方面使企业的负债——短期借款减少，应记入"短期借款"账户的借方。这项经济业务在账户中的登记结果如图 4-9 所示。

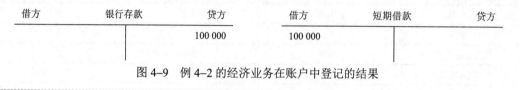

图 4-9　例 4-2 的经济业务在账户中登记的结果

（3）会计等式左边资产项目内部此增彼减的经济业务

例 4-3

公司用银行存款 30 000 元购入原材料，材料验收入库。

这项经济业务一方面使企业的资产——银行存款减少，应记入"银行存款"账户的贷方；另一方面使企业资产——原材料增加，应记入"原材料"账户的借方。这项经济业务在账户中的登记结果如图 4-10 所示。

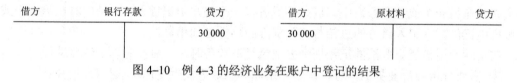

图 4-10　例 4-3 的经济业务在账户中登记的结果

（4）会计等式右边负债和所有者权益项目此增彼减的经济业务

例 4-4

经协商，工商银行将贷给本企业的长期借款 150 000 元转作对本企业的投资。

这项经济业务一方面使企业的所有者权益——实收资本增加，应记入"实收资本"账户的贷方；另一方面使企业的负债——长期借款减少，应记入"长期借款"账户的借方。这项经济业务在账户中的登记结果如图 4-11 所示。

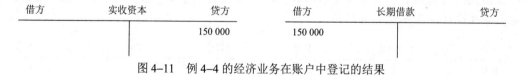

图 4-11　例 4-4 的经济业务在账户中登记的结果

从以上所举的几个例子可以看出，每项经济业务发生之后，运用借贷记账法进行账务处

理，都必须是在记入某一个账户借方的同时记入另一个账户的贷方，而且记入借方与记入贷方的金额要相等。因此，可以得出借贷记账法的记账规则是：有借必有贷，借贷必相等。

4. 账户对应关系与会计分录

（1）账户对应关系

运用借贷记账法在账户中记录经济业务后，有关账户之间就形成了一种相互对应关系，即一个账户的借方与另一个账户的贷方相互对应，或者一个（或几个）账户的借方与几个（或一个）账户的贷方相互对应。账户之间的这种相互对应关系，称为账户对应关系，存在对应关系的账户叫对应账户。根据账户之间的对应关系，可以了解经济业务的来龙去脉。例如，将现金存入银行的经济业务，要记入"库存现金"账户的贷方和"银行存款"账户的借方，"库存现金"账户和"银行存款"账户之间就具有了相互对应关系，"库存现金"账户和"银行存款"账户就互为对应账户。

（2）会计分录

企业在处理经济业务时，为了保证账户对应关系的正确性，必须认真分析经济业务对会计要素的影响情况，确定正确的账户及其借贷方向和金额。在实际工作中，通常是通过编制会计分录来表示这种对应关系。会计分录就是表明某项经济业务应借、应贷账户的名称及其金额的记录。会计分录一般是根据经济业务的原始凭证在记账凭证或日记账中编制的。编制会计分录，就意味着对经济业务做会计确认，为经济业务数据记入账户提供依据。因此，为了确保账户记录的真实和正确，必须严格把好会计分录这一关。

会计分录必须具备三个要素：账户名称、借贷方向和金额，缺一不可。现对前述 4 笔经济业务编制会计分录如下。

例 4-1　借：银行存款　　　　　　　　　　　　　　　　　50 000
　　　　　　贷：实收资本　　　　　　　　　　　　　　　　　　50 000

例 4-2　借：短期借款　　　　　　　　　　　　　　　　　100 000
　　　　　　贷：银行存款　　　　　　　　　　　　　　　　　　100 000

例 4-3　借：原材料　　　　　　　　　　　　　　　　　　30 000
　　　　　　贷：银行存款　　　　　　　　　　　　　　　　　　30 000

例 4-4　借：长期借款　　　　　　　　　　　　　　　　　150 000
　　　　　　贷：实收资本　　　　　　　　　　　　　　　　　　150 000

会计分录可分为简单会计分录和复合会计分录。简单会计分录是指一个账户借方只同另一个账户贷方发生对应关系的会计分录，即一借一贷的会计分录。上述例子中的经济业务所涉及的账户只有两个，根据它们所做的会计分录都是简单会计分录。复合会计分录是指由两个以上账户所组成的会计分录，实际上它是由几个简单会计分录组成的，因而必要时可将其分解为若干个简单会计分录。编制复合会计分录，既可以简化记账手续，又能集中反映某项经济业务的全面情况。现举例说明如下。

例 4-5

用银行存款 30 000 元从某单位购买价值 20 000 元的原材料，剩余 10 000 元用于偿还前欠该单位的货款。

这项经济业务一方面使企业的资产——银行存款减少,应记入"银行存款"账户的贷方;另一方面使企业资产——原材料增加,应记入"原材料"账户的借方,同时使企业负债——应付账款减少,应记入"应付账款"账户的借方。这项经济业务在账户中的登记结果如图4-12所示。

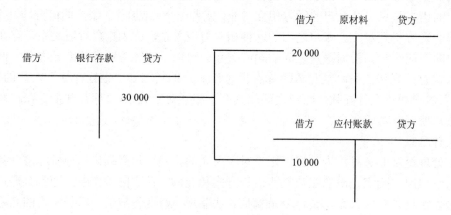

图4-12 例4-5的经济业务在账户中登记的结果

其会计分录为

借:原材料   20 000

    应付账款   10 000

  贷:银行存款   30 000

为了使账户对应关系一目了然,在借贷记账法下,只应编制一借一贷、一借多贷和一贷多借的会计分录,一般不编制多借多贷的会计分录。这是因为多借多贷的会计分录容易使账户之间的对应关系模糊不清,难以据此分析经济业务。

5. 借贷记账法的试算平衡

在运用借贷记账法在账户中记录经济业务的过程中,可能会发生错误。为了保证或检查一定时期内所发生的经济业务在账户中登记的正确性和完整性,需要在一定时期终了时,对账户记录进行试算平衡。所谓试算平衡,是指根据会计等式的平衡原理,按照借贷记账法的记账规则,通过汇总计算和比较,检查账户记录的正确性和完整性。它包括发生额试算平衡和余额试算平衡。

采用借贷记账法,由于对任何经济业务都是按照"有借必有贷,借贷必相等"的记账规则记入各有关账户,所以不仅每一笔会计分录借贷发生额相等,而且当一定会计期间的全部经济业都记入相关账户后,所有账户的借方发生额合计数必然等于贷方发生额合计数。这个平衡用公式表示为

全部账户本期借方发生额合计=全部账户本期贷方发生额合计

这种利用记账规则来检验一定时期内账户发生额是否正确的方法称为发生额试算平衡法。到某一会计期末,将所有账户的期末余额计算出来以后,由于所有账户的期初借方余额

与贷方余额合计数是相等的，因此所有账户的期末借方余额合计数也必然等于贷方余额合计数。这个平衡用公式表示为

全部账户期末借方余额合计=全部账户期末贷方余额合计

这种利用会计等式的原理来检验一定会计期末账户余额是否正确的方法称为余额试算平衡法。

必须指出，试算平衡只是通过借贷金额是否平衡来检查账户记录是否正确的一种方法。如果借贷双方发生额或余额相等，可以表明账户记录基本正确，但不足以说明账户记录完全没有错误。因为有些错误并不影响借贷双方的平衡，如漏记或重记某项经济业务，或者应借应贷科目用错，或者借贷方向颠倒，或者借方和贷方都多记或少记相同的金额等。如果经试算的双方金额不等，则可以肯定账户记录或计算有误，需要进一步查实。

试算平衡通常是通过编制试算平衡表进行的。试算平衡表的格式及计算方法详见下面的例题。

6. 借贷记账法的具体应用

下面通过举例进一步说明借贷记账法的具体运用。

（1）南方公司20××年10月初有关账户余额（如表4–5所示）

表4–5 南方公司20××年10月初账户余额　　　　　　　单位：元

账户名称	期初余额	
	借方	贷方
库存现金	5 000	
银行存款	300 000	
应收账款	50 000	
原材料	50 000	
库存商品	65 000	
固定资产	500 000	
短期借款		60 000
应付账款		85 000
应交税费		25 000
长期借款		200 000
实收资本		500 000
资本公积		100 000
合　计	970 000	970 000

（2）该公司10月份发生的经济业务

① 接受乙公司追加投资100 000元，存入开户银行。
② 签发转账支票交纳税金25 000元。
③ 用银行存款200 000元购入一台全新机器设备（不考虑增值税）。
④ 从银行提取现金3 000元备用。
⑤ 用银行存款50 000元偿还前欠某企业账款。
⑥ 收到某单位购货欠款30 000元，存入银行。
⑦ 向银行借入短期借款20 000元，存入银行。
⑧ 向供应商购入原材料一批，价值40 000元，货款暂欠，材料已验收入库（不考虑增值税）。
⑨ 将资本公积金50 000元按法定程序转增资本。

⑩ 以银行存款 120 000 元偿还银行短期借款 70 000 元和前欠某单位货款 50 000 元。

（3）根据上述经济业务编制会计分录

① 借：银行存款　　　　　　　　　　　　　　100 000
　　贷：实收资本　　　　　　　　　　　　　　　　　100 000
② 借：应交税费　　　　　　　　　　　　　　　25 000
　　贷：银行存款　　　　　　　　　　　　　　　　　 25 000
③ 借：固定资产　　　　　　　　　　　　　　200 000
　　贷：银行存款　　　　　　　　　　　　　　　　　200 000
④ 借：库存现金　　　　　　　　　　　　　　　 3 000
　　贷：银行存款　　　　　　　　　　　　　　　　　　3 000
⑤ 借：应付账款　　　　　　　　　　　　　　　50 000
　　贷：银行存款　　　　　　　　　　　　　　　　　 50 000
⑥ 借：银行存款　　　　　　　　　　　　　　　30 000
　　贷：应收账款　　　　　　　　　　　　　　　　　 30 000
⑦ 借：银行存款　　　　　　　　　　　　　　　20 000
　　贷：短期借款　　　　　　　　　　　　　　　　　 20 000
⑧ 借：原材料　　　　　　　　　　　　　　　　40 000
　　贷：应付账款　　　　　　　　　　　　　　　　　 40 000
⑨ 借：资本公积　　　　　　　　　　　　　　　50 000
　　贷：实收资本　　　　　　　　　　　　　　　　　 50 000
⑩ 借：短期借款　　　　　　　　　　　　　　　70 000
　　　　应付账款　　　　　　　　　　　　　　　50 000
　　贷：银行存款　　　　　　　　　　　　　　　　　120 000

（4）将会计分录的记录记入有关总分类账户

借方		库存现金		贷方
期初余额	5 000			
④	3 000			
本期发生额	3 000			
期末余额	8 000			

借方		银行存款		贷方
期初余额	300 000	②		25 000
①	100 000	③		200 000
⑥	30 000	④		3 000
⑦	20 000	⑤		50 000
		⑩		120 000
本期发生额	150 000	本期发生额		398 000
期末余额	52 000			

借方		原材料		贷方
期初余额	50 000			
⑧	40 000			
本期发生额	40 000			
期末余额	90 000			

借方		库存商品		贷方
期初余额	65 000			
本期发生额				
期末余额	65 000			

借方		固定资产		贷方
期初余额	500 000			
③	200 000			
本期发生额	200 000			
期末余额	700 000			

借方		应收账款		贷方
期初余额	50 000			
		⑥		30 000
		本期发生额		30 000
期末余额	20 000			

借方		短期借款		贷方
		期初余额		60 000
⑩	70 000	⑦		20 000
本期发生额	70 000	本期发生额		20 000
		期末余额		10 000

借方		应付账款		贷方
⑤	50 000	期初余额		85 000
⑩	50 000	⑧		40 000
本期发生额	100 000	本期发生额		40 000
		期末余额		25 000

借方		应交税费		贷方
		期初余额		25 000
②	25 000			
本期发生额	25 000			
		期末余额		0

借方		长期借款	贷方
		期初余额	200 000
本期发生额		本期发生额	
		期末余额	200 000

借方		实收资本	贷方
		期初余额	500 000
		①	100 000
		⑨	50 000
		本期发生额	150 000
		期末余额	650 000

借方		资本公积	贷方
		期初余额	100 000
⑧	50 000		
本期发生额	50 000		
		期末余额	50 000

（5）编制总分类账户试算平衡表

根据账户记录编制总分类账户发生额试算平衡表（见表 4-6）、总分类账户余额试算平衡表（见表 4-7）和总分类账户发生额及余额试算平衡表（见表 4-8）。

表 4-6　总分类账户发生额试算平衡表

20××年10月31日　　　　　　　　　　　　　　　　　　单位：元

账户名称	本期发生额	
	借方	贷方
库存现金	3 000	
银行存款	150 000	398 000
应收账款		30 000
原材料	40 000	
固定资产	200 000	
短期借款	70 000	20 000
应付账款	100 000	40 000
应交税费	25 000	
实收资本		150 000
资本公积	50 000	
合计	638 000	638 000

表 4–7　总分类账户余额试算平衡表

20××年10月31日　　　　　　　　　　　　　　　　　　单位：元

账户名称	期末余额	
	借方	贷方
库存现金	8 000	
银行存款	52 000	
应收账款	20 000	
原材料	90 000	
库存商品	65 000	
固定资产	700 000	
短期借款		10 000
应付账款		25 000
应交税费		0
长期借款		200 000
实收资本		650 000
资本公积		50 000
合计	935 000	935 000

表 4–8　总分类账户发生额及余额试算平衡表

20××年10月31日　　　　　　　　　　　　　　　　　　单位：元

账户名称	期初余额		本期发生额		期末余额	
	借方	贷方	借方	贷方	借方	贷方
库存现金	5 000		3 000		8 000	
银行存款	300 000		150 000	398 000	52 000	
应收账款	50 000			30 000	20 000	
原材料	50 000		40 000		90 000	
库存商品	65 000				65 000	
固定资产	500 000		200 000		700 000	
短期借款		60 000	70 000	20 000		10 000
应付账款		85 000	100 000	40 000		25 000
应交税费		25 000	25 000			0
长期借款		200 000				200 000
实收资本		500 000		150 000		650 000
资本公积		100 000	50 000			50 000
合计	970 000	970 000	638 000	638 000	935 000	935 000

本章小结

1. 会计科目是对会计要素具体内容进行科学分类的项目名称。
2. 会计科目按反映的经济内容可分为：资产类科目、负债类科目、所有者权益类科目、成本类科目和损益类科目。
3. 会计科目按反映经济内容的详细程度可分为总分类会计科目和明细分类会计科目。
4. 账户是用来记录会计科目所反映经济业务内容的工具。
5. 会计科目和账户都是体现对会计要素具体内容的分类，会计科目是账户的名称，账户是根据会计科目来设置的，但账户具有结构，会计科目是没有结构的。
6. 复式记账法是指对发生的每一项经济业务，都要以相等的金额在相互关联的两个或两个以上账户中进行记录的记账方法。
7. 借贷记账法是以"借"和"贷"作为记账符号，"有借必有贷，借贷必相等"作为记账规则的一种记账方法。对资产类账户、成本费用类账户借方记录增加额，贷方记录减少额或转出额；对负债类账户、所有者权益类账户及收入类账户贷方记录增加额，借方记录减少额或转出额。
8. 会计分录就是表明某项经济业务应借、应贷账户的名称及其金额的记录，每笔会计分录必须包括三个要素，即账户的名称、借贷方向和记账金额。

思 考 题

1. 什么是会计科目？会计科目的设置有何意义？
2. 设置会计科目应遵循哪些原则？
3. 会计科目有哪些分类标准？各可以分为哪几类会计科目？
4. 什么是账户？有何作用？
5. 账户与会计科目的关系如何？
6. 什么是复式记账？复式记账的理论依据是什么？
7. 什么是借贷记账法？在借贷记账法下，账户的结构如何？
8. 举例说明借贷记账法的记账规则。
9. 什么是会计分录？如何编制会计分录？
10. 什么是试算平衡？借贷记账法的试算平衡方法有哪些？

练 习 题

一、单项选择题

1. 会计账户的设置依据是（　　）。
   A. 会计对象　　B. 会计要素　　C. 会计科目　　D. 会计方法
2. 会计科目是对（　　）的具体内容进行分类核算的项目。
   A. 经济业务　　B. 会计主体　　C. 会计对象　　D. 会计要素
3. 账户结构一般分为（　　）。
   A. 左、右两方　　　　　　　　B. 上、下两部分
   C. 发生额、余额两部分　　　　D. 前、后两部分
4. 负债类账户的余额反映（　　）。
   A. 资产的结存　　　　　　　　B. 负债的结存情况
   C. 负债的增减变动　　　　　　D. 负债的形成和偿付
5. 会计科目与账户的本质区别在于（　　）。
   A. 反映的经济内容不同　　　　B. 记录资产和权益的内容不同
   C. 记录资产和权益的方法不同　D. 会计账户有结构，而会计科目无结构
6. 收入类账户的结构与所有者权益类账户的结构（　　）。
   A. 完全一致　　B. 相反　　C. 基本相同　　D. 无关
7. 在借贷记账法下，资产类账户的期末余额在（　　）。
   A. 借方　　B. 增加方　　C. 贷方　　D. 减少方
8. 收入类账户期末结账后，应是（　　）。
   A. 贷方余额　　　　　　　　　B. 借方余额
   C. 没有余额　　　　　　　　　D. 借方或贷方余额
9. 下列会计科目中，属于损益类科目的是（　　）。
   A. 应交税费　　　　　　　　　B. 生产成本
   C. 制造费用　　　　　　　　　D. 财务费用
10. 在借贷记账法下，所有者权益账户的期末余额等于（　　）。
    A. 期初贷方余额+本期贷方发生额-本期借方发生额
    B. 期初借方余额+本期贷方发生额-本期借方发生额
    C. 期初借方余额+本期借方发生额-本期贷方发生额
    D. 期初贷方余额+本期借方发生额-本期贷方发生额

二、多项选择题

1. 采用借贷记账法，账户的借方登记（　　）。
   A. 资产、成本的增加额　　　　B. 费用的减少或转出额
   C. 所有者权益的增加额　　　　D. 收入的减少或转出额
   E. 负债的减少额

2. 期末结账后没有余额的账户是（　　）。
   A. 营业收入　　　B. 生产成本　　　C. 投资收益　　　D. 投入资本
   E. 其他业务收入
3. 下列账户中，用贷方登记增加数的账户有（　　）。
   A. 应付账款　　　B. 实收资本　　　C. 应收账款　　　D. 盈余公积
   E. 本年利润
4. 下列会计科目中属于债权类科目的是（　　）。
   A. 应收账款　　　B. 销售费用　　　C. 预收账款　　　D. 盈余公积
   E. 预付账款
5. 会计分录应标明的内容是（　　）。
   A. 账户性质　　　B. 账户名称　　　C. 记账符号　　　D. 记账金额
   E. 记账程序

三、判断题

1. 在借贷记账法下，账户借、贷双方哪一方记增加、哪一方记减少，取决于账户的用途和结构。（　　）
2. 明细会计科目可以根据企业内部管理的需要自行设定。（　　）
3. 账户的借方反映资产和负债及所有者权益的增加，贷方反映资产和负债及所有者权益的减少。（　　）
4. 凡是余额在借方的都是资产类账户。（　　）
5. 总分类账户使用的计量单位有货币计量单位和实物计量单位。（　　）

四、业务题

1.（练习账户的结构及账户金额的计算方法）红旗公司20××年12月31日有关账户的资料如表4-9所示。

表4-9　红旗公司资产、负债及所有者权益情况表

20××年12月31日　　　　　　　　　　　　　　　　　　　单位：元

账户名称	期初余额		本期发生额		期末余额	
	借方	贷方	借方	贷方	借方	贷方
银行存款	50 000		（　）	80 000	90 000	
应付账款		70 000	80 000	（　）		50 000
短期借款		45 000	（　）	10 000		30 000
应收账款	（　）		30 000	50 000	20 000	
实收资本		350 000	—	（　）		620 000

要求：根据账户期初余额、本期发生额和期末余额的计算方法，填列上表中括号中的内容。

2.（练习借贷记账法的应用及试算平衡表的编制）某公司20×6年10月初有关账户余额如表4-10所示。

表 4-10　某公司资产负债表

20×6 年 9 月 30 日　　　　　　　　　　　　　　　　　　单位：元

资　产	金　额	负债及所有者权益	金　额
库存现金	2 000	短期借款	60 000
银行存款	134 000	应付账款	8 000
原材料	120 000	应交税费	2 000
应收账款	30 000	实收资本	460 000
库存商品	24 000	资本公积	300 000
生产成本	20 000	盈余公积	100 000
固定资产	600 000		
合　计	930 000	合　计	930 000

该公司本月发生下列经济业务。

① 购进材料一批，价值 20 000 元，材料验收入库，款项以银行存款支付。
② 从银行提取现金 3 000 元。
③ 投资者投入企业机器设备一台，作价 80 000 元。
④ 生产车间向仓库领用材料一批，价值 50 000 元，投入生产。
⑤ 以银行存款 5 000 元偿还应付供货单位货款。
⑥ 向银行借入短期借款 50 000 元，存入银行。
⑦ 用银行存款上交所得税 2 000 元。
⑧ 用银行存款 50 000 元购入机器设备。
⑨ 收到购货单位前欠货款 18 000 元，其中 16 000 元存入银行，其余部分收到现金。
⑩ 用银行存款 43 000 元归还银行短期借款 40 000 元和应付购货单位账款 3 000 元。

要求：

（1）根据以上资料编制会计分录，并记入有关账户。
（2）根据账户的登记结果编制"总分类账户发生额及余额试算平衡表"。

3.（练习账户对应关系并认识其重要性）华城药业公司 11 月有关账户记录如下。

借方	库存现金		贷方
期初余额	3 000	⑨	300
⑤	200		

借方	银行存款		贷方
期初余额	150 000	②	20 000
③	80 000	④	50 000
⑦	60 000	⑥	20 000
⑫	30 000	⑪	90 000
⑬	15 000	⑭	8 000

借方	应收账款		贷方
期初余额	60 000	⑦	60 000
⑧	18 000		
⑬	5 000		

借方	原材料		贷方
期初余额	213 000		
⑥	40 000		

借方	固定资产	贷方		借方	短期借款	贷方
期初余额	520 000			⑪ 20 000	期初余额	60 000
①	30 000					
⑫	20 000					

借方	应付账款	贷方		借方	长期借款	贷方
④ 50 000	期初余额	50 000		⑪ 70 000	期初余额	170 000
	⑥	20 000				

借方	实收资本	贷方		借方	资本公积	贷方
	期初余额	600 000		⑩ 40 000	期初余额	50 000
	①	30 000				
	⑩	50 000				
	⑫	50 000				

借方	盈余公积	贷方		借方	主营业务收入	贷方
⑩ 10 000	期初余额	16 000			③	80 000
					⑤	200
					⑧	18 000
					⑬	20 000

借方	管理费用	贷方		借方	销售费用	贷方
⑨ 300				② 20 000		
⑭ 8 000						

要求：根据以上账户记录补编 11 月的会计分录；再根据补编分录中的账户对应关系用文字说明每笔交易或事项的内容。

第 5 章 会计凭证

【学习目标】

会计凭证的填制与审核是会计核算的重要方法,也是会计实际工作的首要环节。本章主要介绍会计凭证的概念、意义、种类与填制方法、审核方法。学习本章内容,要求理解会计凭证工作的重要意义,熟练掌握会计凭证的种类、填制与审核的方法,了解会计凭证的传递与保管。

5.1 会计凭证的意义和种类

1. 会计凭证的概念

会计凭证是记录经济业务发生和完成情况、明确经济责任的书面证明,是登记账簿的重要依据。

填制和审核会计凭证是会计核算的一种专门方法,也是会计核算工作的初始阶段和首要环节。任何企事业单位,为了保证会计信息的客观、真实,对发生的任何一项会计事项都必须办理凭证手续,由经办业务的有关人员(即经办人)填制或取得会计凭证,记录经济业务发生或完成的日期、经济业务的内容、数量及金额等具体内容,并在会计凭证上签名或盖章,据此明确各项经济业务经办人的经济责任,对会计凭证所记录经济业务的真实性、合法性和正确性负责。例如,购买材料要由供货单位开具发票,支付款项要由收款单位开具收据,材料入库或发出要有收料单或发料单等。发票、收据、收料单和发料单等都是会计凭证。会计凭证只有经过审核后,才能作为记账依据,也只有如此,才能保证账簿记录、报表反映的会计信息真实、完整。

2. 会计凭证的作用

认真填制和审核会计凭证是做好会计工作的基本前提，也是体现会计核算和监督职能的重要手段。其作用主要表现在以下几个方面。

（1）填制会计凭证，可以及时正确地反映经济业务的发生与完成情况，体现会计的反映职能

任何经济业务发生，都必须取得和填制会计凭证。以材料收发结存业务为例，采购人员外购材料时必须取得供应单位开具的合理、合法的材料采购发票；材料运达企业，经仓库保管部门验收入库后，须开具材料入库单；领用材料时须填制领料单等。财务人员对取得或填制的会计凭证还必须进行严格审核，然后才能据以登记入账。

（2）填制和审核会计凭证，可以明确经济责任

每一笔经济业务发生之后，都要由经办单位和有关人员办理凭证手续并签名、盖章，以明确经济责任。以差旅费报销为例，出差人员旅途中发生的交通费、住宿费必须取得合理、合法的交通费发票和住宿费发票；出差回来报账时，主管领导必须审核签字；财务人员再根据审核后的单据办理报账手续等。通过填制和审核会计凭证，不仅将经办人员联系在一起，而且便于划清责任。

（3）审核会计凭证，可以充分发挥会计的监督职能，使经济业务合理、合法，保证会计信息真实、可靠

会计主管和内部财务人员都要对取得或填制的会计凭证进行严格审核，以加强对经济业务的监督。对不合法、不真实的凭证拒绝受理，对错误的凭证要予以更正，以贯彻政策和法令，严肃财经纪律。

（4）会计凭证是核对账务和事后检查的重要依据

合理、合法的会计凭证，均载明了经济业务发生的时间、地点、业务内容、金额、经办单位、当事人签章及其他有关事项，完整地反映了每笔经济业务的内容。在核对账务和事后检查中如发现问题，可直接追溯到会计凭证，进行复核处理。

3. 会计凭证的种类

企业发生的经济业务多种多样，因而会计凭证也种类繁多，按其填制程序和用途不同，可分为原始凭证和记账凭证两种。

1）原始凭证

（1）原始凭证的含义

原始凭证是在经济业务发生或完成时由经办业务的人员或部门填制或取得的，用来证明经济业务的发生或完成情况的最原始的书面证明，是记账的原始依据。

按照我国《会计法》的要求，一切经济业务发生时都必须如实填制原始凭证，以证实经济业务的发生或完成情况。企业应用的原始凭证有很多，如购销业务活动中的"发货单"、财产物资收发业务中的"出库单""入库单"，现金收付业务中的"收据""借据"，银行结算业务中的各种转账结算凭证等。凡是不能证明该项经济业务已经发生或完成情况的书面文件，不能作为原始凭证，如"生产计划""购销合同""银行对账单""材料请购单"等。

（2）原始凭证的种类

原始凭证按其取得的来源不同，可以分为自制原始凭证和外来原始凭证。

① 自制原始凭证。自制原始凭证是在经济业务发生或完成时，由本单位业务经办部门人员填制的单据。例如仓库保管员在验收材料时填制的收料单，车间向材料仓库领取材料时填制的领料单及完工产品验收入库时填制的产成品入库单等。自制原始凭证需提供给外单位的一联也应加盖本单位的公章。

自制原始凭证按其填制手续的不同，又可分为一次凭证、累计凭证、汇总凭证和记账编制凭证四种。

一次凭证，是指一项经济业务或若干项同类经济业务，在其发生后一次填制完毕的原始凭证。自制凭证中大部分是一次凭证，如自制原始凭证中的"领料单"（见表 5-1）和"收料单"（见表 5-2）。

表 5-1 领料单

领料单位：　　　　　　　　　　　　　　　　　　　　　　　　编号：
用途：　　　　　　　　　　　　年 月 日　　　　　　　　　发料仓库：

材料编号	材料类别	名称	规格	计量单位	数量		金额	
					请领	实发	单价	金额

备注			合计					
主管：		记账：	领料单位负责人：			领料人：		发料人：

表 5-2 收料单

会计科目：　　　　　　　　　供应单位：　　　　　　　　　　收料仓库：
材料类别：　　　　　　　　　　年 月 日　　　　　　　　　编号：

材料编号	材料名称		单位	规格	数量		实际成本			计划成本	
	发票名称	入账名称			应收	实收	买价		采购费用	单价	金额
							单价	金额		合计	
合计											

供应部门负责人：		保管员：				采购员：					

累计凭证是指在一定时期内连续记录若干项同类经济业务的原始凭证，如自制原始凭证中的"限额领料单"（见表 5-3）。累计原始凭证的填制手续不是一次完成的，而是随着经济业务的陆续发生分次填写的，只有完成全部填制手续后，才能作为原始凭证据以记账。这样做的目的是减少原始凭证的数量，简化核算手续。

表 5–3　限额领料单

领料部门：　　　　　　　　　　　　　　　　　　　　　　　　　　　　凭证号：
用途：　　　　　　　　　　　　年　　月　　日　　　　　　　　　　发出仓库：

材料类别	材料编号	材料名称及规格	计量单位	领用限额	实际领用	单价	金额	备注
				1 000				

供应部门负责人：　　　　　　　　　　　　　　生产计划部门负责人：

日期	数量		领料人签章	发料人签章	扣除代用数量	退料			限额结余
	请领	实发				数量	领料人	发料人	
	300	300							
	200	200							
	400	400							
	100	100							
合计	1 000	1 000							

　　从表 5–3 中可以看出，企业对某个用料部门规定某种材料在一定时期内（通常为一个月）内的领用限额。每次领料时，在"限额领料单"上逐笔登记，并随时结出限额结余，到月末时，结出本月实际耗用总量和限额结余，送交财务部门，作为会计核算的依据。这样不仅可以预先控制领料，而且可以减少凭证的数量，简化凭证填制的手续。

　　汇总凭证又称原始凭证汇总表，是指将一定时期内若干张同类性质的经济业务的原始凭证加以汇总，至期末以其汇总数作为记账依据的原始凭证。例如领料凭证汇总表就是根据一定时期内若干张领料单加以汇总而编制的汇总凭证。领料凭证汇总表的一般格式如表 5–4 所示。

表 5–4　领料凭证汇总表
（企业名称）
年　　月　　　　　　　　　　　　　　　　　　　　　　单位：元

应借科目	应贷科目			
	原材料			
	原料及主要材料	辅助材料	燃料	合计
生产成本——基本生产成本				
1 日至 15 日				
16 日至 31 日				
合计				

续表

应借科目	应贷科目			
	原材料			
	原料及主要材料	辅助材料	燃料	合计
生产成本——辅助生产成本				
1 日至 15 日				
16 日至 31 日				
合计				
制造费用				
1 日至 15 日				
16 日至 31 日				
合计				
管理费用				
1 日至 15 日				
16 日至 31 日				
合计				
总计				

备注：

记账编制凭证，是指根据账簿记录和经济业务的需要对账簿记录的内容加以整理而编制的一种自制原始凭证，如"制造费用分配表"等。制造费用分配表的一般格式如表 5-5 所示。

表 5-5 制造费用分配表

车间： 年 月

分配对象 （产品名称）	分配标准 （生产工时等）	分配率	分配金额
合计			

会计主管： 审核： 制表：

② 外来原始凭证。外来原始凭证是指在经济业务发生或完成时，从外单位或个人处取得的单据。例如供货单位开出的增值税专用发票（其一般格式如表 5-6 所示），银行结算凭证，收款单位或个人开具的收据，出差人员取得的车票、宿费单等。外来原始凭证必须盖有单位的公章或财税机关的统一检章方为有效。

表 5-6 增值税专用发票   No

购货方	名　称： 纳税人识别号： 地址、电话： 开户行及账号：			密码区		（略）			第一联　记账联　销售方记账凭证
货物或应税劳务名称	规格型号	单位	数量	单价	金额		税率	税额	
合计									
价税合计（大写）	⊗				¥				
销货方	名　称： 纳税人识别号： 地址、电话： 开户行及账号：			备注					

收款人：　　　　　复核：　　　　　开票人：　　　　　销售方（章）：

2）记账凭证

记账凭证是指会计人员根据审核无误的原始凭证填制的，用来确定经济业务应借、应贷会计科目及金额的会计分录，并据以登记账簿的会计凭证。

由于各个单位的经济业务是多种多样的，原始凭证来自各个不同的方面，种类繁多，数量庞大，格式和内容也各不相同，而且原始凭证中只是记录经济业务的实际情况，并未反映应使用的会计科目和记账方向，因此直接根据原始凭证记账容易发生差错。所以在记账前，应认真审核原始凭证，并根据审核无误的原始凭证，按照记账规律，确定应借、应贷会计科目名称和金额，填制记账凭证，并据以记账。原始凭证作为记账凭证的附件粘贴在记账凭证之后，这样不仅可以简化记账工作，减少差错，而且便于对账和查账，提高记账工作的质量。

（1）记账凭证按其反映的经济业务内容的不同，可分为专用记账凭证和通用记账凭证

专用记账凭证是指专门用来记录某一特定种类经济业务的记账凭证。按其所记录的经济业务是否与货币资金收付有关又可以进一步分为收款凭证、付款凭证和转账凭证三种。

收款凭证是用来记录和反映现金和银行存款等货币资金收款业务的凭证。它是根据库存现金和银行存款收款业务的原始凭证填制的，其一般格式如表 5-7 所示。

表 5-7 收款凭证

借方科目：　　　　　　　　　　年　月　日　　　　　　　　收字第　　号
　　　　　　　　　　　　　　　　　　　　　　　　　　　　附件　　张

摘要	贷方总账科目	明细科目	记账	金　额								
				千	百	十	万	千	百	十	元	角	分
	合　计												

财务主管：　　　　记账：　　　　出纳：　　　　审核：　　　　制单：

付款凭证是用来记录和反映现金和银行存款等货币资金付款业务的凭证。它是根据现金和银行存款付款业务的原始凭证填制的，其一般格式如表5-8所示。

表 5-8 付款凭证

付字第　　号
附件　　张

贷方科目：　　　　　　　　　　　　　　　　年　月　日

摘要	借方总账科目	明细科目	记账	金额 千 百 十 万 千 百 十 元 角 分
	合　计			

财务主管：　　　　记账：　　　　出纳：　　　　审核：　　　　制单：

收款凭证和付款凭证是出纳人员办理收、付款项的依据，也是登记现金日记账和银行存款日记账的依据。

转账凭证是用来记录和反映与现金、银行存款等货币资金收付无关的转账业务的凭证。它是根据有关转账业务的原始凭证填制的，其一般格式如表5-9所示。

表 5-9 转账凭证

转字第　　号
附件　　张

年　月　日

摘要	会计科目		记账	借方金额	贷方金额
	一级科目	明细科目		千 百 十 万 千 百 十 元 角 分	千 百 十 万 千 百 十 元 角 分
	合　计				

财务主管：　　　　记账：　　　　出纳：　　　　审核：　　　　制单：

在实际工作中，对于经济业务数量较少的企业和行政事业单位，可以不分收款业务、付款业务和转账业务，而统一使用一种记账凭证来记录和反映所发生的各种经济业务。这种记账凭证称为通用记账凭证，其一般格式如表5-10所示。

表 5–10　通用记账凭证

单位：　　　　　　　　　　　　　年　月　日　　　　　　　　　　　　　　　　　第　号
　　　　　　　　　　　　　　　　　　　　　　　　　　　　　　　　　　　　　　附件　张

摘要	会计科目		记账	借方金额									贷方金额								
	一级科目	明细科目		千	百	十	万	千	百	十	元	角	分	千	百	十	万	千	百	十	元	角	分
合计																					

财务主管：　　　　　　记账：　　　　　　出纳：　　　　　　审核：　　　　　　制单：

（2）记账凭证按其包括的会计科目是否单一，分为复式记账凭证和单式记账凭证

① 复式记账凭证。复式记账凭证，是指某项经济业务所涉及的全部会计科目均集中填制在一张记账凭证上。根据会计制度的规定，我国通用的记账方法是借贷记账法，反映同一笔经济业务必须运用两个或两个以上相互关联的账户分别登记在账户的借方或贷方，复式记账凭证正好与借贷记账法相吻合。因此，在我国实际会计工作中，几乎所有单位的记账凭证均采用复式记账凭证。

② 单式记账凭证。单式记账凭证，是指某项经济业务所涉及的会计科目分别填制在两张或两张以上的记账凭证上。也就是说，一笔经济业务涉及几个会计科目，就必须填制几张记账凭证，每张记账凭证只填列一个会计科目。例如我国金融企业会计核算中，除现金收付业务采用复式记账凭证外，其余转账业务均采用单式记账凭证。由于一笔业务要分别填制几张记账凭证，因而单式记账凭证的编号一般采用分数形式。借方会计科目应填列在"借项记账凭证"上，贷方会计科目应填列在"贷项记账凭证"上。其原因是金融企业的业务往往需要经过很多部门和环节，采用单式记账凭证可以加快经济业务的处理速度，也方便分工记账。单式记账凭证实质上是把复式记账凭证拆开填制，因此仍然遵守借贷记账法的规则，但不能在一张凭证上反映一笔经济业务和会计分录的全貌，不方便检查和核对。

（3）记账凭证按其是否经过汇总，可以分为一般记账凭证和汇总记账凭证两种

① 一般记账凭证。一般记账凭证是指没有经过汇总的记账凭证。前述的所有记账凭证均为一般记账凭证。

② 汇总记账凭证。汇总记账凭证是根据一般记账凭证按照一定的方法汇总填制的记账凭证。它包括汇总收款凭证、汇总付款凭证、汇总转账凭证及科目汇总表四种。

汇总收款凭证根据现金收款凭证和银行存款收款凭证汇总填制，它汇总了一定时期的现金收入数和银行存款收入数。

汇总付款凭证根据现金付款凭证和银行存款付款凭证汇总填列，它汇总了一定时期的现金和银行存款的付出数。

汇总转账凭证是指按转账凭证中每一贷方科目分别设置的、用来汇总一定时期内转账业务的汇总记账凭证。

科目汇总表是指根据一定时期内的全部记账凭证，按科目进行归类编制。科目汇总表可

以根据单位业务的多少，定期汇总编制。

综上所述，会计凭证的分类如图 5-1 所示。

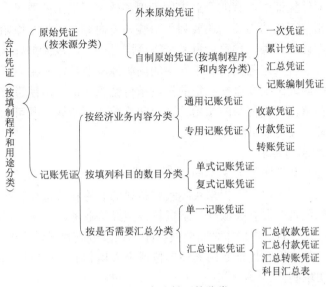

图 5-1 会计凭证的分类

5.2 原始凭证的填制与审核

1. 原始凭证的基本内容

原始凭证是经济业务发生和完成时取得或填制的原始记录，是记账的原始依据。由于原始凭证记录经济业务的内容多种多样，来源渠道各异，因此原始凭证的格式和内容也不尽相同。但无论哪一种原始凭证，都应该说明有关经济业务的执行和完成情况，明确经办业务的部门和人员的经济责任。因此，各种原始凭证都必须具备一些共同的基本内容和基本要素，这些基本内容和基本要素如下。

① 原始凭证的名称，如"收料单""领料单""增值税专用发票"等。通过原始凭证的名称，能基本体现该凭证所反映的经济业务类型。

② 填制原始凭证的具体日期和经济业务发生的日期。这两个日期大多数情况下是一致的，如果不一致，需在原始凭证中分别进行反映。例如，差旅费报销单上的出差日期和报销日期往往是不一致的。

③ 填制原始凭证的单位或个人。

④ 对外原始凭证要有接收单位的名称（俗称抬头）。例如发票上要写明购货单位的名称，单位名称一般要写全称，不得省略。

⑤ 经济业务的内容摘要。例如在领料单上要有领用材料的用途、名称、规格等。

⑥ 经济业务所涉及的财务数量、单价和金额。例如领料单上要有计量单位、数量、单价和金额等，这不仅是记账必需的资料，也是检查业务的真实性、合理性和合法性所必需的。

⑦ 经办人员的签名或盖章。例如在领料单上，应有主管人员、记账人员、领料单位负责人、领料人和发料人的签名或盖章。

此外，在自制原始凭证中，有的企业根据管理和核算所提出的要求，为了满足计划、统计或其他业务方面相关工作的需要，还要列入一些补充内容，诸如在原始凭证上注明与该笔经济业务有关的生产计划任务、预算项目及经济合同号码等，以便更好地发挥原始凭证的多重作用。对于在国民经济一定范围内经常发生的同类经济业务，应由主管部门制定统一的凭证格式。例如，由中国人民银行统一制定的托收承付结算凭证、由铁道部门统一制定的铁路运单等，都是在有关单位广泛使用的原始凭证。印刷统一原始凭证既可加强对凭证和企事业单位经济活动的管理，又可以节约印刷费用。

2. 原始凭证的填制与要求

不同的原始凭证，其填制的方法不同。自制原始凭证一般是根据经济业务的执行或完成的实际情况直接填制。例如，仓库根据实际收到材料的名称和数量填制的"收料单"等。也有一部分自制原始凭证是根据有关账簿记录资料按照经济业务的要求加以归类、整理而重新编制的。例如为了计算产品生产成本，需要根据账簿记录编制材料耗用汇总表、费用分配表、产品成本计算单等。外来原始凭证是由其他单位或个人填制的，也应根据经济业务的执行和完成的实际情况如实填制。

原始凭证既是具有法律效力的书面证明，又是进行会计处理的基础。为了保证会计核算工作的质量，填制原始凭证必须严格遵守以下要求。

（1）真实可靠

原始凭证上所记载的内容必须与实际发生的经济业务内容相一致，绝对不允许有任何歪曲或弄虚作假。对于实物数量、质量和金额的计算，都要准确无误。为了保证原始凭证记录真实可靠，经办业务的部门或人员都要在原始凭证上签字或盖章，对凭证的真实性和正确性负责。这是填制原始凭证最基本的要求。

（2）内容完整

要按照规定的凭证格式和内容逐项填写，不得省略和遗漏。特别是有关签字、盖章部分，自制原始凭证必须有经办部门负责人或指定人员的签字或盖章，对外开出的原始凭证必须加盖本单位公章，从外单位或个人取得的原始凭证，必须有填制单位公章或个人签字或盖章。对于无法取得相关证明的原始凭证（如火车票）等，应由经办人员注明其详细情况后方可作为原始凭证。

（3）书写清楚

填写原始凭证要认真，文字和数字要清楚，字迹工整、清晰，易于辨认。数量、单价和金额的计算必须正确，大、小写金额要相符。一般凭证如果书写错误，应用规定的方法予以更正，并由更正人员在更正处盖章，以示负责。不得随便涂改、刮擦或挖补原始凭证。有关货币资金收支的原始凭证，如果书写错误，应按规定手续注销、留存，重新填写，并在错误凭证上加盖"作废"戳记，连同存根一同保存，不得撕毁，以免错收、错付或被不法分子窃取现金。

（4）编制及时

企业经办业务的部门或人员应根据经济业务的发生或完成情况，在有关制度规定的范围内，及时填制或取得原始凭证，并按照规定的程序及时送交会计部门，经过会计部门审核之后，据以编制记账凭证。

此外，在填制原始凭证时，还应当遵守以下技术要求。

① 阿拉伯数字应逐个书写清楚，不可连笔书写；阿拉伯数字合计金额的最高位数字前应写人民币符号"￥"，在人民币符号"￥"与阿拉伯数字之间，不得留有空白；以元为单位的金额数字一律填写到角、分；无角、分的，角位和分位填写"0"，不得空格。

② 汉字大写金额数字，应符合规定要求，应使用既容易辨认又不容易涂改的正楷字书写，如壹、贰、叁、肆、伍、陆、柒、捌、玖、拾、佰、仟、万、角、分、零、整等，不允许用一、二（两）、三、四、五、六、七、八、九、十、块、毛、另（〇）等字样代替。大写金额前应有"人民币"字样，中间不得留有空白。

③ 金额数字中间有"0"或连续有几个"0"时，汉字大写金额只写一个"零"字即可。例如 308 006 元，汉字大写金额应为"人民币叁拾万捌仟零陆元整"。

④ 凡是规定填写大写金额的各种原始凭证，如银行结算凭证，发票，运单，提货单，各种现金收、支凭证等，都必须在填写小写金额的同时填写大写金额。

3. 原始凭证的审核

原始凭证必须经过严格的、认真的审核，才能作为记账的依据。原始凭证审核是保证会计记录真实、正确，充分发挥会计监督作用的重要环节。

《会计法》规定："会计机构、会计人员对不真实、不合法的原始凭证，有权不予接受，并向单位负责人报告；对记载不准确、不完整的原始凭证予以退回，并要求按照国家统一的会计制度的规定更正、补充。"这条规定为会计人员审核原始凭证提供了法律上的依据。对原始凭证的审核，主要从审核原始凭证的合法性、真实性、准确性和完整性四个方面进行。

（1）审核原始凭证的合法性

审核原始凭证所记载的经济业务是否符合国家颁布的财经法规、财会制度，以及本单位制定的有关规章制度，有无违反财经纪律、弄虚作假、贪污舞弊等违法乱纪行为。

（2）审核原始凭证的真实性

审核原始凭证所记载的内容是否与实际发生的经济业务情况相符，包括与经济业务相关的当事人单位和当事人是否真实，经济业务发生的时间、地点和填制凭证的日期是否准确，经济业务的内容及数量是否与实际情况相符等。

（3）审核原始凭证的准确性

审核原始凭证的摘要是否符合要求，数量、单价、金额、合计数的计算与填写是否正确，大、小写金额是否相符，书写是否清楚等。

（4）审核原始凭证的完整性

审核原始凭证是否具备合法凭证所必需的基本内容，这些内容填写是否齐全，有无遗漏的项目；审核原始凭证的填制手续是否完备，有关单位和经办人员是否签章；是否经过主管人员审核批准；需经政府有关部门或领导批准的经济业务，审批手续是否按规定履行等。

对原始凭证审核结果的处理，应根据不同情况，区分问题的性质，采取不同的处理方法。对于符合要求的原始凭证，应按照规定及时办理会计手续，编制记账凭证，并将原始凭证作为记账凭证的附件加以保存；对于内容不完整、手续不完备、数字不准确及填写不清楚的原始凭证，应当退还给有关业务单位或个人，并令其补办手续或进行更正；对于违反财经法规、财会制度及本单位有关规章制度的原始凭证，会计人员应拒绝接受，不予报销和付款；对于伪造或涂改凭证、虚报冒领等严重违法乱纪行为，会计人员应扣留原始凭证，及时向领导汇报，请求严肃处理。

5.3　记账凭证的填制与审核

1. 记账凭证的基本内容

记账凭证是根据审核后的原始凭证或原始凭证汇总表，按照经济业务的内容加以归类，并据以确定会计分录而填制的、作为登录账簿依据的凭证。记账凭证种类繁多，格式不一，但一般要具备以下基本内容。

① 记账凭证的名称，如"收款凭证""付款凭证""转账凭证"等。

② 记账凭证的填制日期，通常用年、月、日表示。

③ 记账凭证的编号。

④ 经济业务的内容摘要。

⑤ 经济业务应借、应贷会计科目（包括一、二级科目和明细科目）的名称和金额。

⑥ 所附原始凭证的张数。

⑦ 制证、审核、记账及会计主管人员的签名或签章。收、付款凭证还要有出纳人员的签名或盖章。

2. 记账凭证的填制要求

记账凭证的填制，是会计核算工作的重要环节，是对原始凭证的整理和分类，并按照复式记账的要求，运用会计科目，确定会计分录，为登记账簿做准备。记账凭证填制时要求格式统一、内容完整，科目运用正确，对应关系清晰，摘要简练，书写清晰工整。具体要求如下。

① 必须根据审核无误的原始凭证填制记账凭证。会计人员填制记账凭证时，应依据审核无误的原始凭证所记录的经济业务，经过分析、归类及整理后填制。除了填制更正错账、编制结账分录和按权责发生制要求编制的调整分录的记账凭证可以不附原始凭证外，其余的记账凭证一般都应该附有原始凭证。

② 准确填写记账凭证的日期。

③ 对记账凭证正确编号。记账凭证在一个月内应当连续编号，目的是分清记账凭证的先后顺序，便于登记账簿和日后记账凭证与会计账簿之间的核对，并防止散失。使用通用记账凭证的，可按经济业务发生的顺序编号，每月从第 1 号编起；使用专用记账凭证的，可按凭证类别分类编号，每月从收字第 1 号、付字第 1 号和转字第 1 号编起；也可将收款凭证和付款凭证再划分为现收第×号、银收第×号、现付第×号、银付第×号进行编号。如果一笔经济业务需要填制几张记账凭证，可采用"分数编号法"。例如，第 10 笔经济业务需要编制 3 张转账凭证时，则三张凭证的编号应为"转字第 $10\frac{1}{3}$ 号、$10\frac{2}{3}$ 号、$10\frac{3}{3}$ 号"。前面的整数 10 表示业务顺序；分母 3 表示第 10 笔业务总共编制 3 张凭证，分子 1、2 和 3 分别表示三张转账凭证中的第一、第二和第三张。不管采用哪种凭证编号方法，每月末最后一张记账凭证的编号旁边要加注"全"字，以免凭证散失。

④ 认真填写摘要。记账凭证的摘要栏是对经济业务内容所做的简要说明,也是登记账簿的重要依据。因此摘要栏的文字说明应准确、简练、概括。

⑤ 会计科目使用准确,账户对应关系清楚。会计科目必须按照企业会计准则统一规定的会计科目的全称填写,不得简化;要先写借方科目,后写贷方科目;一级科目和二级科目或明细科目要填写齐全,以便按会计科目归类汇总并登记有关明细账和总账;不得把不同类型的经济业务合并填列在一张记账凭证中,以防止科目对应关系混淆不清。

⑥ 填写金额时,应注意保持其平衡关系,金额登记的方向、数字必须正确。金额栏内多余的各行应划斜线注销;合计金额的第一位数字前应填写记账本位币符号(如人民币符号¥)。

⑦ 记账凭证都要注明所附原始凭证或原始凭证汇总表的张数,以便查核。如有重要资料或原始凭证数量过多需要单独保管的,要在记账凭证摘要栏中加以说明,并注明保管地点及编号。

⑧ 记账凭证填写完毕,应进行复核和检查,有关人员要签名或盖章。

3. 记账凭证的填制方法

1)专用记账凭证的填制方法

(1)收款凭证的填制

收款凭证是用来记录货币资金收款业务的记账凭证。凭证左上角的借方科目根据经济业务所涉及的货币资金类别,填写"库存现金"或"银行存款"科目;日期填写填制收款凭证的日期;右上角的编号填写收款凭证的编号,可编为"收字第×号""现收字第×号""银收字第×号",具体编号方法见上述"记账凭证的填制要求";摘要栏应简明扼要地说明所发生的经济业务;贷方总账科目填写与"库存现金"或"银行存款"科目对应的会计科目;记账栏是指该记账凭证是否已经登记了账簿,在该栏划"√",表示已经过账,防止凭证所涉及的账户重记或漏记;金额栏填写经济业务的发生额;附件应填写该记账凭证所附的原始凭证的张数;凭证下方的"财务主管""记账""出纳""审核""制单"等处,分别加盖有关人员签章,未使用的金额栏以斜线划销。

(2)付款凭证的填制

付款凭证是用来记录货币资金付款业务的记账凭证。付款凭证的填制方法与收款凭证的填制方法基本相同。只是凭证左上角为"贷方科目",填写"库存现金"或"银行存款"科目,凭证中为借方总账科目,应填写与"库存现金"或"银行存款"科目对应的会计科目;右上角的编号填写付款凭证的编号,可编为"付字第×号""现付字第×号""银付字第×号"。

应当注意的是,对于库存现金和银行存款之间及各种货币资金之间相互划转的业务,为避免重复记账或漏记账,只填制付款凭证,不再填制收款凭证。例如,将现金存入银行,根据该项经济业务的原始凭证,只填制一张库存现金付款凭证,不再填制银行存款收款凭证;相反,从银行提取现金时,根据有关原始凭证,只填制一张银行存款付款凭证,不再填制库存现金收款凭证。

(3)转账凭证的填制

转账凭证是用来记录与货币资金无关的转账业务的记账凭证。经济业务所涉及的会计科目全部填列在转账凭证内,借方科目填在上行,贷方科目填在下行;借方科目金额填入"借方金额"栏,贷方科目金额填入"贷方金额"栏,填入总账科目(或一级科目)或明细科目(或二级科目)的金额应相等;转账凭证的编号,可编为"转字第×号"。其他项目的填写方法与收款凭证、付款凭证相同。

2）通用记账凭证

通用记账凭证是不区分收、付款业务和转账业务，统一使用同一种格式的记账凭证。采用通用记账凭证，将经济业务所涉及的会计科目全部填列在一张凭证内。其填制方法与转账凭证类似。

4. 记账凭证的审核

记账凭证是登记账簿的直接依据，为了保证账簿记录的准确性，除了编制记账凭证的人员应当认真负责、正确填制、加强自审外，同时还应建立专人审核制度。审核的内容主要有以下几个方面。

① 审核记账凭证是否附有原始凭证，所附原始凭证的张数与记账凭证中填列的附件张数是否相等，所附原始凭证记录的经济业务内容与记账凭证内容是否相符，二者金额是否相等。而未附原始凭证的记账凭证是否属于调账、结账和更正错账类业务。

② 审核记账凭证的应借、应贷科目是否正确，账户对应关系是否清晰，所使用的会计科目及其核算内容是否符合会计制度的规定，金额计算是否准确。

③ 审核摘要是否填写清楚、项目填写是否完整、有关人员签章是否齐全。出纳人员在办理收款和付款业务后，应在凭证上加盖"收讫"或"付讫"戳记，避免重收重付。

在审核记账凭证过程中若发现错误，应查明原因，及时更正。如果错误的记账凭证尚未登记入账，只需重新编制一张正确的记账凭证即可；若错误记账凭证（审核时未被发现）已据以登记入账，更正错误的方法将在第 6 章中加以说明。只有经过审核无误的记账凭证，才可以据以登记入账。

5.4 会计凭证的传递和保管

1. 会计凭证的传递

会计凭证的传递是指会计凭证从编制时起到归档时止，在单位内部各有关部门及人员之间的传递程序和传递时间。正确组织会计凭证的传递，对于及时处理和登记经济业务，明确经济责任，实行会计监督，具有重要作用。

各种记账凭证所记载的经济业务内容不同，涉及的部门和人员不同，办理的经济业务手续也不尽一致。会计凭证传递，必须遵循内部牵制原则，力求做到及时反映、记录经济业务。会计凭证在传递过程中必须注意以下几点。

① 一切会计凭证的传递和处理，必须在会计报告期内完成，应当及时传递，不得挤压，不得跨期，否则势必影响会计核算的正确性和及时性。

② 会计凭证在传递过程中，既要做到完备严密，又要简便易行。凭证的签收、交接应当制定必要的制度，以保证会计凭证的安全与完整。

③ 应根据每种经济业务的特点、内部组织机构和人员分工情况及经营管理的需要，恰当地规定会计凭证经由的必要环节，并据之恰当地规定会计凭证的份数，做到让有关部门和人员即时了解经济业务的情况，及时办理凭证手续，避免凭证传递经过不必要的环节。

④ 要根据各个环节办理经济业务所必需的时间,合理规定凭证在各个环节停留的时间,以确保凭证及时传递。

2. 会计凭证的保管

会计凭证的保管是指会计凭证记账后的整理、装订、归档和存查工作。作为记账的依据,会计凭证是重要的会计档案和经济资料。

按照《会计档案管理办法》的要求,对会计凭证的保管,既要做到会计凭证的安全和完整无缺,又要便于凭证的调阅和查找。其具体要求如下。

① 会计凭证应定期装订成册,防止散失。从外单位取得的原始凭证遗失时,应取得原签发单位盖有公章的证明,并注明原始凭证的号码、金额、内容等,由经办单位会计机构负责人、会计主管人员和单位负责人批准后,才能代作原始凭证。若确实无法取得证明时,如车票丢失,则应由当事人写明详细情况,由经办单位会计机构负责人、会计主管人员和单位负责人批准后,代作原始凭证。

② 会计凭证封面应注明:单位名称、凭证种类、凭证张数、起止号数、年度、月份、会计主管人员、装订人员等有关事项,会计主管人员和保管人员应在封面上签章。

③ 会计凭证应加贴封条,防止抽换凭证。原始凭证不得外借,其他单位如有特殊原因确实需要使用的,经本单位会计机构负责人、会计主管人员批准,可以复制。向外单位提供的原始凭证复印件,应在专设的登记簿上登记,并由提供人员和收取人员共同签名、盖章。

④ 原始凭证较多时,可单独装订,但应在凭证封面注明所属记账凭证的日期、编号和种类,同时在所属的记账凭证上注明"附件另订"及原始凭证的名称和编号,以便查阅。各种经济合同、存出保证金收据及涉外文件等重要的原始凭证,应另编目录,单独登记保管,并在有关的记账凭证和原始凭证上相互注明日期和编号。

每年装订成册的会计凭证,在年度终了时可暂由单位会计机构保管一年,期满后应当移交本单位档案机构统一保管,未设立档案机构的,应当在会计机构内部指定专人保管。出纳人员不得监管会计档案。

⑤ 严格遵守会计凭证的保管期限要求,期满前不得销毁。任何单位不得擅自销毁会计凭证。

本 章 小 结

会计凭证是记账的依据,填制和审核会计凭证是会计的一项基本工作,也是会计核算的专用方法之一。

1. 会计凭证按填制程序和用途不同可以分为原始凭证和记账凭证两大类。

2. 原始凭证按其取得的来源不同可分为外来原始凭证和自制原始凭证;按照填制手续的不同可分为一次凭证、累计凭证、汇总凭证和记账编制凭证。

3. 记账凭证按其反映的经济业务内容的不同可分为通用记账凭证和专用记账凭证;专用记账凭证按其所记录的经济业务是否与货币资金收付有关,可分为收款凭证、付款凭证和转账凭证三种。

4. 原始凭证和记账凭证分别具有特定的基本内容和填制要求。无论是原始凭证还是记账凭证，取得和填制以后，必须要经过审核，只有审核无误的原始凭证才是登记账簿的依据。

5. 为了提高会计核算资料的及时性，加强经济管理责任，实行会计监督，必须正确合理地组织会计凭证传递。会计凭证是单位的重要经济档案，应按规定妥善保管，不得随意拆装、出借和销毁。

思 考 题

1. 什么是原始凭证？如何对原始凭证进行分类？
2. 什么是记账凭证？如何对记账凭证进行分类？
3. 原始凭证的基本内容是什么？填制原始凭证的基本要求有哪些？
4. 记账凭证应具备哪些基本内容？填制记账凭证的要求有哪些？
5. 如何对原始凭证和记账凭证进行审核？

练 习 题

一、单项选择题

1. 下列业务中，（　　）应编制付款凭证。
   A. 收回前欠货款 30 000 元　　　　　B. 购入材料 10 000 元，货款未付
   C. 以银行存款归还前欠货款 50 000 元　D. 接受投资者投入 280 000 元
2. 下列关于在审核原始凭证时，对于真实、合法、合理但内容不完整、填制有错误的原始凭证的处理方法的表述中，正确的是（　　）。
   A. 拒绝办理，并向本单位负责人报告　　B. 予以抵制，对经办人员进行批评
   C. 由会计人员重新填制或予以更正　　　D. 予以退回，要求补办手续、更正
3. 企业购进材料 4 000 元，款未付，这笔经济业务应该编制的记账凭证是（　　）。
   A. 收款凭证　　B. 付款凭证　　C. 转账凭证　　D. 以上均可
4. 下列经济业务中，应编制转账凭证的是（　　）。
   A. 收回应收款　　　　　　　　　　B. 结转完工产品成本
   C. 预付保险费　　　　　　　　　　D. 支付贷款利息
5. 下列业务，需要编制银行存款收款凭证的是（　　）。
   A. 以银行存款购入设备　　　　　　B. 接受投资设备一台
   C. 从银行借入款项　　　　　　　　D. 将资本公积转增资本
6. 对原始凭证发生的错误，正确的更正方法有（　　）。

A. 通过涂改、刮擦、挖补等办法进行更正
B. 由本单位的会计人员代为更正
C. 金额发生错误的，可由出具单位在原始凭证上更正
D. 金额发生错误的，应当由出具单位重开

7. 下列内容中，（　　）不属于记账凭证审核内容。
   A. 凭证是否符合有关的计划和预算
   B. 会计科目使用是否正确
   C. 凭证的金额与所附原始凭证的金额是否一致
   D. 凭证的内容与所附原始凭证的内容是否一致

8. 关于原始凭证，不符合要求的是（　　）。
   A. 对外开出的原始凭证，必须加盖本单位公章
   B. 发生销货退回的，必须有退货验收证明
   C. 购买实物的原始凭证，经购买人查证核实后，会计人员即可据以入账
   D. 收回借款时，不得退还原借款收据

9. 差旅费报销单按填制的手续及内容分类，属于原始凭证中的（　　）。
   A. 一次凭证　　　B. 累计凭证　　　C. 汇总凭证　　　D. 专用凭证

10. 下列内容属于原始凭证必须具备而记账凭证不具备的是（　　）。
    A. 填制单位签章　B. 经济业务内容　C. 有关人员签章　D. 凭证的名称

二、多项选择题

1. 下列各项中，（　　）属于会计凭证的归档保管注意事项。
   A. 原始凭证不得外借，其他单位如有特殊原因确实需要使用的，可以复制
   B. 原始凭证较多时，可单独装订，但应在凭证封面注明所属记账凭证的日期、编号和种类
   C. 每年装订成册的会计凭证，在年度终了时可暂由单位会计机构保管一年，期满后应当移交本单位档案机构统一保管
   D. 出纳人员可以兼管会计档案

2. 下列各项中，（　　）符合原始凭证填列时对手续完备性的要求。
   A. 单位自制的原始凭证必须有经办单位领导人或者其他指定人员的签名或盖章
   B. 对外开出的原始凭证必须加盖本单位公章
   C. 从外部取得的原始凭证，必须加盖填制单位的公章
   D. 从个人取得的原始凭证，必须有填制人员的签名或盖章

3. 审核记账凭证的科目是否正确，包括（　　）。
   A. 记账凭证的应借、应贷科目是否正确
   B. 计算是否正确
   C. 账户对应关系是否清晰
   D. 所使用的会计科目及其核算内容是否符合会计制度的规定

4. 关于记账凭证的填制，正确的是（　　）。
   A. 一笔经济业务需要填制两张以上记账凭证的，可以采用分数编号法编号
   B. 记账凭证上应注明所附的原始凭证的张数，以便查核

C. 如果原始凭证需要另行保管，则应在附件栏内加以注明
D. 更正错账和结账的记账凭证也必须附有原始凭证

5. 下列属于记账凭证的有（　　）。
   A. 转账凭证　　　B. 收款凭证　　　C. 科目汇总表　　　D. 汇总记账凭证
6. 下列经济业务中，（　　）应填制付款凭证。
   A. 提取库存现金备用　　　　　　B. 以银行存款支付前欠某单位账款
   C. 购买材料未付款　　　　　　　D. 购买材料预付定金
7. 下面属于一次凭证的是（　　）。
   A. 收料单　　　B. 领料单　　　C. 限额领料单　　　D. 发料凭证汇总表
8. 下列各项中，属于审核原始凭证时应当注意的事项有（　　）。
   A. 从外单位取得的原始凭证，必须盖有填制单位的公章
   B. 自制的原始凭证，必须有经办部门和经办人员的签名或者盖章
   C. 经济业务应当符合国家有关政策、法规、制度的规定
   D. 原始凭证所记录的经济业务应当符合会计主体经济活动的需要
9. 某企业外购材料一批，已验收入库，货款已付。下列各项中，（　　）属于这项经济业务应填制的会计凭证。
   A. 收款凭证　　　B. 收料单　　　C. 付款凭证　　　D. 累计凭证
10. 除（　　）的记账凭证可不附原始凭证外，其他记账凭证必须附原始凭证。
    A. 成本结转　　　B. 结账　　　C. 更正错误　　　D. 提取现金

三、判断题

1. 原始凭证是登记明细分类账的依据，记账凭证是登记总分类账的依据。（　　）
2. "银行存款余额调节表"是企业自制的原始凭证。（　　）
3. 收款凭证左上角是"贷方科目"，应填写"库存现金"或"银行存款"。（　　）
4. 从银行提取现金时，应编制现金收款凭证。（　　）
5. 原始凭证有错误的，应当由出具单位重开或更正，更正处应当加盖出具单位印章。（　　）
6. 所有的会计凭证都应由会计人员填制。（　　）
7. 外来原始凭证在填制时需加盖出具凭证单位公章。（　　）
8. 企业在与外单位发生的任何经济业务中，取得的各种书面证明都是原始凭证。（　　）
9. 记账凭证填制完经济业务事项后，如有空行，应当自金额栏最后一笔金额数字下的空行处至合计数上的空行处划线注销。（　　）
10. 在审核记账凭证时，要求所有的记账凭证都应具有附件。（　　）

四、业务题

北方新材料股份有限公司20×6年6月发生以下经济业务。

① 6月2日，购入A材料2 500 kg，买价50 000元，增值税进项税额8 500元，款项通过银行付讫，材料已验收入库。

② 6月3日，收到投资者投资100 000元，存入银行。

③ 6月5日，通过银行向B公司预付购料款40 000元。

④ 6月7日，仓库发出A材料一批，其中生产甲产品耗料50 000元，车间一般耗料4 000

元，行政管理部门耗料6 000元。

⑤ 6月15日，某采购员预支差旅费1 000元，以现金付讫。

⑥ 6月17日，从银行提取现金40 000元，备发工资。

⑦ 6月17日，以库存现金40 000元发放本月工资。

⑧ 6月19日，收到甲工厂预付购买产品款50 000元，存入银行。

⑨ 6月20日，销售给甲工厂甲产品300件，售价共计200 000元，增值税销项税额34 000元，除预收款外，其余部分收到并存入银行。

⑩ 6月23日，以银行存款支付本月水电费4 000元，其中车间水电费3 000元，行政管理部门水电费1 000元。

⑪ 6月25日，采购员出差回来，报销差旅费800元，余款收回。

⑫ 6月27日，以银行存款支付广告费3 000元。

⑬ 6月28日，从中国工商银行借入短期借款50 000元，并存入银行。

⑭ 6月30日，结转本月发生的制造费用20 000元，均由甲产品负担。

⑮ 6月30日，结转本月已售甲产品300件的生产成本110 000元。

要求：指出以上经济业务分别应填制什么样的专用记账凭证，并编制分录。

第6章 会计账簿

【学习目标】

会计账簿是会计核算工作的核心内容。通过本章学习,认识设置账簿的意义及其在会计核算工作中的作用,了解账簿的种类及其记账规则,掌握各种账簿的设置和登记方法,熟练运用错账更正方法更正错账。

6.1 会计账簿的作用和分类

1. 会计账簿的作用

任何一个单位所发生的经济业务,都必须取得和填制原始凭证,并根据原始凭证中记录的经济业务内容加以归类和整理后,编制记账凭证,以便及时反映和监督每项经济业务的发生与完成情况。但由于记账凭证数量多而且分散,每张凭证只能记录一种或若干种同类型的经济业务,不能连续、系统、全面、综合地反映企业一定时期内经济活动的全貌和资金运动的整体情况,无法提供企业经营管理和外部信息使用者所需要的数据资料。因此,有必要设置会计账簿,以便把记账凭证上所记录的繁多而且分散的资料加以汇总,全面了解企业各项财产物资的变动情况和资金的运动情况,正确计算各项收入、成本、费用和利润,为经营管理提供系统、全面的会计信息。

会计账簿,简称账簿,是指由具有一定格式、相互联系的账页所组成的,以会计凭证为依据,用以全面、系统、序时、分类记录各项经济业务的簿籍。

设置和登记账簿,既是会计核算的一种专门方法,也是会计工作的重要环节,在会计核算工作中具有重要的意义。概括起来,主要有以下几点。

（1）会计账簿可以为企业的经营管理提供比较全面、系统的会计核算资料

会计凭证也可以提供会计信息，但会计凭证只能零散地记录和反映个别经济业务，不能全面、系统地反映经济业务的完成情况。只有通过账簿的设置与登记，才能把会计凭证所提供的大量核算资料，归类到各种账簿中。通过账簿记录，既能对经济业务进行序时核算，又能进行分类核算；既可提供总括性的核算资料，又可提供明细核算资料。通过设置和登记账簿，有助于全面反映企业资产、负债、所有者权益的增减变动情况和资金的运动过程及其成果，正确、及时地反映企业各会计期间的经营成果，加强经济核算，提高经营管理水平。

（2）会计账簿是定期编制财务报表的依据

企业定期编制的资产负债表、利润表、现金流量表等会计报表的各项数据均来源于账簿的记录。企业在编制财务情况说明书时，对于生产经营状况、利润实现和分配情况、税金缴纳情况、各项财产物资变动情况的说明，都必须以账簿记录的数据为依据。因此会计报表能否及时编制、财务报告上各项指标是否正确，均与账簿的设置和记录的质量有密切的关系。

（3）确保财产物资的安全完整及各项资金的合理使用

通过设置和登记账簿，可以连续反映各项财产物资的增减变动及其结存情况。而且借助财产清查、账目核对等方法，可以反映财产物资的具体情况，发现问题，及时解决，从而保证财产物资的安全完整，并合理使用各项资金。

（4）会计账簿是会计分析和会计检查的重要依据

通过会计账簿记录，可以正确地计算成本、费用和利润，并将其与计划、预算进行对比，考核和分析各项计划、预算的完成情况，找出存在的问题，提出改进的措施，挖掘潜力，进而提高生产经营管理水平，最终达到提高经济效益的目的。

由上述内容可见，在会计工作中，每一个企事业单位都必须根据会计规范要求和实际情况设置必要的账簿，同时做好记账工作，以发挥会计账簿的作用。

2. 会计账簿的分类

在会计核算工作中，因经济业务和管理要求的不同，需要使用多种多样的账簿。一个会计主体拥有的账簿不是一本两本，而是功能各异、结构有别的一整套账簿。为了具体地认识各种账簿的特点，以便更好地运用和掌握账簿的使用方法，可以对账簿从不同角度进行分类。

1）按照用途分类

（1）序时账簿

序时账簿又称日记账，是指根据经济业务发生或完成的先后顺序，逐日逐笔连续登记的账簿。按其记录的经济业务内容的不同，序时账簿又分为普通日记账和特种日记账。

① 普通日记账。普通日记账是指用来登记全部经济业务发生情况的日记账。在设置普通日记账的情况下，企业应当按照每日发生的所有经济业务，不论其经济内容如何，在日记账中按照发生的时间顺序逐笔编制会计分录，并过入账簿，因此这种日记账也称分录日记账。

② 特种日记账。特种日记账是用来专门登记某一类经济业务发生情况的日记账。在特种日记账中，要求将某一类经济业务按其发生的时间先后顺序逐笔序时登记入账，以反映该类经济业务的详细情况。

在我国的会计工作中，普通日记账的使用比较少，大多使用特种日记账。为了加强货币资金的收付管理，各单位都应该设置现金日记账和银行存款日记账。

（2）分类账簿

分类账簿是对发生的全部经济业务进行分类登记的账簿。分类账簿按其反映内容详细程

度的不同，可分为总分类账簿和明细分类账簿两种。

① 总分类账簿。总分类账簿，也称总分类账，简称总账，是根据一级会计科目设置和登记的账簿。它用来分类登记全部经济业务，提供各项资产、负债、所有者权益、收入、费用和利润等总括性的核算指标。

② 明细分类账簿。明细分类账簿，也称明细分类账，简称明细账，是根据总分类账所属的二级或明细科目设置和登记的账簿。它用来分类登记某一类经济业务，提供明细核算指标，是总分类账簿不可缺少的详细补充记录。

(3) 备查账簿

备查账簿又称辅助账簿，是对某些不能在日记账和分类账中记录的事项或记录不全的经济业务进行补充登记的账簿。备查账簿主要是为某些经济业务的经营决策提供必要的参考资料，如以经营租赁方式租入固定资产的登记簿、受托加工材料登记簿等。备查账簿不一定在每个单位都设置，而应根据各单位的实际需要确定。备查账簿没有固定的格式，可由各单位根据管理的需要自行设计，也可使用分类账的账页格式。

2）按照外表形式分类

(1) 订本式账簿

订本式账簿又称订本账，是指在账簿启用前，将一定数量的印有专门格式的账页按顺序固定装订成册的账簿。这种账簿的优点是：可以避免账页散失，防止任意抽换账页。它的缺点是：由于账页固定，不能根据需要增减账页，所以在使用时必须事先估计某一期间需要消耗的账页数，为每一账户预留账页，这样就容易出现预留账页过多或不足的情况，造成浪费和影响账户连续登记。而且，在同一时间，只能由一人负责登记，不便于分工记账。通常，一些重要的账簿，如现金日记账、银行存款日记账、总账等都采用订本式账簿。

(2) 活页式账簿

活页式账簿又称活页账，是指把一定数量的零散的账页放置在活动账夹中形成的账簿。这种账簿平时将账页装在账夹中，年终结账后装订成册。它的优点是：账页不固定装订在一起，可以根据需要，任意增减空白账页，不会造成账页浪费，使用起来灵活，而且便于分工记账，有利于提高工作效率。它的缺点是：由于账页是散开的，容易散失或被抽换。因此，账页在使用时应连续编号，并在账页上加盖记账人员和会计主管印章，以防止舞弊行为。活页式账簿主要适用于一般的明细账。

(3) 卡片式账簿

卡片式账簿又称卡片账，是指由若干张分散的、具有专门格式的存放在卡片箱中的卡片组成的账簿。卡片式账簿平时将账页放在卡片箱中，由专门人员保管。卡片式账簿可以随时抽出账页，予以记录，并随时放回。这种账簿的优缺点及防范措施与活页式账簿相同，通常用于记载内容比较复杂的财产明细账，如固定资产明细账、低值易耗品明细账等。

3）按照账页格式分类

(1) 三栏式账簿

三栏式账簿分设"借方"栏、"贷方"栏和"余额"栏，主要适用于总分类账、日记账，也可用于只进行金额核算而不需要数量核算的债权债务结算类账户的明细分类账。

(2) 多栏式账簿

多栏式账簿是在"借方"或"贷方"某一方或者两方下再分设若干专栏，详细核算借、贷方发生额的具体构成。多栏式账簿主要适用于核算项目较多，且管理上要求提供核算项目详细内容的账簿，如收入类、费用类明细账，"本年利润"明细账，"应交税费——应交增值税"明细账等。

（3）数量金额式账簿

数量金额式账簿分设"借方"（收入）栏、"贷方"（发出）栏和"余额"（结存）三栏，每栏再分设"数量""单价"和"金额"专栏。数量金额式账簿适用于既需要进行金额核算又需要进行数量核算的各明细分类账，如原材料、库存商品等存货账户。

综上所述，会计账簿的分类如图 6-1 所示。

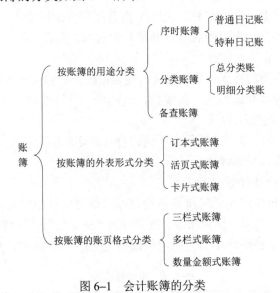

图 6-1　会计账簿的分类

6.2　会计账簿的设置与登记

1. 会计账簿的设置原则

会计账簿的设置，包括确定会计账簿的种类、内容和登记方法。会计主体必须根据自身的业务特点及经营管理的需要，设置相应的会计账簿体系及具体的会计账簿。各单位的具体情况不同，会计账簿设置的方法也不尽一致。设置会计账簿作为会计核算方法的重要内容之一，应遵循以下原则。

（1）统一性原则

各单位应当按照国家统一会计制度的规定和会计业务的需要设置会计账簿，所设置的会计账簿应能全面反映经济活动情况，满足各方面了解单位财务状况和经营成果的需要，满足经济单位内部加强经济管理的需要。

（2）科学性原则

会计账簿的设置要组织严密、层次分明，账户之间要互相衔接、互相补充、互相制约，要能清晰地反映账户的对应关系，以便能提供完整、系统的资料。

（3）实用性原则

会计账簿的设置要根据经济单位规模的大小、经济业务的繁简、会计人员的多少，从加强管理的实际需要和具体条件出发，既要防止会计账簿重叠，也要防止过于简化。一般来讲，业务复杂、规模大、会计人员多、分工较细的单位，会计账簿设置可以细一点；而业务简单、规模小、会计人员少的单位，会计账簿设置则可以相应简化一些。

2. 会计账簿的基本内容

会计账簿记录的经济业务不同，其格式也不相同，但所有会计账簿一般都应具备以下基本内容。

① 封面。主要标明会计账簿名称、记账单位名称和会计年度。

② 扉页。主要标明会计账簿的启用日期和截止日期、页数、册数、经管账簿人员一览表和签章、会计主管签章等。

③ 账页。账页有不同的格式，其主要内容包括：账户名称（一级科目、二级科目或明细科目）、日期栏、凭证种类和编号栏、摘要栏、金额栏、总页次和分户页次。

3. 会计账簿的格式与登记方法

由于反映的经济业务内容和详细程度不同，会计账簿的账页格式也有一定的区别。

1）序时账簿的格式与登记方法

（1）普通日记账的格式和登记方法

普通日记账是根据日常发生的经济业务逐日逐笔地进行登记的账簿。它是把每笔经济业务所涉及的借、贷方科目都列入日记账内，故又称为"分录账"。其设置一般分为"借方金额"和"贷方金额"两栏，这种账簿不结余额。普通日记账的一般格式如表6-1所示。

表6-1 普通日记账　　　　　　　　　　　　　　　　　　　　　　　　　　第　　页

年		摘要	账户名称	借方金额	贷方金额	过账
月	日					

普通日记账的登记方法如下。

◆ 日期栏：按照经济业务发生的时间先后顺序逐项登记。

◆ 摘要栏：简要说明经济业务的内容。

◆ 账户名称及金额栏：将应借账户登记在"账户名称"栏第一行，并将金额登入"借方金额"栏，将应贷账户登记在"账户名称"栏第二行（缩进一格），并将金额登入"贷方金额"。

◆ 过账栏：根据日记账登记总账后，在该账户对应行内的"过账"栏打"√"或注明总账账户所在页数，以表示已过总账。

普通日记账的优点是可以全面反映经济业务的发生情况，其缺点是整个分录不分主次，显得过于庞杂，不能按类别反映经济业务的发生或完成情况，并且将全部经济业务记入一本日记账，不利于分工协作，且根据日记账逐日逐笔登记总账工作量较大。目前我国很少采用普通日记账。

（2）特种日记账的格式和登记方法

① 现金日记账的格式和登记方法。

现金日记账是由出纳员对现金收付业务逐日逐笔按经济业务发生的先后顺序登记的，用以详细地、序时地记录和监督企业现金的收入、支出和结余情况的一种账簿。其一般格式如表 6–2 所示。

表 6–2　现金日记账

年		凭证号码	摘要	对方科目	收入	支出	结余
月	日						

现金日记账的登记方法如下。

- 日期栏：现金的实际收付日期。
- 凭证号码栏：登记记账所依据的记账凭证的种类及其编号。例如记账凭证为 15 号现金收款凭证，就记为"现收 15 号"。准确记凭证号码，有利于查账和核对。
- 摘要栏：简要说明经济业务的内容。
- 对方科目栏：本栏目填列复式分录中与借或贷记现金账户相对应的那一方的科目名称，也就是现金收入的来源科目或现金支出的用途科目，其作用是了解经济业务的来龙去脉。例如用现金支付办公费 100 元，对方科目栏就应填"管理费用"。
- 收入栏、支出栏和结余栏：收入栏、支出栏分别记录实际发生的现金收入和支出金额。结余栏反映余额数，并与库存现金数核对，即"日清"。月末要计算并填列收入合计数和支出合计数，即"月结"。

② 银行存款日记账的格式和登记方法。

银行存款日记账，是由出纳员对银行存款收付业务逐日逐笔按经济业务发生的先后顺序进行登记的一种账簿。其一般格式如表 6–3 所示。

表 6–3　银行存款日记账

年		凭证号码	摘要	结算凭证		对方科目	收入	支出	结余
月	日			种类	编号				

银行存款日记账的登记方法和要求与现金日记账基本相同，只是月末银行存款结余额的账实核对方法不一样。对于现金，通过实地盘点就可知道实际数，从而进行账实核对。而对于银行存款，则要把银行存款日记账和银行对账单进行核对，编出银行存款余额调节表，才能反映银行存款的实际数，进行账实核对。

2）分类账簿的格式和登记方法

（1）总分类账的格式和登记方法

总分类账简称总账，是对各种经济业务按照总分类账户进行分类登记的账簿，一般采用订本式账簿。每个账户应视其经济内容的多少预留出若干空白账页，以登记一定时期内涉及该账户的所有经济业务及其发生的增减变动。

总分类账能够全面、总括地记录和反映企业经济业务引起的资金运动和财务收支情况，提供经营管理所需要的总括价值核算指标，并为编制会计报表提供主要数据。因此，任何一个单位都必须设置总分类账。

总分类账的格式一般采用三栏式，即在账页中设置借方、贷方和余额三个金额栏，又称为"借贷余额式"。其一般格式如表6-4所示。

表6-4 总分类账

会计科目： 第 页

年		凭证号码	摘要	借方	贷方	借或贷	余额
月	日						

三栏式总分类账的登记，可以根据各种记账凭证逐笔登记，也可根据汇总记账凭证或科目汇总表汇总登记，还可以根据多栏式现金日记账、银行存款日记账逐笔或定期登记，这主要取决于每个单位所采用的会计账务处理程序。

（2）明细分类账的格式和登记方法

明细分类账是对各项经济业务按照明细账户进行分类登记、核算的账簿，一般采用活页式账簿。各单位应结合自己的经济业务特点和经营管理要求，在总分类账的基础上设置若干明细分类账，作为总分类账的必要补充。明细分类账按账页格式不同，主要有三栏式明细分类账、数量金额式明细分类账和多栏式明细分类账三种。

① 三栏式明细分类账。三栏式明细分类账的账页格式与三栏式总分类账的账页格式相同，即只设有借方、贷方和余额三个金额栏，不设数量栏。它适用于仅需进行金额明细分类核算的科目，如应收账款、应付账款、其他应收款、长期待摊费用、长期应付款等科目的明细分类核算。三栏式明细分类账账页的一般格式如表6-5所示。

表6-5 应收账款明细分类账

明细科目： 第 页

年		凭证号码	摘要	借方	贷方	借或贷	余额
月	日						

② 数量金额式明细分类账。数量金额式明细分类账的账页，基本结构为借方（收入）、贷方（发出）和余额（结存）三栏，每栏再分别设置数量、单价和金额三个专栏。它适用于既提供价值核算指标，又提供实物数量核算指标的明细账，如"原材料""库存商品""低值易耗品"等明细账。其一般格式如表6-6所示。

表6-6 原材料明细账

材料类别： 存放仓库：
品名和规格： 计量单位： 编号：

年		凭证号码	摘要	收入			发出			结存		
月	日			数量	单价	金额	数量	单价	金额	数量	单价	金额

③ 多栏式明细分类账。多栏式明细账是根据经济业务的特点和经营管理的需要，在一张账页上按明细项目分设若干专栏，用来登记明细项目多、借贷方向单一且无须数量核算的收入、费用、利润等业务，如"生产成本""制造费用""管理费用""主营业务收入""本年利润"等明细账。

多栏式明细账一般都是单方向登记，即平时只在借方或贷方登记。例如成本、费用类明细分类账，平时只在借方登记，而收入类明细分类账，平时只在贷方登记，当发生冲减成本费用、冲减收入及月末结转分配业务时，可以用红字进行登记，予以冲减。多栏式明细分类账也可以双向登记，如本年利润、利润分配明细账等，要按利润构成项目分借方、贷方设专栏进行登记。常见的多栏式明细分类账主要是多栏式的成本费用明细账，其一般格式如表6-7所示。

表6-7 生产成本明细账（多栏式）

第 页

年		凭证号码	摘要	借方			
月	日			直接材料	直接人工	制造费用	合计

登记明细分类账的依据有记账凭证、原始凭证和原始凭证汇总表三种。登记的具体方法有三种：一是逐笔登记；二是逐日登记；三是定期（每周、旬或月）汇总登记。采用哪种登记方法，应当根据明细分类账的种类来确定。一般情况下，对于固定资产、低值易耗品、债权债务等明细分类账应当逐日逐笔登记，以便及时反映和监督它们的增减变动情况；对于库存商品和材料明细分类账，如果业务量不是很大可以逐笔登记，如果业务很多，为了简化记账工作可以逐日汇总登记；费用、成本等明细分类账最好定期汇总登记。

3）备查账簿的格式和登记方法

备查账簿是指对某些在序时账簿和分类账簿中未能记载的经济业务或事项进行补充登记的账簿。由于备查账簿登记的内容是补充事项，因此其格式没有统一规定，一般是根据各单位会计核算和经营管理的实际需要设置，主要包括租借设备、物资的辅助登记，有关应收、应付款项（票据）的备查簿，担保、抵押品的备查簿等。"租入固定资产登记簿"的一般格式如表 6–8 所示。

表 6–8　租入固定资产登记簿

固定资产名称及规格	租约合同号数	租出单位	租入日期	租金	使用部门		归还日期	备注
					日期	单位		

6.3　会计账簿的启用与错账更正方法

1. 会计账簿的启用

会计账簿是存储会计信息的重要会计档案，为了确保账簿记录的合法性和账簿资料的完整性，明确记账责任，必须按照一定的手续和规则启用账簿。在启用新的会计账簿时，会计人员应在账簿封面上写明单位名称和账簿名称；在账簿扉页中登记"账簿启用及交接表"，并加盖单位公章。"账簿启用及交接表"的主要内容包括机构名称、账簿名称、账簿编号、账簿页数、启用日期、记账人员和会计主管人员姓名及盖章、单位公章等；记账人员或会计主管人员调动工作或因故离职时，应办理账簿交接手续，在交接记录栏内填明交接日期、交接人员和监交人员的姓名，并由交接双方人员签名或盖章。"账簿启用及交接表"的一般格式如表 6–9 所示。

表 6–9　账簿启用及交接表

机构名称									
账簿名称	（第　　册）						印鉴		
账簿编号									
账簿页数	本账簿　　共　　页								
启用日期	年　　月　　日								
经管人员	负责人		会计主管人员		复核		记账人员		
	姓名	印	姓名	印	姓名	印	姓名	印	

续表

	经管人员		接管				交出			
交接记录	职别	姓名	年	月	日	印	年	月	日	印
备注										

2. 会计账簿登记的规则

账簿是形成和存储会计信息的主要载体与工具，为保证记账的准确、完整，并便于查阅和长期保存，登记账簿应遵循下列规则。

① 必须以经过审核无误的记账凭证及所附的原始凭证为依据登记账簿。记账时，应将记账凭证上的日期、凭证种类和编号、摘要和金额逐项记入账内，记账后要在记账凭证上签章，注明所记账簿的页次或画"√"，以防重记或漏记。

② 登记账簿必须使用蓝色或黑色钢笔书写，不得使用铅笔和圆珠笔，目的是使账簿记录清晰整洁，耐久保存。

按照会计制度规定，红字只能在下列情况使用：

- 结账划线；
- 更正错账时更正划线，根据红字冲账法冲销错误记录（冲账）；
- 在不设贷方（或借方）栏目的多栏式账页中，登记减少数（如在制造费用明细账页中，只设置借方栏，不设置贷方栏，则在登记减少数或转出数时要用红字进行登记，以示转出）；
- 在三栏式账户的余额栏前，未标明余额方向的，在余额栏内登记负数余额；
- 根据国家统一会计制度的规定可以用红字登记的会计分录。

除此以外，不得使用红字记账。

③ 账簿汉字和数字的书写必须规范、整洁、清晰，应贴近底线，在上面留有适当的空距，以便留有改错的空间。账簿记录发生错误后，应根据错误的性质和发现时间的不同，按规定的办法进行更正，严禁涂改、刮擦、挖补、用药水更改字迹或撕毁账页等。

④ 账簿必须按照账页顺序逐页逐行顺序登记，不得跳行、隔页。如果发生跳行、隔页，应当在空行、空页处画上红色对角线注销，或者注明"此页空白""此行空白"字样，并由记账人员签名或盖章以示负责。订本式账簿必须按照编订的页次顺序进行登记，不得缺页，不得随意撕毁账页；活页式账簿要按照页次顺序装订成册，不得随意抽换账页。

⑤ 每一账页登记完毕结转下页时，应在账页的最末一行结出本页发生额合计数和余额，并在摘要栏中注明"过次页"，在次页第一行记入上页的合计数和余额，并在摘要栏中注明"承前页"，以保持账页之间的连续性。

⑥ 在总分类账中，凡是需要结出余额的账户，结出余额后，应当在"借或贷"栏目内写明"借"或者"贷"字样，表明余额方向。没有余额的账户，应当在"借或贷"栏目内写"平"字，并在"余额栏"内用"0"表示。现金日记账和银行存款日记账必须逐日结出余额。

⑦ 各种账簿（除少数变化很少的明细账，如固定资产明细账以外）每年都应更换新账簿。年度开始时，将各账户上年年终结计的余额，转记到新账簿相应账户的第一页第一行，并在摘要栏注明"上年结转"字样。

3. 错账的更正方法

会计人员填制会计凭证和登记账簿时，必须认真仔细，尽量避免账簿记录错误，保证会计信息质量。如果发生记账错误，应运用一定的方法进行查找并应采用适当的方法及时更正。

1）账簿错误的查找

一般来说，账簿登记过程中的差错主要有以下两种情况。

（1）影响借贷平衡的错误

影响借贷平衡的错误，是指在会计期末进行试算平衡时发现借、贷双方不平衡的错误。对于此类错误可以通过以下两种方法进行查找。

① 除2法。除2法又称倍数法，其具体步骤是：首先算出借方和贷方的差额，然后将差额除以2，如果能够除尽，则很有可能是某一方（借方或贷方）重复记账，而对应科目应记却未记导致的错误。

例如试算平衡时，借方合计数为535 800元，贷方合计数为520 900元，借方合计数比贷方合计数多出14 900元，借、贷之差14 900元可以被2整除，得数是7 450元，这时就要查找是否有一笔7 450元的会计分录本该记入账户的贷方，却错记为账户的借方，即发生贷方漏记、借方重记的情形。

② 除9法。除9法的具体步骤是：首先算出借方和贷方的差额，然后将差额除以9，如果能够除尽，则很有可能是数字位移或数字颠倒所致。

- 数字位移。例如，将9 000元误记成900元，差数为8 100元，用9除得900元，将位数前进一位即可。
- 数字颠倒。例如，将19 200元误记成12 900元，差数为6 300元，用9除得700元，商数中的非零数字7即为被颠倒的相邻数字9和2的差额。而且，凡商数为百位数者，则是百位数与千位数的颠倒；凡商数为千位数者，则是千位数与万位数的颠倒，以此类推。

（2）不影响借贷平衡的错误

这种错误不能通过试算平衡来发现，主要是重记或者漏记及会计分录中错用了会计科目。对于这种错误，只能采用全面检查法，即将一定时期内的全部账目进行全面核对的一种检查方法。全面检查法具体又可分为两种。

① 顺查法。又称正查法，是按记账的程序，从检查原始凭证开始，逐笔依次查到试算平衡表的编制的一种检查方法。首先，会计人员检查记账凭证和所附的原始凭证所记录的各项内容是否相符，计算上有无差错等；其次，把记账凭证与有关的账簿（包括总账、明细账、日记账）逐笔核对，检查它们是否一致；最后，把账簿与试算平衡表进行核对，检查其是否存在错误。

② 逆查法。又称反查法，与顺查法相反，是从试算平衡表开始核查，一直追查到原始凭证的一种检查方法。首先，检查试算平衡表的编制是否正确；其次，检查会计账簿的登记是否正确；最后，检查记账凭证的编制和原始凭证的填写是否正确。

在实际工作中，一般采用逆查法。

2）错账的更正方法

会计人员发现账簿记录错误时，应根据错误的性质和发现的时间等具体情况采用正确的方法进行更正。常用的错账更正方法有划线更正法、红字更正法和补充登记法。

（1）划线更正法

适用范围：凡在结账前发现账簿记录中文字或数字错误，而记账凭证无误时，可采用此方法进行更正。

更正方法：先在错误的文字或数字上划一条红色横线，以示注销，但必须使原有字迹仍可辨认，以备考查；然后在划线上方用蓝色字迹写上正确的文字或数字，做出更正记录，并在划线处加盖更正人印章，以明确责任。

例如，企业用银行存款 2 480 元购买办公用品。会计人员在根据记账凭证（记账凭证正确）记账时，误将总账中银行存款贷方的 2 480 元写成 2 840 元。

采用划线更正法更正时：应将总账中银行存款账户贷方的错误数字 2 840 元全部用一条红线划销（注意：不能只划销个别错误的数字，如"84"），然后在其上方用蓝字写出正确的数字 2 480 元，并在更正处盖章或签名，以明确责任。

（2）红字更正法

红字更正法，一般适用于以下两种情况。

① 根据记账凭证所记录的内容登记账簿以后，发现记账凭证的应借、应贷会计科目或记账方向有错误，但金额正确，可采用此方法进行更正。

更正方法：先用红字填制一张内容与原错误记账凭证完全一致的记账凭证，在摘要栏写明"更正第×号凭证的错误"字样，并据以红字登账，冲销原错误记录，然后再用蓝字填写一张正确的记账凭证，并据以登记入账。

例如，企业计提车间管理部门固定资产折旧费 80 000 元。这项经济业务编制的会计分录应为借记"制造费用"科目，贷记"累计折旧"科目，但会计人员在编制记账凭证时，误将"制造费用"记为"管理费用"并已登记入账。

更正时，先用红字金额填制一张与错误记账凭证完全相同的记账凭证，在"摘要"栏中注明"冲销（或更正）×月×日第×号凭证的错误"，并据以用红字金额登记入账，冲销原有错误记录。然后，用蓝字填制一张正确的记账凭证，在摘要栏注明"更正×月×日第×号凭证的错误"，并据以登记入账。

注意，在填写红字金额的冲销凭证时，这种红字凭证只有会计科目和原先错误凭证的会计科目相同，其他各个项目的内容都不相同，即填制日期不同，填制的日期应是更正时的日期；编号不同，编号是更正时的新编号；摘要不同，金额是红字，没有附件。

② 根据记账凭证所记录的内容记账以后，发现记账凭证中应借、应贷账户正确无误，但是所填写的金额大于应填写的金额，可采用此方法进行更正。

更正方法：将多记的金额用红字填制一张与原错误记账凭证账户相同、记账方向一致的记账凭证，并据以登记入账，冲销原来的多记金额，在摘要栏注明"冲销第×号凭证多记金额"字样。

例如，企业从银行提取现金 6 900 元,会计人员在填制记账凭证时,误将金额填为"9 600",并已据此登记入账。

更正时，将多记的金额 2 700 元（9 600-6 900）用红字填制一张内容与上述错误记账凭证完全一致的记账凭证,并据以用红字登记入账,冲销原错误记录。

(3) 补充登记法

适用范围:记账以后,如果发现记账凭证上的应借、应贷账户并无错误,只是所填金额小于应记金额,可采用此方法进行更正。

更正方法:将少记的金额用蓝字填制一张与原错误记账凭证账户名称相同、记账方向一致的记账凭证,补充少记的金额,并据以登账。在记账凭证的摘要栏注明"补记第×号凭证的少记金额"字样。

例如,企业以银行存款 85 000 元归还前欠的购货款,在填制记账凭证时,误将金额填为 35 000 元,并据以登记入账。

更正时,将少记的金额 50 000 元(85 000–35 000)用蓝字填制一张与原错误记账凭证账户名称相同、记账方向一致的记账凭证,并据以登记入账,补记少记的金额。

6.4 对账与结账

1. 对账

对账,就是核对账目,是指在结账前,将账簿记录的内容和会计凭证进行核对,各种账簿之间的数字进行核对,账簿记录与各项财产物资的实际结存数目进行核对,以保证账证相符、账账相符、账实相符,从而为编制财务报告提供真实、准确的会计核算资料。

对账工作每年应至少进行一次,通常是在月末、季末、年末结出各账户的期末余额之后、结账之前进行。

对账的主要内容包括账证核对、账账核对和账实核对。

(1) 账证核对

账证核对是指将各种账簿(包括总分类账、明细分类账,以及现金日记账和银行存款日记账等)记录与有关的会计凭证(包括记账凭证及所附的原始凭证)进行核对,做到账证相符。

账簿与记账凭证核对主要是检查账簿记录是否按照记账凭证确定的账户、方向和金额进行登记。这种核对主要是在平时编制记账凭证和记账过程中进行。

(2) 账账核对

账账核对是指在账证核对相符的基础上,对各种账簿记录的内容进行核对,做到账账相符。这种核对至少在每月末进行一次。账账核对的具体内容如下。

① 总分类账户之间的核对。检查全部总分类账户本期借方发生额合计是否等于本期贷方发生额合计,期末所有账户借方余额合计是否等于贷方余额合计。此项核对一般通过编制"总分类账户期末余额试算表"进行。

② 总分类账户与所属各明细分类账户之间的核对。检查总分类账户本期借、贷方发生额合计及期末余额与所属各明细分类账户相对应数字的合计是否相等,一般通过编制"总分类账户与明细分类账户对照表"进行核对。

③ 总分类账户与现金日记账、银行存款日记账之间的核对。检查总分类账户中"库存现金""银行存款"账户本期借、贷方发生额及期末余额与日记账中相对应数字是否相等。

④ 会计部门的财产物资明细分类账与财产物资保管、使用部门的明细分类账之间的核对。检查各方期末结存数是否相等。

（3）账实核对

账实核对是指在账账核对的基础上，将各种账簿记录余额与各项财产物资、现金、银行存款及各种往来款项的实存数进行核对，做到账实相符。账实核对的具体内容如下。

① 现金日记账的账面余额与库存现金实有数之间的核对。此项核对应每日进行，并且还应进行不定期的抽查。

② 银行存款日记账的账面余额与各开户银行对账单之间的核对。一般每月核对一次，主要通过编制"银行存款余额调节表"进行。

③ 财产物资明细分类账的结存数与清查盘点后的实有数之间的核对。此项核对应定期或不定期进行。

④ 各种应收、应付、应交款明细分类账的账面余额与有关债权、债务单位或个人及有关部门之间的核对。此项核对应定期或不定期进行。

实际工作中，账实核对一般通过财产清查进行。

2. 结账

结账，简单地说就是结清账目，即将一定时期内所有的经济业务全部登记入账后，结出各种账簿的本期发生额和期末余额，据以编制会计报表，并将余额结转下期或新的账簿。

通过结账，能够全面、系统地反映一定时期内发生的经济活动所引起的资产、负债及所有者权益等方面的增减变动情况及其结果，可以合理确定各期间的经营成果，并且有利于企业定期编制会计报表。

1）结账前的准备工作

结账前，必须保证应计入本期的各项经济业务全部登记入账。

① 认真检查本期内所发生的经济业务是否已经全部取得凭证并已记入有关账簿，若有遗漏应补记。不得为了赶制报表提前结账，或有意推迟。

② 清理债权、债务。应做好各种应收款项的催收工作和欠款、欠税的偿还、清缴工作。

③ 归属于本期的收益、费用和应摊销或预提的费用的整理、计算、入账。根据权责发生制原则，将归属本期的收益和费用，填制凭证登记入账。

④ 期末结转业务的结转。将各种收入、成本、费用、销售、营业外收入、支出等计算成本和财务成果的各账户余额结转到有关账户。例如，将"制造费用"结转记入"生产成本"账户，将本期完成产品承担的"生产成本"账户结转至"库存商品"账户等。

⑤ 做好财产清查和对账工作。通过财产清查发现的财产物资的盘盈、盘亏，应及时按照规定转账；通过对账，做到账证相符、账账相符、账实相符，保证会计信息真实可靠。

2）划线结账法

结账工作一般在会计期末进行，主要采用划线法，即期末结出每个账户的本期发生额和期末余额后，加划线标记，并将期末余额结转至下期。按照结算时期的不同，可以有月结、季结和年结。具体方法如下。

（1）月结

每月结账时，应在各账户本月份最后一笔记录下面划一条通栏红线，表示本月结束；然后，在红线下结算出本月借、贷方发生额和月末余额，如果没有余额，在余额栏内注明"平"

字或"0",并在摘要栏内注明"×月份发生额及余额"或"本月合计"字样。最后,再在下面划一条通栏红线,表示完成月结工作。

(2) 季结

季结时,应在各账户本季度最后一个月的月结下面划一条通栏红线,表示本季结束;然后,在红线下结算出本季发生额和季末余额,并在摘要栏内注明"第×季度发生额及余额"或"本季合计"字样;最后,再在摘要栏下面划一条通栏红线,表示完成季结工作。

(3) 年结

年结时,首先在12月份下面(需办理季结的,应在第四个季度季结下面)划一通栏红线,表示年度终了。然后,在红线下面结算填列全年12个月份的月结发生额合计或4个季度季结发生额合计和年末余额,并在摘要栏内注明"年度发生额及余额"或"本年合计"字样。为了使借贷双方合计数平衡,应将上年结转过来的年初借(贷)方余额抄列至"年度发生额及余额"或"本年合计"下一行的借(贷)方栏内,并在摘要栏内注明"年初余额"字样,再将年末借(贷)方余额抄列至下一行的贷(借)方栏内,并在摘要栏内注明"结转下年"字样。最后计算出借贷双方合计数(应该相等),并在摘要栏内注明"合计"字样,再在合计数下面划一通栏双红线,表示封账,完成年结工作。

账户在年度内没有发生额的不需要结账,只需将其余额转入新年度的相应账簿中即可。

以上结账的基本方法如表6-10所示。

表 6-10 总 账

科目：库存现金

年		凭证号码	摘要	借方	贷方	借或贷	余额
月	日						
1	1		上年结转			借	3 525
	2		支付办公费		100	借	3 425
	…		…	…	…	…	…
	31		支付临时工工资		185	借	2 174
			1月份发生额及余额	1 276	2 627	借	2 174
…	…		…	…	…	…	…
3	31		出售废品物资	120		借	2 845
			3月份发生额及余额	1 855	2 535	借	2 845
			第1季发生额及余额	5 671	6 351	借	2 845
…	…		…	…	…	…	…
12	31		支付工作餐费		300	借	1 928
			12月份发生额及余额	1 778	3 375	借	1 928
			第4季发生额及余额	6 498	8 095	借	1 928
			本年发生额及余额	27 635	29 232	借	1 928
			年初余额	3 525			
			结转下年		1 928		
			合计	31 160	31 160		

———— 表示单红线　　　　　　　　　══════ 表示双红线

6.5 会计账簿的更换与保管

1. 会计账簿的更换

账簿更换，是指在每一会计年度结束、新的会计年度开始时，启用新账簿，并将上年度的会计账簿归档保管。账簿更换有利于会计账簿资料的连续，且能清晰地反映各个会计年度的财务状况和经营成果。

一般来说，总账、日记账和大多数明细账应该每年更换一次。但是有些财产物资明细账和债权债务明细账，由于实物资产的品种、规格和往来单位较多，更换新账的工作量较大，且容易造成账簿的浪费，因此可以跨年度继续使用，不必每年更换一次。各种备查账也可以连续使用。

更换账簿时，首先检查本年度账簿记录在年终结账时是否全部结清，然后在新账中有关账户的第一行"日期"栏内注明1月1日，在摘要栏注明"上年结转"或"年初余额"字样，将上年的年末余额以同方向记入新账中的"余额"栏内，并在"借或贷"栏内注明余额的方向。注意，新、旧账簿更换时，账户余额的结转不需编制记账凭证。

2. 会计账簿的保管

会计账簿是企业的重要档案，企业在会计年度开始的时候都要更换使用新的会计账簿，同时对旧账簿加以妥善保管。具体方法是：将所有的订本账、活页账对账完毕，并将所有的活页账装订完毕，加上封面，由主管人员签字、盖章之后，及时地将所有的订本账及活页账交由档案人员造册归档。归档时，应编制"会计账簿归档登记表"以明确责任。

根据会计账簿的特点，会计账簿可分为永久会计账簿和定期会计账簿两类。一般日记账的保管期限为15年，现金日记账和银行存款日记账的保管期限为25年，明细账和总账的保管期限为15年，固定资产卡片在固定资产清理报废后需保存5年，辅助账簿的保管期限为15年，涉外和重大事项的会计账簿应永久保管。

会计账簿除特殊需要或司法介入要求，一般不能携带外出，对需要携带外出的账簿，应由经管人员负责或会计主管人员指定专人负责。未经领导和会计负责人或有关人员批准，非经管人员不能随意翻阅查看、摘抄和复制会计账簿等。

本 章 小 结

账簿是由具有一定格式的账页组成，用来连续、分类地记录和反映各项经济业务的簿籍。通过设置和登记账簿，可以了解单位在一定时期的全部经济活动情况，取得经营管理上所需要的系统、完整的会计信息。

1. 账簿按用途分类，可以分为序时账簿、分类账簿和备查账簿；按外表形式分类，可以分为订本式账簿、活页式账簿和卡片式账簿；按其账页格式分类，可分为三栏式账簿、数量金额式账簿和多栏式账簿。

2. 各单位必须设置现金日记账和银行存款日记账，账页格式一般采用三栏式，以收款凭证和付款凭证为依据，由出纳人员按经济业务发生的先后顺序逐日、逐笔登记且须每日结出余额，与库存现金实有数核对，并定期与开户银行核对银行存款余额。

3. 总分类账簿的账页格式一般采用三栏式，由会计人员登记，其登记依据和登记方法取决于单位采用的账务处理程序。明细分类账簿的账页格式，根据反映经济业务的需要，一般有"三栏式""数量金额式"和"多栏式"三种，明细分类账可以逐笔、逐日登记，也可以定期汇总登记。总分类账与其所属明细分类账应平行登记，以便核对，相互牵制。

4. 登记账簿必须遵守一定的记账规则，以保证账簿记录的及时、正确、规范，如发生记账错误应按规定的方法进行更正。错账更正方法有划线更正法、红字更正法、补充登记法三种。

5. 为保证账簿记录的正确性和真实性，要定期核对账簿记录，包括账证核对、账账核对和账实核对。

6. 期末要总结一定时期的经济活动情况，编制会计报表，进行结账。

7. 账簿作为重要的历史资料和会计档案，各单位应按照国家会计制度的规定，妥善保管，不得随意拆装、出借和销毁。

思 考 题

1. 什么是会计账簿？登记账簿有何意义？
2. 序时账簿和分类账簿的主要区别是什么？
3. 简述错账的更正方法及适用范围。
4. 什么是对账？对账包括哪些内容？
5. 会计账簿的保管有哪些要求？

练 习 题

一、单项选择题

1. 我国现行采用的现金日记账和银行存款日记账属于（　　）。
   A. 普通日记账　　B. 特种日记账　　C. 分录日记账　　D. 转账日记账
2. 从账簿的用途来看，租入固定资产登记账簿属于（　　）。
   A. 序时账簿　　B. 分类账簿　　C. 卡片式账簿　　D. 备查账簿
3. 原材料明细账的账页格式一般采用（　　）。
   A. 三栏式　　　　　　　　　B. 数量金额式

C. 多栏式　　　　　　　　　　　D. 任意一种明细账格式

4. 下列适合采用多栏式明细账核算的是（　　）。
   A. 应收账款　　B. 实收资本　　C. 应付账款　　D. 生产成本

5. 某记账人员将记账凭证贷记应付账款的金额 26 000 元，记账时错记为 2 600 元。下列各种更正方法中，（　　）适用于此情况。
   A. 红字更正法　　B. 划线更正法　　C. 补充登记法　　D. 消除字迹法

6. 某会计人员根据记账凭证登记明细账时，误将 700 元填写为 7 000 元，而记账凭证无误。下列各更正方法中，（　　）适用于此情况。
   A. 红字更正法　　B. 补充登记法　　C. 划线更正法　　D. 平行登记法

7. 某企业 7 月份以银行存款支付前欠货款 10 000 元，会计人员根据有关原始凭证填制了记账凭证，借记应收账款 1 000 元，贷记银行存款 10 000 元。记账凭证经审核后登记入账。年末，在进行往来账清查时发现了错误，会计人员应采取的更正方法是（　　）。
   A. 补充登记法　　　　　　　　　B. 红字更正法
   C. 划线更正法　　　　　　　　　D. 重新编制一张记账凭证

8. 下列项目中，属于账证核对内容的是（　　）。
   A. 会计账簿与记账凭证核对　　　B. 总分类账簿与所属明细分类账簿核对
   C. 原始凭证与记账凭证核对　　　D. 银行存款日记账与银行对账单核对

9. 银行存款日记账和银行对账单核对是（　　）。
   A. 账证核对　　B. 账账核对　　C. 账实核对　　D. 账表核对

10. 新年度开始启用新账时，可以继续使用不必更换新账的是（　　）。
    A. 总分类账　　　　　　　　　　B. 银行存款日记账
    C. 固定资产卡片　　　　　　　　D. 管理费用明细账

二、多项选择题

1. 下列属于序时账的有（　　）。
   A. 普通日记账　　　　　　　　　B. 银行存款日记账
   C. 明细分类账　　　　　　　　　D. 现金日记账

2. 下列明细账中可以采用三栏式账页的有（　　）。
   A. 应收账款明细账　　　　　　　B. 原材料明细账
   C. 材料采购明细账　　　　　　　D. 现金日记账

3. 对账的具体内容包括（　　）。
   A. 账证核对　　B. 账账核对　　C. 账实核对　　D. 账表核对

4. 发生以下记账错误时，应选择红字更正法的有（　　）。
   A. 记账之后，发现记账凭证中的会计科目应用错误
   B. 记账之后，发现记账凭证所列金额大于正确金额
   C. 记账之后，发现记账凭证所列金额小于正确金额
   D. 结账之前，发现账簿记录有文字错误，而记账凭证正确

5. 下列各项中，属于账账核对的有（　　）。
   A. 总账与备查账之间的核对　　　B. 总账与日记账之间的核对
   C. 总账与有关账户的余额核对　　D. 总账与明细账之间的核对

6. 现金日记账的登记依据有（　　）。
   A. 银行存款收款凭证　　　　B. 现金收款凭证
   C. 现金付款凭证　　　　　　D. 银行存款付款凭证
7. 银行存款日记账的登记依据有（　　）。
   A. 银行存款收支的原始凭证　B. 银行存款收款凭证
   C. 银行存款付款凭证　　　　D. 现金付款凭证
8. 关于明细账的格式，正确的是（　　）。
   A. 固定资产明细账可以采用卡片式账簿
   B. 三栏式明细账适用于收入、成本、费用、利润和利润分配明细账的核算
   C. 数量金额式明细账适用于既要进行金额核算又要进行数量核算的存货类账户
   D. 多栏式明细账适用于应收账款、应付账款等科目的明细分类核算
9. 下列应采用数量金额式账簿的是（　　）。
   A. 现金日记账　　　　　　　B. 应收账款明细账
   C. 原材料明细账　　　　　　D. 库存商品明细账
10. 下列各项中，可以作为明细账主要记账依据的有（　　）。
    A. 原始凭证　　　　　　　　B. 原始凭证汇总表
    C. 科目汇总表　　　　　　　D. 记账凭证

三、判断题

1. 备查账簿也可以连续使用，不必更换。（　　）
2. 账证核对是指核对会计账簿记录与原始凭证、记账凭证的时间、凭证号、内容、金额是否一致，记账方向（二者都有的项目）是否相符。（　　）
3. 在我国，大多数单位一般只设现金日记账和银行存款日记账，而不设置转账日记账和普通日记账。（　　）
4. 如果试算平衡表借贷不平衡，则可以肯定记账有错误。（　　）
5. 总分类账簿的账页一般采用多栏式格式。（　　）
6. 对需要按月进行结账的账簿，结账时，应在"本月合计"字样下面通栏划单红线，而不是划双红线。（　　）
7. 凡需结出余额的账户，结出余额后，应在"借或贷"栏内写明"借"或"贷"字样。没有余额的账户，只需在余额栏用"0"表示即可。（　　）
8. 所有的会计凭证都是登记账簿的依据。（　　）
9. 账簿记录发生错误时，不得刮、擦、挖、补，但可以在领导同意的情况下进行涂改。（　　）
10. 各种日记账、总账及资本、债权债务明细账都可采用三栏式账簿。（　　）

四、业务题

（1）某工厂20×6年8月31日有关总分类账户和明细分类账户的余额如下。
① 总分类账户：
"原材料"账户借方余额200 000元；
"应付账款"账户贷方余额50 000元。
② 明细分类账户：

"原材料——甲材料"账户 800 kg，单价 150 元，借方余额 120 000 元；

"原材料——乙材料"账户 200 kg，单价 100 元，借方余额 20 000 元；

"原材料——丙材料"账户 500 kg，单价 120 元，借方余额 60 000 元；

"应付账款——A 公司"账户贷方余额 30 000 元；

"应付账款——B 公司"账户贷方余额 20 000 元。

（2）该公司 20×6 年 9 月发生部分经济业务如下。

① 以银行存款偿还 A 公司前欠货款 15 000 元。

② 购入甲材料 100 kg，单价 150 元，税价合计 17 550 元（含增值税，税率为 17%），以银行存款支付，材料入库。

③ 生产车间向仓库领用材料一批，甲材料 200 kg，单价 150 元，乙材料 100 kg，单价 100 元，丙材料 250 kg，单价 120 元，共计领料金额 70 000 元。

④ 以银行存款偿还 B 公司前欠货款 10 000 元。

⑤ 向 A 公司购入乙材料 100 kg，单价 100 元，材料入库，货款 11 700 元（含增值税，税率为 17%），以银行存款支付。

要求：

（1）根据以上内容，用借贷记账法编制会计分录。

（2）开设"原材料""应付账款"总分类账和明细分类账，登记期初余额，并平行登记总分类账和明细分类账，结出各账户本期发生额和期末余额。

第 7 章

制造业企业主要经济业务核算

【学习目标】

本章主要阐述制造业企业主要经济业务的核算。通过本章的学习，使学生了解制造业企业资金筹集业务、供应过程业务、产品生产过程业务、产品销售过程业务及财务成果形成与分配业务的具体内容，理解制造业企业主要经济业务核算所设置账户的用途和结构，掌握借贷记账法的实际运用。

7.1 制造业企业主要经济业务核算概述

企业是指依法成立并具备一定组织形式，以营利为目的，独立从事商品生产经营活动和商业服务的经济组织。作为一种重要的企业组织类型，现代企业制度下的产品制造业企业，不仅要将原始的材料转换为可以销售给单位或个人消费者的商品，而且要在社会主义市场经济的竞争中谋求发展，对其拥有的资产实现保值增值。制造业企业完整的生产经营过程由供应过程、生产过程和销售过程构成。企业为了进行其生产经营活动，生产出适销对路的产品，就必须拥有一定数量的经营资金，而这些经营资金都是从一定的来源渠道取得的。经营资金在生产经营过程中被具体运用时表现为不同的占用形态，一般可以分为货币资金、储备资金、生产资金、成品资金等。而且随着生产经营过程的不断进行，其资金形态不断转化，形成经营资金的循环与周转。

企业首先要从各种渠道筹集生产经营所需的资金，其筹资的渠道主要包括接受投资人的投资和向债权人借入各种款项。资金筹集业务的完成意味着资金投入企业，企业就可以运用筹集到的资金开展正常的经营活动，进入供、产、销过程。

企业筹集到的资金最初一般表现为货币资金形态，也可以说，货币资金形态是资金运动的起点。企业筹集到的资金首先进入供应过程。供应过程是企业生产产品的准备阶段。在这个过程中，企业用货币资金购买厂房、机器设备等劳动资料形成固定资产，购买原材料等劳动对象形成储备资金，货币资金分别转化为固定资金形态和储备资金形态。由于劳动资料大多是固定资产，一旦购买完成将长期供企业使用，因而供应过程的主要核算内容是企业用货币资金购进原材料等劳动对象，包括支付材料价款和税款、发生采购费用、计算采购成本、材料验收入库结转成本等。

生产过程是制造业企业经营过程的中心环节，是产品的形成阶段。在生产过程中，企业通过组织工人对材料进行生产加工，生产出适销对路的产品，以满足社会的需要。生产过程既是产品的制造过程，又是物化劳动和活劳动的耗费过程，即费用、成本的发生过程。生产产品要耗费材料形成材料费用，耗费活劳动形成工资及福利等费用，使用厂房、机器设备等劳动资料形成折旧费用等。生产过程中发生的这些生产费用总和构成所生产产品的生产成本（或称制造成本），其资金形态从固定资金、储备资金和一部分货币资金形态转化为生产资金形态。随着生产过程的不断进行，产品完成生产过程并验收入库，其资金形态又由生产资金形态转化为成品资金形态。生产过程的主要任务是归集和分配生产经营产生的生产费用，并计算出产品的生产成本。

销售过程是产品价值的实现过程。在销售过程中，企业通过销售产品，并按照销售价格与购买单位办理各种款项的结算，收回货款或形成债权，从而使得成品资金形态转化为货币资金形态，完成一次资金的循环。另外，销售过程中还要发生各种诸如包装、广告等销售费用，计算并及时缴纳各种销售税金，结转销售成本，这些都属于销售过程的核算内容。

财务成果是指企业在一定时间内全部经营活动在财务上所取得的成果，是企业的收入减去支出后的净额，就是通常所说的利润或亏损。财务成果核算的关键就是合理确认各期的收入和费用，从而正确计算企业在一定会计期间的盈亏。企业还应按国家有关规定或各方投资协议对财务成果进行合理分配。通过利润分配，一部分资金要退出企业，一部分资金要以公积金等形式继续参加企业的资金周转。综合上述内容，企业在经营过程中发生的主要经济业务包括：资金筹集业务、供应过程业务、生产过程业务、产品销售过程业务、财务成果形成与分配业务。

7.2 资金筹集业务的核算

企业进行生产经营活动，必须具有一定数量的资金。制造业企业的资金来源一般有两种渠道：一种是投资人的投资及其增值，形成企业的所有者权益，这是一个企业设立的先决条件之一，这部分业务称为所有者权益资金筹集业务；另一种是债权人对企业提供的借款，形成企业的负债，这部分业务可以称为负债资金筹集业务。

视野拓展

投资者将资金投入企业进而对企业资产所形成的要求权为企业的所有者权益，债权人将资金借给企业进而对企业资产所形成的要求权为企业的负债。所谓所有者权益，是指企业的所有者在企业资产中所享有的经济利益,其金额为资产减去负债后的差额。在会计上,一般将债权人的要求权和投资人的要求权统称为权益。但由于二者存在着本质上的区别,所以这两种权益的会计处理也必然有着显著的差异。

1. 所有者权益资金筹集业务的核算

企业的所有者权益包括实收资本、资本公积、盈余公积和未分配利润。本节着重介绍所有者权益中的实收资本和资本公积业务的核算,盈余公积和未分配利润(即留存收益)的内容将在本章财务成果业务的核算中进行阐述。

1)实收资本业务的核算

(1)实收资本概述

实收资本,是指企业的投资者按照企业章程或合同、协议的约定,实际投入企业的资本金,以及按照有关规定由资本公积金、盈余公积金转为资本的资金。企业的资本金按照投资主体的不同可以分为:国家资本金,即企业接受国家投资而形成的资本金;法人资本金,即企业接受其他企业单位的投资而形成的资本金;个人资本金,即企业接受个人包括企业内部职工的投资而形成的资本金;外商资本金,即企业接受外国及港、澳、台地区的投资而形成的资本金。企业的资本金按照投资者投入资本的不同物质形态又可以分为接受货币资金投资、接受实物投资、接受有价证券投资和接受无形资产投资等。以货币资金投资的,应以实际收到的货币资金额入账;以实物等其他形式投资的,应以投资各方确认的价值入账。对于实际收到的货币资金额或投资各方确认的资产价值超过其在注册资本中所占的份额部分,不应作为实收资本入账价值,而应作为资本溢价,计入资本公积。

(2)实收资本的核算

为了反映实收资本的形成及其以后的变化,在会计核算上应设置"实收资本"账户。"实收资本"账户是所有者权益类账户,反映投资者投入资本的增减变动情况及其结果。其贷方登记收到投资者投入的资本数,以及企业按规定将资本公积、盈余公积转增的资本数,借方登记所有者投入资本的减少数。期末余额在贷方,表示期末投资者投入资本的实有数。企业收到所有者投入企业的资本后,应根据有关原始凭证(如投资清单、银行通知单等),按投资者设置明细账,进行明细分类核算。除股份有限公司外,其他各类企业均对投资者投入资本的业务通过"实收资本"账户核算,股份有限公司应通过"股本"账户核算。

视野拓展

资本与资产是两个不同的概念。资产,英文为 asset,是企业用于从事生产经营活动、为投资者带来未来经济利益的经济资源,出现在资产负债表的左侧,归企业所有。企业的法人财产权,就是指企业对其控制的资产拥有的所有权。资本,英文为 capital,是企业为购置从事生产经营活动所需的资产的资金来源,是投资者对企业的投入,出现在资产负债表的右侧。资本分为债务资本与权益资本,分别归债权人和公司所有者(股东)所有,企业对其资本不拥有所有权。

例 7-1

宏达有限责任公司收到投资人投入货币资金 100 000 元，投入原材料 60 000 元。

这项经济业务的发生，一方面使得企业的资产，即银行存款、原材料分别增加了 100 000 元和 60 000 元，另一方面使投资人对企业的投资增加了 160 000 元。因此，这项经济业务涉及"银行存款""原材料"和"实收资本"三个账户。银行存款和原材料的增加是资产的增加，应记入"银行存款"和"原材料"账户的借方；投资人对企业投资的增加是所有者权益的增加，应记入"实收资本"账户的贷方。编制的会计分录如下。

```
借：银行存款                            100 000
    原材料                               60 000
    贷：实收资本                                160 000
```

例 7-2

宏达有限责任公司收到某单位投入机器设备一套，经双方确认该设备价值为 100 000 元。

这项经济业务的发生，一方面使得企业的固定资产（机器设备）增加 100 000 元，另一方面使投资人对企业的投资增加了 100 000 元。因此，这项经济业务涉及"固定资产"和"实收资本"两个账户。固定资产的增加属于资产的增加，应记入"固定资产"账户的借方，投资人对企业投资的增加是所有者权益的增加，应记入"实收资本"账户的贷方。编制的会计分录如下。

```
借：固定资产                            100 000
    贷：实收资本                                100 000
```

例 7-3

宏达有限责任公司接受某单位的一项专利权投资，经投资双方共同协商确认该专利权的价值为 200 000 元，相关手续已办理。

专利权属于企业的无形资产。这项经济业务的发生，一方面使得企业的无形资产（专利权）增加 200 000 元，另一方面使投资人对企业的投资增加了 200 000 元。因此，这项经济业务涉及"无形资产"和"实收资本"两个账户。专利权的增加属于资产的增加，应记入"无形资产"账户的借方，投资人对企业投资的增加是所有者权益的增加，应记入"实收资本"账户的贷方。编制的会计分录如下。

```
借：无形资产——专利权                   200 000
    贷：实收资本                                200 000
```

2）资本公积业务的核算

（1）资本公积的含义

资本公积是投资者投入到企业、所有权归属于投资者、金额超过法定资本部分的资本，是企业所有者权益的重要组成部分。资本公积与实收资本同属于投入资本的范畴，但实收资本一般是投资者为谋求投资回报而对企业的原始投资，属于法定资本，除按规定增资或减资外，对实收资本的金额、来源一般限制得较为严格；而资本公积的主要来源是资本或股本的溢价，是投资者实际缴付的投入资本超过设定价值或股票面值的部分，以及直接计入资本公积的各种利得和损失等，由于法律规定而无法直接以实收资本的名义出现。资本公积的主要用途就在于转增资本，即在办理增资手续后用资本公积转增实收资本。

（2）资本公积的核算

企业的资本公积一般都有其特定的来源。不同来源形成的资本公积金，其核算的方法也不同。为了反映和监督资本公积金的增减变动及其结余情况，会计上应设置"资本公积"账户，并相应设置"股本溢价""其他资本公积"等明细账户。"资本公积"账户属于所有者权益类账户，其贷方登记从不同渠道取得的资本公积金，即资本公积金的增加数，借方登记用资本公积金转增的资本，即资本公积金的减少数，期末余额在贷方，表示资本公积金的期末结余数。

例 7-4

宏达有限责任公司接受某投资人的投资 400 000 元，其中 300 000 元作为实收资本，其余 100 000 元作为资本公积金。企业收到该投资人的投资后存入银行，其他手续已办妥。

这是一项所有者投入资本超过法定资本份额的业务。其中法定份额部分应记入实收资本，超过部分作为资本公积。这项经济业务的发生，一方面使企业的银行存款增加 400 000 元，另一方面使公司的实收资本增加 300 000 元和资本公积增加 100 000 元。该项经济业务涉及"银行存款""实收资本"和"资本公积"三个账户。银行存款的增加是资产的增加，应记入"银行存款"账户的借方，实收资本和资本公积的增加是所有者权益的增加，应分别记入"实收资本"和"资本公积"账户的贷方。编制的会计分录如下。

```
借：银行存款                    400 000
    贷：实收资本                    300 000
        资本公积——股本溢价          100 000
```

例 7-5

宏达有限责任公司经股东大会批准，将资本公积金 100 000 元转增资本。

这是一项所有者权益内部转化的业务。这项经济业务的发生，一方面使得公司的实收资本增加 100 000 元，另一方面使得公司的资本公积金减少 100 000 元。该项经济业务涉及"实收资本"和"资本公积"两个账户。实收资本增加是所有者权益增加，应记入"实收资本"账户的贷方，资本公积金的减少是所有者权益的减少，应记入"资本公积"账户的借方。编制的会计分录如下。

```
借：资本公积                    100 000
    贷：实收资本                    100 000
```

2. 负债资金筹集业务的核算

企业从债权人那里筹集到的资金形成企业的负债，它表示企业的债权人对企业资产的要求权利即债权人权益。当企业为了取得生产经营所需的资金、商品或劳务等而向银行借款或向其他单位赊购材料商品时，就形成了企业同其他经济实体之间的债权债务关系。负债按流动性不同可以分为流动负债和非流动负债。流动负债是指将在一年内（含一年）或超过一年的一个营业周期内偿还的债务；非流动负债是指偿还期在一年以上或超过一年的一个营业周期以上的债务。作为一项负债，一般都要有确切的债权人、到期日和确切的金额。到期必须还本付息是负债不同于所有者权益的一个明显特征。

1）短期借款业务的核算

短期借款是指企业为了满足其生产经营对资金的临时需要而向银行或其他金融机构等借入的偿还期限在一年以内（含一年）的各种借款。短期借款必须按期归还本金并按时支付利息。短期借款的利息支出属于企业为筹集资金而发生的一项耗费，在会计核算中，企业应将其作为期间费用（财务费用）加以确认。由于短期借款利息的支付方式和支付时间不同，会计处理的方法也有一定的区别：如果银行对企业的短期借款按月计收利息，或者虽在借款到期收回本金时一并收回利息，但利息数额不大，企业可以在收到银行的计息通知或在实际支付利息时，直接将发生的利息费用计入当期损益（财务费用）；如果银行对企业的短期借款采取按季或半年等较长期间计收利息，或者是在借款到期收回本金时一并计收利息但利息数额较大的，为了正确地计算各期损益额，保持各个会计期间损益额的均衡性，则通常按权责发生制原则的要求，采取计提的方法按月计提借款利息，计入期间损益（财务费用），待季度或半年等结息期终了或到期支付利息时，再冲销计提费用。对于短期借款本金和利息的核算需要设置"短期借款"和"财务费用"两个主要账户。

（1）"短期借款"账户

该账户是负债类账户，属于流动负债，反映短期借款的取得、偿还等情况。该账户的贷方登记取得短期借款的数额，借方登记偿还借款的数额，期末余额在贷方，表示尚未偿还的短期借款数额。实际工作中，企业可按借款种类、贷款人和币种进行明细核算。

（2）"财务费用"账户

该账户是损益类账户，用来核算企业为筹集生产经营所需资金而发生的各种筹资费用，包括利息支出（减利息收入）、汇兑损失（减汇兑收益）及相关的手续费等。企业在赊销商品过程中产生的现金折扣也在该账户核算。该账户的借方登记发生的财务费用，贷方登记发生的应冲减财务费用的利息收入、汇兑收益及期末转入"本年利润"账户的财务费用净额（即财务费用支出大于收入的差额，如果收入大于支出则进行反方向的结转），结转之后，该账户期末没有余额。财务费用账户应按照费用项目设置明细账户，进行明细分类核算。

企业取得短期借款本金时，借记"银行存款"账户，贷记"短期借款"账户。期末计算借款利息时，借记"财务费用"账户，贷记"银行存款"或"应付利息"账户。偿还借款本金、支付利息时，借记"短期借款""应付利息"账户，贷记"银行存款"账户。采用计提的办法核算短期借款利息费用时，如果实际支付的利息与计提的利息之间有差额，按已计提的利息金额，借记"应付利息"账户，按实际支付的利息与计提的利息之间的差额（尚未提取部分），借记"财务费用"，按实际支付的利息金额，贷记"银行存款"账户。

例 7-6

宏达有限责任公司于 20×6 年 10 月 1 日向银行借入期限为三个月的经营性周转资金 200 000 元,并约定到期一次性还本付息。

这项经济业务的发生,一方面使公司的银行存款增加 200 000 元,另一方面使公司的短期借款增加 200 000 元。该项经济业务涉及"银行存款"和"短期借款"两个账户。银行存款增加是资产的增加,应记入"银行存款"账户的借方,短期借款增加是负债的增加,应记入"短期借款"账户的贷方。编制的会计分录如下。

借:银行存款　　　　　　　　　　　　　　　　　　　　　200 000
　　贷:短期借款　　　　　　　　　　　　　　　　　　　　200 000

例 7-7

承例 7-6,宏达有限责任公司上述借款年利率为 6%,利息按季度结算,计算 10 月份应负担的利息。

首先计算本月应负担的利息额为 1 000 元（200 000×6%÷12）。借款利息属于企业的财务费用,由于利息是借款到期时支付,所以本月的利息虽然在本月计算并由本月来负担,但却不在本月实际支付,因而形成企业的一项负债,这项负债通过"应付利息"账户进行核算。因此,这项经济业务涉及"财务费用"和"应付利息"两个账户,财务费用的增加属于费用的增加,应记入"财务费用"账户的借方,应付利息的增加属于负债的增加,应记入"应付利息"账户的贷方。编制的会计分录如下。

借:财务费用　　　　　　　　　　　　　　　　　　　　　　1 000
　　贷:应付利息　　　　　　　　　　　　　　　　　　　　　1 000

例 7-8

承例 7-6 和例 7-7,宏达有限责任公司在 12 月末用银行存款 203 000 元偿还借款本金并支付利息。

这是一项还本付息的经济业务。这项经济业务的发生,一方面使公司的银行存款减少 203 000 元,另一方面使公司的短期借款减少 200 000 元,应付利息减少 3 000 元（11 月份和 12 月份分别计提 1 000 元利息,计算和处理方法基本同于 10 月份）。因此,这项经济业务涉及"银行存款""短期借款"和"应付利息"三个账户。银行存款减少是资产的减少,应记入"银行存款"账户的贷方,短期借款减少是负债的减少,应记入"短期借款"账户的借方,应付利息减少是负债的减少,应记入"应付利息"账户的借方。编制的会计分录如下。

借:短期借款　　　　　　　　　　　　　　　　　　　　　200 000
　　应付利息　　　　　　　　　　　　　　　　　　　　　　3 000
　　贷:银行存款　　　　　　　　　　　　　　　　　　　　203 000

2)长期借款业务的核算

长期借款是指企业向银行或其他金融机构借入的期限在一年以上(不含一年)的各种借款,通常用于固定资产的购建、改建或扩建、大修理工程等。按照会计准则的规定,长期借款的利息费用,应按照权责发生制原则的要求,按期预提计入所购建资产的成本(即予以资本化)或直接计入当期损益(财务费用)。具体地说,就是在该长期借款所进行的长期工程项目尚未完工交付使用之前发生的利息,应将其资本化,计入该工程成本;在工程完工达到可使用状态之后产生的利息支出应予以费用化,在利息费用发生的当期直接计入当期损益(财务费用)。

为了核算长期借款本金及利息的取得和偿还情况,需要设置"长期借款"账户,用来核算企业从银行或其他金融机构取得的长期借款的增减变动及其结余情况。该账户属于负债类账户,其贷方登记长期借款本金与利息的增加额,借方登记长期借款本金与利息的减少数(偿还的借款本金和利息)。期末余额在贷方,表示尚未偿还的长期借款本息结余额。该账户应按借款单位和借款种类分别进行明细分类核算。企业取得长期借款时,借记"银行存款"账户,贷记"长期借款"账户,计算利息时借记"在建工程""财务费用"等账户,贷记"长期借款"账户,偿还借款、支付利息时借记"长期借款"账户,贷记"银行存款"账户。

例 7-9

宏达有限责任公司为兴建厂房(工期 2 年)于 20×5 年 1 月 1 日,从银行借入资金 2 000 000 元,借款期限为 3 年,年利率为 6%。款项存入银行,并于当日投入厂房兴建工程。借款协议规定,到期一次还本付息,不计复利。

这项经济业务的发生,一方面使公司的银行存款增加 2 000 000 元,另一方面使公司的长期借款增加 2 000 000 元。这项经济业务涉及"银行存款"和"长期借款"两个账户,银行存款的增加是资产的增加,应记入"银行存款"账户的借方,长期借款的增加是负债的增加,应记入"长期借款"账户的贷方;兴建厂房时又使在建工程增加 2 000 000 元,银行存款减少 2 000 000 元,涉及"在建工程"和"银行存款"两个账户;在建工程的增加是资产的增加,应记入"在建工程"账户的借方,银行存款的减少是资产的减少,应记入"银行存款"账户的贷方。编制的会计分录如下。

借款时,

借:银行存款   2 000 000
  贷:长期借款   2 000 000

投入工程时,

借:在建工程   2 000 000
  贷:银行存款   2 000 000

例 7-10

承例 7-9,计算确定 20×5 年 1 月应由该工程负担的借款利息。

在固定资产建造交付使用之前,用于工程的借款利息属于一项资本性支出,应计入固定资产建造工程成本,即 20×5 年 1 月的利息为 10 000 元(2 000 000×6%÷12)。所以,这项经济业务的发生，一方面使公司的在建工程成本增加 10 000 元，另一方面使公司的长期借款利息增加 10 000 元。该项经济业务涉及"在建工程"和"长期借款"两个账户。工程成本的增加是资产的增加，应记入"在建工程"账户的借方，借款利息的增加是负债的增加，应记入"长期借款"账户的贷方。编制的会计分录如下。

借：在建工程　　　　　　　　　　　　　　　　　　　　　　　　　10 000
　　贷：长期借款　　　　　　　　　　　　　　　　　　　　　　　　　10 000

例 7–11

承例 7–9，计算 20×7 年 1 月应由该工程负担的借款利息。

在固定资产建造工程完工、达到可使用状态之后产生的利息支出应予以费用化，在利息费用发生的当期直接计入当期损益（财务费用）。编制的会计分录如下。

借：财务费用　　　　　　　　　　　　　　　　　　　　　　　　　10 000
　　贷：长期借款　　　　　　　　　　　　　　　　　　　　　　　　　10 000

例 7–12

承例 7–9，计算宏达有限责任公司在 20×7 年年末全部偿还该笔借款的本金和利息。

该笔长期借款在存续期间的利息为 360 000 元，借款本金 2 000 000 元，本息合计为 2 360 000 元，在 20×7 年年末一次付清。所以，这项经济业务的发生，一方面使公司的银行存款减少 2 360 000 元，另一方面使公司的长期借款（包括本金和利息）减少 2 360 000 元。这项经济业务涉及"银行存款"和"长期借款"两个账户。银行存款的减少是资产的减少，应记入"银行存款"账户的贷方，长期借款的减少是负债的减少，应记入"长期借款"账户的借方。编制的会计分录如下。

借：长期借款　　　　　　　　　　　　　　　　　　　　　　　　　2 360 000
　　贷：银行存款　　　　　　　　　　　　　　　　　　　　　　　　　2 360 000

7.3　供应过程业务的核算

供应过程就是为生产产品做准备的过程。制造业企业供应过程的主要任务是为生产产品准备所需要的劳动资源（如厂房、机器设备等）和劳动对象（如原材料）及其他周转材料（如包装物、低值易耗品等）等。

1. 固定资产购置业务的核算

（1）固定资产的含义

《企业会计准则第 4 号——固定资产》指出：固定资产是指企业为生产商品、提供劳务、出租或经营管理而持有的使用寿命超过一个会计年度的有形资产。主要包括房屋及建筑物、机器设备、运输工具，以及其他与生产、经营有关的工具、器具等。

固定资产是企业资产中比较重要的一部分资产，从一定程度上说它代表着企业的生产能力和生产规模，因此对其进行正确的确认与计量就成为会计核算过程中一个非常重要的内容。固定资产的确认，首先要符合固定资产的定义，其次还要同时满足两个确认条件：一是与该固定资产有关的经济利益很可能流入企业；二是该固定资产的成本能够可靠计量。由于固定资产要长期地参与企业的生产经营活动，因而其价值周转与其实物补偿并不同步，固定资产的价值一部分因为磨损，脱离其实物形态，而另一部分仍束缚在使用价值形态上，使得固定资产的计价可以按取得时的实际成本和经磨损之后的净值同时表现。

（2）固定资产的核算

《企业会计准则第4号——固定资产》规定：固定资产应当按照成本进行初始计量。

固定资产取得时的实际成本是指企业购建固定资产达到预定可使用状态前所发生的一切合理的、必要的支出，它反映的是固定资产处于可使用状态时的实际成本。企业从不同的渠道取得的固定资产，其价值构成的具体内容可能不同，因而固定资产取得时的入账价值应根据具体情况和涉及的具体内容分别确定。企业所需的固定资产可通过外购和自建的方式获得。外购固定资产的成本，包括购买价款、相关税费、使固定资产达到预定可使用状态前所发生的可归属于该项资产的运输费、装卸费、安装费和专业人员服务费等。自行建造固定资产的成本，由建造该项资产达到预定可使用状态前所发生的必要支出构成。

为了核算企业购买和自行建造固定资产价值的变动过程及其结果，需要设置以下账户。

①"固定资产"账户，用来核算企业固定资产原价的增减变动及其结余情况。该账户属于资产类账户，其借方登记固定资产原价的增加，贷方登记固定资产原价的减少，期末余额在借方，表示固定资产原价的结余额。实际操作中，企业应设置"固定资产登记簿"和"固定资产卡片"，按固定资产类别、使用部门对每项固定资产进行明细分类核算。

②"在建工程"账户，反映企业在固定资产购建过程所发生的各项支出，并可以此为依据计算完工工程的成本。该账户属于资产类账户，借方登记工程支出的增加，贷方登记结转完工工程的成本。期末余额在借方，表示企业尚未达到预定可使用状态的在建工程的成本。"在建工程"账户应按工程内容，如建筑工程、安装工程、技术改造工程、大修理工程等设置明细账户，进行明细分类核算。

企业外购的固定资产一般分为不需要安装固定资产和需要安装固定资产两类。企业购置的需要安装的固定资产，在达到预定可使用状态之前，由于没有形成其完整的取得成本（原始价值），因而必须通过"在建工程"账户进行核算。在购建过程中所发生的全部支出，都应归集在"在建工程"账户，待工程达到可使用状态形成固定资产之后，将该工程成本从"在建工程"账户转入"固定资产"账户。

③"应交税费"账户，用来核算企业按税法规定应交纳的各种税费（印花税等不需要预计税额的税种除外）的计算与实际交纳情况。该账户属于负债类账户，其贷方登记企业按税法规定计算的应交纳的各种税费，包括增值税、消费税、城建税、所得税、资源税等，借方登记实际交纳的各种税费，包括支付的增值税进项税额。期末余额方向不固定，如果在贷方，表示未交税费的结余额；如果在借方，表示多交的税费。"应交税费"账户应按照税种设置明细账户，进行明细分类核算。

视野拓展

增值税是以商品（含应税劳务、应税行为）在流转过程中实现的增值额作为计税依据而征收的一种流转税。我国增值税相关法规规定，在我国境内销售货物、提供加工修理或修配劳务（简称应税劳务）、销售应税服务、无形资产和不动产（简称应税行为）及进口货物的企业单位和个人为增值税的纳税人。增值税的一般计税方法，是先按当期销售额和适用的税率计算出销项税额，然后以该销项税额对当期购进项目支付的税款（即进项税额）进行抵扣，从而间接算出当期的应纳税额。当期应纳税额=当期销项税额-当期进项税额。其中"当期销项税额"是指纳税人当期销售货物、提供应税劳务、发生应税行为时按照销售额和增值税税率计算并向购买方收取的增值税税额。销项税额=销售额×增值税税率。"当期进项税额"是指纳税人当期购进货物、接受加工修理或修配劳务、应税服务、无形资产和不动产所支付或承担的增值税税额。进项税额=购进货物或劳务价款×增值税税率。增值税的进项税额与销项税额是相对应的，销售方的销项税额就是购买方的进项税额。一般纳税人销售或进口货物，提供加工修理或修配劳务、销售应税服务、无形资产和不动产，除低税率适用范围外，税率一律为17%，即基本税率。

例 7-13

宏达有限责任公司购入一台不需要安装的设备，增值税专用发票上注明的设备价款为 200 000 元，增值税额为 34 000 元，另支付运输费 1 000 元，款项以银行存款支付，设备当即投入使用。

购入的固定资产不需要安装，应将买价、运输费等相关费用 201 000 元（200 000+1 000），作为固定资产成本，增值税 34 000 元应作为进项税额记入"应交税费"账户。这项经济业务的发生，一方面使公司固定资产取得成本增加 201 000 元，增值税进项税额增加 34 000 元，另一方面使公司的银行存款减少 235 000 元。这项经济业务涉及"固定资产""应交税费——应交增值税"和"银行存款"三个账户。固定资产的增加是资产的增加，应记入"固定资产"账户的借方，增值税进项税额的增加是负债的减少，应记入"应交税费——应交增值税"账户的借方，银行存款的减少是资产的减少，应记入"银行存款"账户的贷方。编制的会计分录如下。

借：固定资产　　　　　　　　　　　　　　　　　　　　　　201 000
　　应交税费——应交增值税（进项税额）　　　　　　　　　 34 000
　贷：银行存款　　　　　　　　　　　　　　　　　　　　　 235 000

例 7-14

宏达有限责任公司用银行存款购入一台需要安装的设备，增值税专用发票上注明的买价为 100 000 元，增值税额为 17 000 元，支付运输费 3 000 元。设备投入安装。

这是一台需要安装的设备，购买过程中发生的构成固定资产成本的各项支出，在设备达到预定可使用状态前，应先在"在建工程"账户中进行归集。因此，这项经济业务的发生，一方面使公司的在建工程支出增加 103 000 元（100 000+3 000），增值税进项税额增加 17 000 元，另一方面使公司的银行存款减少 120 000 元。这项经济业务涉及"在建工程""应交税费——应交增值税"和"银行存款"三个账户。在建工程支出的增加是资产的增加,应记入"在建工程"账户的借方,增值税进项税额的增加是负债的减少,应记入"应交税费——应交增值税"账户的借方,银行存款的减少是资产的减少,应记入"银行存款"账户的贷方。编制的会计分录如下。

  借:在建工程   103 000
    应交税费——应交增值税(进项税额)   17 000
   贷:银行存款   120 000

例 7-15

  承例 7-14,宏达有限责任公司的上述设备在安装过程中领用本企业的原材料 10 000 元,支付安装人员工资 4 000 元。
  设备在安装过程中发生的安装费也构成固定资产安装工程支出。为了简化核算,这里假设不考虑增值税。这项经济业务的发生,一方面使公司固定资产安装工程支出(安装费)增加 14 000 元(10 000+4 000),另一方面使公司的原材料减少 10 000 元,应付职工薪酬增加 4 000 元。这项经济业务涉及"在建工程""原材料"和"应付职工薪酬"三个账户。在建工程支出的增加是资产的增加,应记入"在建工程"账户的借方,原材料的减少是资产的减少,应记入"原材料"账户的贷方,应付职工薪酬的增加是负债的增加,应记入"应付职工薪酬"账户的贷方。编制的会计分录如下。

  借:在建工程   14 000
   贷:原材料   10 000
     应付职工薪酬   4 000

例 7-16

  承例 7-14 和例 7-15,上述设备安装完毕,达到预定可使用状态,并经验收合格办理竣工决算手续,现已交付使用,结转工程成本。
  设备安装完毕,交付使用,应该将该工程全部支出转入"固定资产"账户,其工程的全部支出为 117 000 元(103 000+14 000)。这项经济业务的发生,一方面使公司的固定资产取得成本增加 117 000 元,另一方面使公司在建工程成本减少 117 000 元。这项经济业务涉及"固定资产"和"在建工程"两个账户。固定资产取得成本的增加是资产的增加,应记入"固定资产"账户的借方,在建工程支出的结转是资产的减少,应记入"在建工程"账户的贷方。编制的会计分录如下。

  借:固定资产   117 000
   贷:在建工程   117 000

2. 材料采购业务的核算

  企业要进行正常的生产经营活动,就必须购买和储备一定品种和数量的原材料。原材料是产品制造企业生产产品不可缺少的物质要素,是构成产品实体的一部分。在材料采购过程中，一方面是企业从供应单位购进各种材料，需要计算购进材料的采购成本；另一方面是企业按照合同和结算制度的规定向供货单位支付购买材料的价款及运输费、装卸费、包装费等各种采购费用，并与供应单位发生货款结算关系。

《企业会计准则第1号——存货》指出：存货，是指企业在日常活动中持有以备出售的产成品或商品、处在生产过程中的在产品、在生产过程或提供劳务过程中耗用的材料和物料等。存货同时满足下列条件的，才能予以确认：与该存货有关的经济利益很可能流入企业；该存货的成本能够可靠计量。

《企业会计准则第1号——存货》规定：存货应当按照成本进行初始计量，存货成本包括采购成本、加工成本和其他成本。存货的采购成本，包括购买价款、相关税费、运输费、装卸费、保险费及其他可归属于存货采购成本的费用。企业购入的原材料，其实际采购成本由以下几项内容组成。

① 购买价款。指购货发票所注明的货款金额。

② 采购过程中发生的运杂费（包括运输费、装卸费、保险费、包装费、仓储费等）。

③ 材料在运输途中发生的合理损耗。

④ 材料入库之前发生的整理挑选费用（包括挑选整理中发生的人工费支出和挑选整理过程中发生的数量损耗，但要扣除回收的下脚废料价值）。

⑤ 按规定应计入材料采购成本中的各种税金，如从国外进口材料支付的关税等。

⑥ 其他费用。如大宗物资的市内运杂费等（需要注意的是，市内零星运杂费、采购人员的差旅费及采购机构的经费等不构成材料的采购成本，而是直接计入期间费用）。购入材料过程中发生的除买价之外的采购费用，如果能够分清是某种材料直接负担的，可直接计入该材料的采购成本，否则就应按照材料的重量等标准进行分配，计入材料采购成本。相关计算公式如下。

材料采购费用分配率＝共同性采购费用额÷分配标准的合计

某材料应负担的采购费用额＝采购费用分配率×该材料的分配标准

为了如实地反映材料这项流动资产的增减变动，也为了正确地计算材料费用，必须对材料进行计价，计算材料的成本。在材料的日常核算中，对入库材料的总分类核算和明细分类核算，可以采用以下两种计价方式。

① 按照材料的实际成本计价，即按照材料的实际价格计价。材料一般以历史成本作为购进材料的计价基础，即按采购材料支出的实际采购成本计价。材料的实际成本，是指企业从供货单位购买材料开始到材料验收入库前的全部实际成本支出。根据企业会计准则的规定，材料一旦按实际采购成本计价入账后，一般情况下不再调整其账面价值。

② 按照材料的计划成本计价，即按照材料的计划价格计价。材料的计划价格，是指企业材料供应计划中规定的单价。它是由企业根据各种材料的规定买价及供应地点远近等因素，按照组成材料实际成本的各项支出，在年度开始前预先计算确定并列入企业的材料价格目录，又称目录价格。

企业的原材料可以按照实际成本计价组织收、发核算，也可以按照计划成本计价组织收、发核算，具体采用哪一种方法，由企业根据具体情况自行决定。

（1）原材料按实际成本计价组织收、发核算时，应设置以下几个账户

①"在途物资"账户。用来核算企业外购材料的买价和各种采购费用，据以计算确定购

入材料的实际采购成本。该账户属于资产类账户,其借方登记购入材料的买价和采购费用(实际采购成本),贷方登记结转完成采购过程、验收入库材料的实际采购成本,期末余额在借方,表示尚未运达企业或者已经运达企业但尚未验收入库的在途材料的采购成本。"在途物资"账户应按照购入材料的品种或种类设置明细账户,进行明细分类核算。

②"原材料"账户。是用来核算企业库存材料实际成本的增减变动及其结存情况的账户。该账户属于资产类账户,其借方登记已验收入库材料的实际成本,贷方登记发出材料的实际成本(库存材料成本的减少)。期末余额在借方,表示结存材料的实际成本。该账户应按材料的种类、名称和规格型号设置明细账户,进行明细分类核算。

③"应付账款"账户。是用来核算企业因购买材料物资、接受劳务而与供应单位或接受劳务单位发生的结算债务的增减变动及其结余情况的账户。该账户属于负债类账户,其贷方登记由于采购材料等业务而没有及时承付的款项,借方登记已偿还的款项,期末余额在贷方,表示尚未偿还的应付款。该账户应按供应单位设置明细账户,进行明细分类核算。

④"预付账款"账户。是用来核算企业按照合同规定向供应单位预付购料款而与供应单位发生的结算债权的增减变动及其结余情况的账户。该账户属于资产类账户,其借方登记结算债权的增加,即预付款的增加,贷方登记收到供应单位提供的材料物资而应冲销的预付款,即预付款的减少。期末余额一般在借方,表示尚未结算的预付款的结余额。该账户应按照供应单位的名称设置明细账户,进行明细分类核算。

⑤"应付票据"账户。是用来核算企业采用商业承兑汇票或银行承兑汇票等方式采购材料而与供应单位发生的结算债务的增减变动及其余额情况的账户。该账户属于负债类账户,其贷方登记企业开出、承兑的商业汇票,借方登记到期的商业汇票。期末余额在贷方,表示尚未到期的商业汇票的期末结余额。

例 7-17

宏达有限责任公司从晨光公司购入丙材料一批,增值税专用发票上记载的货款为 40 000 元,增值税额为 6 800 元,全部款项已用转账支票付讫,材料已验收入库。

本例中,企业购入材料已验收入库,因此应通过"原材料"账户核算。这项经济业务的发生,一方面使公司原材料增加了 40 000 元,增值税进项税额增加 6 800 元,另一方面使公司的银行存款减少 46 800 元。这项经济业务涉及"原材料""应交税费——应交增值税""银行存款"三个账户。原材料的增加是资产的增加,应记入"原材料"账户的借方,增值税进项税额的增加是负债的减少,应记入"应交税费——应交增值税"账户的借方,银行存款的减少是资产的减少,应记入"银行存款"账户的贷方。编制的会计分录如下。

```
借:原材料——丙材料                           40 000
    应交税费——应交增值税(进项税额)          6 800
  贷:银行存款                                        46 800
```

例 7-18

宏达有限责任公司购入甲、乙两种材料,甲材料 2 000 kg,每千克 9 元,共计 18 000 元,乙材料 4 000 kg,每千克 5 元,共计 20 000 元,增值税专用发票上记载的货款共计 38 000 元,增值税额 6 460 元（38 000×17%），材料价款、税金尚未支付，材料尚未验收入库。

本例属于材料尚未到达或尚未验收入库的采购业务，应通过"在途物资"账户核算；待材料到达、验收入库后，再根据收料单，由"在途物资"科目转入"原材料"账户核算。这项经济业务的发生，一方面使公司购入甲材料的买价增加 18 000 元，乙材料的买价增加 20 000 元，增值税进项税额增加 6 460 元，另一方面使公司应付供应单位款项增加 44 460 元（18 000+20 000+6 460）。这项经济业务涉及"在途物资""应交税费——应交增值税""应付账款"三个账户。材料买价的增加是资产的增加，应记入"在途物资"账户的借方，增值税进项税额的增加是负债的减少，应记入"应交税费——应交增值税"账户的借方，应付账款的增加是负债的增加，应记入"应付账款"账户的贷方。编制的会计分录如下：

  借：在途物资——甲材料   18 000
       ——乙材料   20 000
    应交税费——应交增值税（进项税额）   6 460
   贷：应付账款   44 460

例 7-19

承例 7-18，宏达有限责任公司用银行存款 3 000 元支付上述购入甲、乙材料的外地运杂费，并按照材料的重量比例进行分配。

首先需要对甲、乙材料应共同负担的 3 000 元外地运杂费进行分配。

分配率=3 000÷(2 000+4 000)=0.5（元/kg）
甲材料负担的采购费用=0.5×2 000=1 000（元）
乙材料负担的采购费用=0.5×4 000=2 000（元）

这项经济业务的发生，一方面使公司的材料采购成本增加 3 000 元，其中甲材料采购成本增加 1 000 元，乙材料采购成本增加 2 000 元，另一方面使公司的银行存款减少 3 000 元。这项经济业务涉及"在途物资"和"银行存款"两个账户。材料采购成本的增加是资产的增加，应记入"在途物资"账户的借方，银行存款的减少是资产的减少，应记入"银行存款"账户的贷方。编制的会计分录如下：

  借：在途物资——甲材料   1 000
       ——乙材料   2 000
   贷：银行存款   3 000

例 7-20

承例 7-18 和例 7-19，本月购入的甲、乙材料已经验收入库，结转各种材料的实际采购成本。

在实际工作中，材料采购成本的计算是通过编制"材料采购成本计算单"进行的，如表 7-1 所示。

表 7-1 材料采购成本计算单

金额单位：元

材料名称	计量单位	数量	单价	买价	采购费用	总成本	单位成本
甲材料	kg	2 000	9	18 000	1 000	19 000	9.5
乙材料	kg	4 000	5	20 000	2 000	22 000	5.5
合计		6 000		38 000	3 000	41 000	

材料验收入库后，库存材料增加，应借记"原材料"账户；同时将该材料的采购成本予以结转，应贷记"在途物资"账户。

这项经济业务的发生，一方面使公司的库存材料增加，另一方面结转材料采购支出，即在途物资减少。这项经济业务涉及"原材料"和"在途物资"两个账户。库存材料实际成本的增加是资产的增加，应记入"原材料"账户的借方，材料采购支出的结转是资产的减少，应记入"在途物资"账户的贷方。编制的会计分录如下。

借：原材料——甲材料　　　　　　　　　　　　　　　　　　19 000
　　　　　　——乙材料　　　　　　　　　　　　　　　　　　22 000
　　贷：在途物资——甲材料　　　　　　　　　　　　　　　　19 000
　　　　　　　　　——乙材料　　　　　　　　　　　　　　　22 000

例 7-21

宏达有限责任公司用银行存款 50 000 元向星海公司预付购买丁材料的货款。

这项经济业务的发生，一方面使公司预付的订货款增加 50 000 元，另一方面使公司的银行存款减少 50 000 元。这项经济业务涉及"预付账款"和"银行存款"两个账户。预付订货款的增加是资产（债权）的增加，应记入"预付账款"账户的借方，银行存款的减少是资产的减少，应记入"银行存款"账户的贷方。编制的会计分录如下。

借：预付账款——星海公司　　　　　　　　　　　　　　　　50 000
　　贷：银行存款　　　　　　　　　　　　　　　　　　　　　50 000

例 7-22

承例 7-21，宏达有限责任公司收到星海公司发运来的、前已预付货款的丁材料 5 000 kg，单价 10 元，增值税专用发票上记载的货款为 50 000 元，增值税额为 8 500 元（50 000×17%），不足款项立即用银行存款支付，材料已验收入库。

这项经济业务的发生，一方面使公司的原材料增加 50 000 元，增值税进项税额增加 8 500 元，另一方面使公司的预付款减少 50 000 元，银行存款减少 8 500 元（50 000+8 500-50 000）。这项经济业务涉及"原材料""应交税费——应交增值税""预付账款"和"银行存款"四个账户。原材料增加是资产的增加，应记入"原材料"账户的借方，增值税进项税额的增加是负债的减少，应记入"应交税费——应交增值税"账户的借方，预付款的减少是资产的减少，应记入"预付账款"账户的贷方，银行存款的减少是资产的减少，应记入"银行存款"账户的贷方。编制的会计分录如下。

借：原材料——丁材料　　　　　　　　　　　　　　　　　　　50 000
　　应交税费——应交增值税（进项税额）　　　　　　　　　　 8 500
　　贷：预付账款——星海公司　　　　　　　　　　　　　　　50 000
　　　　银行存款　　　　　　　　　　　　　　　　　　　　　 8 500

例 7-23

宏达有限责任公司签发并承兑一张商业汇票购入丙材料，该批材料的含税总价款为17 550元，增值税税率为17%。材料已运达企业并已验收入库。

这笔业务中出现的是含税总价款17 550元，应将其分解为不含税价款和税额两部分。

不含税价款=含税价款/(1+税率)=17 550/(1+17%)=15 000（元）
增值税额=15 000×17%=2 550（元）

这项经济业务的发生，一方面使公司的原材料增加15 000元，增值税进项税额增加2 550元，另一方面使公司的应付票据增加17 550元。这项经济业务涉及"原材料""应交税费——应交增值税""应付票据"三个账户。原材料增加是资产的增加，应记入"原材料"账户的借方，增值税进项税额的增加是负债的减少，应记入"应交税费——应交增值税"账户的借方，应付票据的增加是负债的增加，应记入"应付票据"账户的贷方。编制的会计分录如下。

借：原材料——丙材料　　　　　　　　　　　　　　　　　　　15 000
　　应交税费——应交增值税（进项税额）　　　　　　　　　　 2 550
　　贷：应付票据　　　　　　　　　　　　　　　　　　　　　17 550

（2）原材料按计划成本计价组织收、发核算时，应设置以下几个账户

①"材料采购"账户。该账户属于资产类账户，用来核算企业购入材料的采购成本。该账户的借方登记购入材料的实际成本，以及在计划成本核算下实际成本小于计划成本的节约数，贷方登记已经验收入库的材料的实际成本或计划成本，以及在计划成本核算下实际成本大于计划成本的超支数。期末余额一般在借方，表示尚未运达企业或者已经运达企业但尚未验收入库的在途材料的采购成本。"材料采购"账户应按照购入材料的品种设置明细账户，进行明细分类核算。

②"材料成本差异"账户。该账户属于资产类账户，用来核算企业各种材料实际成本与计划成本的差异。该账户的借方登记实际成本大于计划成本的超支数，贷方登记实际成本小于计划成本的节约数，以及发出材料应分摊的成本差异（实际成本大于计划成本的差异，用蓝字分摊；实际成本小于计划成本的差异，用红字分摊）。

材料按计划成本核算，是指凡属于同一品种、规格的材料，不论购入时间的先后、购入批次的多少、实际成本的高低，日常收入、发出、结存材料，一律按事先确定的计划单价核算。材料计划单价的确定应尽可能接近实际。材料计划单价除有特殊情况以外，在年度内一般不做变动。

例 7-24

宏达有限责任公司向东方厂购买甲材料60吨，每吨不含税的价格是500元，增值税专用

发票上记载的货款为 30 000 元,增值税额为 5 100 元,材料已验收入库,货款尚未支付（甲材料计划成本为每吨 550 元）。

这项经济业务的发生,一方面使公司原材料增加了 30 000 元,增值税进项税额增加 5 100 元,另一方面使公司的应付账款增加 35 100 元。这项经济业务涉及"材料采购""原材料""应交税费——应交增值税""应付账款"四个账户。编制的会计分录如下。

借：材料采购——甲材料　　　　　　　　　　　　　　　　　　30 000
　　应交税费——应交增值税（进项税额）　　　　　　　　　　　5 100
　贷：应付账款——东方厂　　　　　　　　　　　　　　　　　　35 100
借：原材料——甲材料　　　　　　　　　　　　　　　　　　　　33 000
　贷：材料采购——甲材料　　　　　　　　　　　　　　　　　　33 000

例 7-25

宏达有限责任公司购入乙材料 40 吨,每吨不含税的价格是 300 元,增值税专用发票上记载的货款为 12 000 元,增值税额为 2 040 元,材料已验收入库,货款已通过银行存款支付（乙材料计划成本为每吨 280 元）。编制的会计分录如下。

借：材料采购——乙材料　　　　　　　　　　　　　　　　　　12 000
　　应交税费——应交增值税（进项税额）　　　　　　　　　　　2 040
　贷：银行存款　　　　　　　　　　　　　　　　　　　　　　　14 040
借：原材料——乙材料　　　　　　　　　　　　　　　　　　　　11 200
　贷：材料采购——乙材料　　　　　　　　　　　　　　　　　　11 200

例 7-26

月末结转本月购入材料的成本差异 2 200 元（甲材料节约 3 000 元,乙材料超支 800 元）。编制的会计分录如下。

借：材料采购　　　　　　　　　　　　　　　　　　　　　　　　2 200
　贷：材料成本差异　　　　　　　　　　　　　　　　　　　　　2 200

例 7-27

宏达有限责任公司用银行存款 7 000 元预付购买丁材料的货款。

这项经济业务的发生,一方面使公司预付的订货款增加 7 000 元,另一方面使公司的银行存款减少 7 000 元。这项经济业务涉及"预付账款"和"银行存款"两个账户。预付订货款的增加是资产（债权）的增加,应记入"预付账款"账户的借方,银行存款的减少是资产的减少,应记入"银行存款"账户的贷方。编制的会计分录如下。

借：预付账款　　　　　　　　　　　　　　　　　　　　　　　　7 000
　贷：银行存款　　　　　　　　　　　　　　　　　　　　　　　7 000

若当月供货方提供了 10 000 元的材料,并按材料价款的 17% 计算增值税,余款用银行存款支付。

这项经济业务的发生，一方面使公司的原材料增加 10 000 元，增值税进项税额增加 1 700 元，另一方面使公司的预付款减少 7 000 元，银行存款减少 4 700 元（10 000+1 700-7 000）。这项经济业务涉及"材料采购""应交税费——应交增值税""预付账款"和"银行存款"四个账户。材料采购增加是资产的增加，应记入"材料采购"账户的借方，增值税进项税额的增加是负债的减少，应记入"应交税费——应交增值税"账户的借方，预付款的减少是资产的减少，应记入"预付账款"账户的贷方，银行存款的减少是资产的减少，应记入"银行存款"账户的贷方。编制的会计分录如下。

借：材料采购——丁材料　　　　　　　　　　　　　　　　　　10 000
　　应交税费——应交增值税（进项税额）　　　　　　　　　　 1 700
　贷：预付账款——恒瑞公司　　　　　　　　　　　　　　　　 7 000
　　　银行存款　　　　　　　　　　　　　　　　　　　　　　 4 700

若当月供货方提供了 5 000 元的材料，余款以支票退回，则会计分录为

借：材料采购——丁材料　　　　　　　　　　　　　　　　　　 5 000
　　应交税费——应交增值税（进项税额）　　　　　　　　　　 850
　　银行存款　　　　　　　　　　　　　　　　　　　　　　　 1 150
　贷：预付账款　　　　　　　　　　　　　　　　　　　　　　 7 000

为了简化核算手续，在实际工作中，一般不是入库一种材料就结转一次计划成本，计算一次料差，而是平时将购入材料的实际成本随时记入"材料采购"账户，再定期（一般是月底）根据收料单汇总当月入库材料的计划成本和计算料差，集中一次转账。材料按计划成本核算，是简化材料日常核算工作所采取的一种手段，并不能代替实际成本。月底，必须把材料计划成本还原成实际成本。

在材料采购业务核算中，由于计价方式不同，会计科目和账户的设置、核算程序和核算方法，以及账务的处理也有所不同。在日常核算中，采用哪一种计价方法，由企业根据具体情况自行确定。一般来说，材料品种繁多的企业，可采用计划成本进行日常核算；对于某些品种不多但占产品成本比重较大的原材料或主要材料，也可以单独采用实际成本进行核算；经营规模较小，原材料的种类不多，而且原材料的收、发业务也不是很频繁的企业，可以按照实际成本计价方法组织原材料的收、发核算。

7.4　产品生产过程业务的核算

1. 产品生产过程业务概述

生产过程是制造业企业经营过程中的中心环节，主要任务是生产满足社会需要的产品。企业要生产产品，必然要发生各种耗费。企业在生产经营过程中发生的各项耗费，是企业为获得收入而预先垫支并需要得到补偿的资金耗费，因而也是收入形成、实现的必要条件。企业生产产品发生的各种生产耗费包括：参加生产过程的劳动资料（如固定资产）的磨损价值；

为生产产品而发生的劳动对象（原材料、燃料、动力）的价值；支付给职工的工资等。因此可以说，生产费用就是用货币表现的企业在生产过程中的耗费。

企业生产费用按其计入产品成本的方式的不同，可以分为直接费用和间接费用。直接费用是指企业为生产产品所发生的直接材料、直接工资，这些费用发生时，直接计入产品的制造成本；间接费用是指企业为生产产品和提供劳务而发生的各项间接支出，也称为制造费用，这些费用应按照一定标准分配计入产品制造成本。直接材料、直接工资、制造费用是产品成本的构成项目。

直接材料是指企业在生产产品和提供劳务的过程中所消耗的、直接用于产品生产，构成产品实体的各种原材料及主要材料、外购半成品及有助于产品形成的辅助材料等。

直接工资是指企业在生产产品和提供劳务过程中，直接从事产品生产的工人工资、津贴、补贴和福利等。

制造费用是指企业为生产产品和提供劳务而发生的各项间接费用，其构成内容比较复杂，包括间接的工资费用、福利费、折旧费、修理费、办公费、水电费、机物料消耗、季节性停工损失等。

企业在一定期间为了进行生产经营活动还会发生期间费用。例如企业行政管理部门为组织和管理生产经营活动而发生的管理费用，企业为筹集生产经营资金而发生的财务费用（利息支出、汇兑损失等），企业为销售产品而发生的各种销售费用（广告费等），这些费用直接计入当期损益，冲减当期收入，不计入产品制造成本。

企业发生的生产费用，不论其发生在何处，无论是直接还是间接的，最终都要归集、分配到一定种类的产品中去。因此，生产费用的发生、归集和分配是生产过程核算的主要内容。

2. 生产费用的归集与分配

产品生产费用包括材料费用、人工费用和制造费用。

1）材料费用的归集与分配

生产过程中所耗用的材料，应填制"领料单"向材料仓库领取。月底，财务部门对接收的领料单进行分类整理，按领用材料的用途和种类进行汇总，编制"材料支出汇总表"，根据"材料支出汇总表"编制转账凭证，记入各有关账户。对于直接用于某种产品生产的材料费，应直接计入该产品生产成本明细账中的直接材料费项目。对于由几种产品共同耗用、应由这些产品共同负担的材料费，应选择适当的标准在各种产品之间进行分配之后，计入各有关成本计算对象。对于为创造生产条件等需要而间接消耗的各种材料费，应先在"制造费用"账户中进行归集，然后再同其他间接费用一起分配计入有关产品成本中。前面曾经提到过，企业的存货（如原材料），可以按实际成本核算，也可以按计划成本核算。在实际成本核算方式下，目前主要采用先进先出法、月末一次加权平均法和个别计价法对发出存货进行核算。

（1）先进先出法

先进先出法，是假定先入库的存货先发出，并根据这种假定的成本流转次序确定发出存货成本的一种方法。采用这种方法，先入库存货的成本先转出，后入库存货的成本后转出，据此确定发出存货成本和期末存货成本。

例 7-28

宏达有限责任公司采用先进先出法计算发出材料的成本。20××年5月1日结存某材料150 kg，每千克实际成本为200元；5月5日和5月15日分别购进该种材料300 kg和350 kg，每千克实际成本分别为150元和220元；5月10日和5月26日分别发出该材料300 kg和200 kg。采用先进先出法，材料明细账分类账的登记结果如表7-2所示。

表7-2　存货明细账（先进先出法）　　　　　　　　　单位：元

日期	收入			发出			结存		
	数量/kg	单位成本	总成本	数量/kg	单位成本	总成本	数量/kg	单位成本	总成本
5月1日							150	200	30 000
5月5日	300	150	45 000				150 300	200 150	30 000 45 000
5月10日				150 150	200 150	30 000 22 500	150	150	22 500
5月15日	350	220	77 000				150 350	150 220	22 500 77 000
5月26日				150 50	150 220	22 500 11 000	300	220	66 000
5月31日							300	220	66 000

根据上述资料，采用先进先出法计算本期发出材料成本和期末结存材料成本如下。

① 5月10日，发出材料300 kg。

发出材料成本=150×200+150×150=52 500（元）

② 5月26日，发出材料200 kg。

发出材料成本=150×150+50×220=33 500（元）

③ 5月31日，该材料月末账面余额。

该材料期末余额=300×220=66 000（元）

采用这种方法的优点是：期末存货的价值接近于现实成本。

(2) 月末一次加权平均法

月末一次加权平均法是在材料等存货按实际成本进行明细分类核算时，以本月各批进货数量和月初存货数量为权数计算材料等存货的平均单位成本的一种方法。即以本月进货数量和月初数量之和，去除本月全部进货成本和月初存货成本总和，来确定存货的加权平均单位成本，以此为基础计算本月发出存货成本和期末存货成本的一种方法。计算公式如下。

$$\text{月末一次加权平均单价} = \frac{\text{期初结存存货成本} + \text{本月入库存货成本}}{\text{期初结存存货数量} + \text{本月入库存货数量}}$$

本月发出存货的成本=本月发出存货的数量×存货单位成本

月末库存存货成本=月末库存存货的数量×存货单位成本

或　　　=月初库存存货的实际成本+本月收入存货实际成本−本月发出存货的实际成本

例 7-29

承例 7-28，采用月末一次加权平均法计算发出存货成本和期末存货成本。

加权平均单价=（30 000+45 000+77 000）/（150+300+350）=190（元/kg）

① 5月10日，发出材料300 kg。

发出材料成本=300×190=57 000（元）

② 5月26日，发出材料200 kg。

发出材料成本=200×190=38 000（元）

③ 5月31日，材料月末账面余额。

月末库存材料的数量=150+300+350−300−200=300（kg）
月末库存材料的实际成本=300×190=57 000（元）

采用月末一次加权平均法计算出来的存货成本比较均衡，但在一定程度上偏离了现实成本，而且不能随时掌握存货成本，加大了期末工作量。

（3）个别计价法

个别计价法是假设存货的成本流转与实物流转相一致，按照各种存货，逐一辨认各批发出存货和期末存货所属的购进批次或生产批次，分别按其购入或生产时所确定的单位成本作为计算各批发出存货和期末存货成本的方法。在这种方法下，把每一种存货的实际成本作为计算发出存货成本和期末存货成本的基础。

例 7-30

承例 7-28，经具体辨认，宏达有限责任公司5月10日发出的300 kg材料中，有150 kg属于期初结存的材料，有150 kg属于5月5日购进的材料；5月26日发出的200 kg材料，有100 kg属于5月5日购进的材料，有100 kg属于5月15日购进的材料。

本月发出材料成本和期末结存材料成本如下。

① 5月10日，发出材料300 kg。

发出材料成本=150×200+150×150=52 500（元）

② 5月26日，发出材料200 kg。

发出材料成本=100×150+100×220=37 000（元）

③ 5月31日，该材料月末账面余额。

材料期末余额=50×150+250×220=62 500（元）

采用这种方法的优点是：计算发出存货的成本和期末存货的成本比较合理、准确。缺点是：实务操作的工作量繁重，困难较大。这种方法适用于容易识别、存货品种数量不多、单位成本较高的存货计价，如珠宝、名画等贵重物品。

为了反映和监督产品在生产过程中各项材料费用的发生、归集和分配情况，正确地计算产品生产成本中的材料费用，应设置以下账户。

① "生产成本"账户。用来归集产品生产过程中所发生的应计入产品成本的各项费用，据以计算产品的生产成本。该账户属于成本类账户，借方登记应计入产品生产成本的各项费用，包括直接计入产品生产成本的直接材料费、直接工资费，以及期末按照一定方法分配计入产品生产成本的制造费用；贷方登记结转完工入库产成品的生产成本。期末如有余额在借方，表示尚未完工产品（在产品）的成本。该账户应按产品品种设置明细账户，进行明细分类核算。

② "制造费用"账户。用来归集和分配企业生产车间（基本生产车间和辅助生产车间）范围内为组织和管理产品的生产活动而发生的各项间接生产费用，包括车间管理人员工资及福利费、车间固定资产折旧费、修理费、水电费、机物料消耗等。该账户属于成本类账户，借方登记实际发生的各项制造费用，贷方登记期末经分配后转入"生产成本"账户借方的金额，经结转后期末无余额。该账户应按不同车间设置明细账户，按照费用项目设置专栏进行明细分类核算。在核算中，应注意与企业行政部门为组织和管理生产经营活动而发生的管理费用区别开来。

下面举例说明材料费用归集与分配的总分类核算过程。

例 7–31

宏达有限责任公司本月仓库发出材料，其用途如表 7–3 所示。

表 7–3　发出材料汇总表　　　　　　　　　　　　单位：元

用　途	甲材料		乙材料		丙材料		合计金额/元
	数量/kg	金额/元	数量/kg	金额/元	数量/kg	金额/元	
1. 产品生产耗用 　A 产品 　B 产品	2 000 1 000	120 000 60 000	4 000 500	80 000 10 000	2 000 1 000	30 000 15 000	230 000 85 000
2. 车间一般耗用	100	6 000	20	4 00			6 400
合　计	3 100	186 000	4 520	90 400	3 000	45 000	321 400

本例中，该企业的材料费用可以分为两个部分。一部分为直接用于产品制造的直接材料费用，A 产品耗用 230 000 元，B 产品耗用 85 000 元，这部分属于直接材料的耗用，应直接记入"生产成本"账户，以及 A 产品和 B 产品的明细分类账户。另一部分为车间一般性消耗的材料费 6 400 元，属于间接费用，应记入"制造费用"账户。这项经济业务的发生，一方面使公司生产产品的直接材料费增加 315 000 元，间接材料费增加 6 400 元，另一方面使公司的库存材料减少 321 400 元。这项经济业务涉及"生产成本""制造费用""原材料"三个账户。生产产品的直接材料费和间接材料费的增加是费用的增加，应分别记入"生产成本"和

"制造费用"账户的借方，库存材料的减少是资产的减少，应记入"原材料"账户的贷方，同时分别在原材料的"原材料——甲材料""原材料——乙材料""原材料——丙材料"的明细分类账户中进行明细分类核算。编制的会计分录如下。

借：生产成本——A产品	230 000
——B产品	85 000
制造费用	6 400
贷：原材料——甲材料	186 000
——乙材料	90 400
——丙材料	45 000

2）人工费用的归集与分配

职工为企业提供劳务，企业就应向职工支付一定的薪酬。职工薪酬，是指企业为获得职工提供的服务或解除劳动关系而给予的各种形式的报酬或补偿。职工薪酬具体包括：职工工资、奖金、津贴和补贴，职工福利费，医疗保险费、工伤保险费和生育保险费等社会保险费，住房公积金，工会经费和职工教育经费，短期带薪缺勤，短期利润分享计划，非货币性福利及其他短期薪酬、离职后福利、辞退福利和其他长期职工福利。企业提供给职工配偶、子女、受赡养人、已故员工遗属及其他受益人等的福利，也属于职工薪酬。职工薪酬作为企业的一项支出，在实际发生时根据职工提供服务的受益对象不同，分别计入当期损益或相关资产成本：应由生产产品、提供劳务负担的职工薪酬，计入产品成本或劳务成本；应由在建工程、无形资产负担的职工薪酬，计入建造固定资产或无形资产成本；其他的职工薪酬计入当期损益。

在对企业职工的薪酬进行核算时，应根据工资结算汇总表或按月编制的"职工薪酬分配表"登记有关的总分类账和明细分类账，进行相关的账务处理。凡属于生产车间直接从事产品生产的职工薪酬，应直接计入有关产品的成本；生产车间等生产单位为组织和管理生产而发生的车间管理人员薪酬，应记入"制造费用"账户；企业行政管理人员的薪酬，应记入"管理费用"账户。企业发生的职工福利费，应当在实际发生时根据实际发生额计入当期损益或相关资产成本。职工福利费为非货币性福利的，应当按照公允价值计量。

为了核算职工薪酬的发生和分配的内容，需要设置"应付职工薪酬"账户。

"应付职工薪酬"账户，用来核算企业根据有关规定应付给职工的各种薪酬及结算情况。该账户是负债类账户，贷方登记已分配计入有关成本费用项目的职工薪酬的数额，借方登记实际发放职工薪酬的数额；期末如有贷方余额，表示本月应付职工薪酬大于实际支付职工薪酬的差额，即应付而未付的职工薪酬。"应付职工薪酬"账户应当按照"工资""职工福利""社会保险费""住房公积金""工会经费""职工教育经费""非货币性福利"等应付职工薪酬项目设置明细账户，进行明细分类核算。

例 7—32

宏达有限责任公司从银行提取现金 130 000 元，备发工资。

这项经济业务的发生，一方面使公司的库存现金增加 130 000 元，另一方面使公司的银行存款减少 130 000 元。这项经济业务涉及"库存现金"和"银行存款"两个账户。库存现金的增加是资产的增加，应记入"库存现金"账户的借方，银行存款的减少是资产的减少，应记入"银行存款"账户的贷方。编制的会计分录如下。

　　借：库存现金　　　　　　　　　　　　　　　　　　　　　130 000
　　　　贷：银行存款　　　　　　　　　　　　　　　　　　　　　　130 000

例 7-33

宏达有限责任公司用现金 130 000 元发放工资。

这项经济业务的发生，一方面使公司的库存现金减少 130 000 元，另一方面使公司的应付职工薪酬减少 130 000 元。这项经济业务涉及"库存现金"和"应付职工薪酬"两个账户。库存现金的减少是资产的减少，应记入"库存现金"账户的贷方，应付职工薪酬的减少是负债的减少，应记入"应付职工薪酬"账户的借方。编制的会计分录如下。

　　借：应付职工薪酬——工资　　　　　　　　　　　　　　　　130 000
　　　　贷：库存现金　　　　　　　　　　　　　　　　　　　　　　130 000

例 7-34

宏达有限责任公司本月应付工资总额为 130 000 元，工资费用分配汇总表中列示的产品生产人员工资为 104 000 元（其中 A 产品 64 000 元，B 产品 40 000 元），车间管理人员工资为 18 000 元，行政管理人员工资为 8 000 元。

这项经济业务的发生，一方面使公司应付职工薪酬增加了 130 000 元，另一方面使公司的生产费用和期间费用增加了 130 000 元。车间生产工人和管理人员的工资作为一种生产费用应分别计入产品的生产成本（直接计入）和制造费用，行政管理人员的工资应计入期间费用。因此，这项经济业务涉及"生产成本""制造费用""管理费用"和"应付职工薪酬"四个账户。生产工人的工资作为直接生产费用应记入"生产成本"账户的借方，车间管理人员的工资作为间接生产费用应记入"制造费用"账户的借方，行政管理人员的工资作为期间费用应记入"管理费用"账户的借方，上述职工工资尚未支付形成公司的负债，其增加应记入"应付职工薪酬"账户的贷方。编制的会计分录如下。

　　借：生产成本——A 产品　　　　　　　　　　　　　　　　　64 000
　　　　　　　　——B 产品　　　　　　　　　　　　　　　　　40 000
　　　　制造费用　　　　　　　　　　　　　　　　　　　　　　18 000
　　　　管理费用　　　　　　　　　　　　　　　　　　　　　　 8 000
　　　　贷：应付职工薪酬——工资　　　　　　　　　　　　　　　130 000

3）制造费用的归集与分配

制造费用是产品制造企业为了生产产品和提供劳务而发生的各种间接费用。其主要内容是企业的生产部门（包括基本生产车间和辅助生产车间）为组织和管理生产活动及为生产活动服务而发生的费用。例如车间管理人员的工资及福利费、办公费、水电费、车间使用的固定资产的折旧费等。在生产多种产品的企业里,制造费用在发生时一般无法直接判定其应归属的成本核算对象,不能直接计入产品生产成本,而是采用合适的方式,将制造费用分配计入产品的生产成本。实际工作中,通常按生产工时、定额工时、机器工时、直接人工费等标准将制造费用分配计入产品的生产成本。在制造费用的归集过程中,要按照权责发生制原则的要求,正确处理跨期间的各种费用,使其摊配于应归属的会计期间。

(1) 固定资产折旧的核算

固定资产在投入生产过程后,它可以在较长的时期内多次参加产品的生产过程,并始终保持其原有的实物形态。它的价值逐渐地、部分地转入产品的生产成本,这个过程即折旧。《企业会计准则第4号——固定资产》规定,企业应当对所有固定资产计提折旧。但是,已提足折旧仍继续使用的固定资产和单独计价入账的土地除外。从严格意义上讲,固定资产折旧,是指在固定资产使用寿命内,按照确定的方法对应计折旧额进行系统分摊。应计折旧额,是指应当计提折旧的固定资产的原价扣除其预计净残值后的金额。已计提减值准备的固定资产,还应当扣除已计提的固定资产减值准备累计金额。预计净残值,是指假定固定资产预计使用寿命已满并处于使用寿命终了时的预期状态,企业目前从该项资产处置中获得的扣除预计处置费用后的金额。企业应当根据固定资产的性质和使用情况,合理地确定固定资产的使用寿命和预计净残值。固定资产的使用寿命、预计净残值一经确定,不得随意变更。企业应当根据与固定资产有关的经济利益的预期实现方式,合理地选择固定资产折旧方法。常见的折旧方法包括年限平均法、工作量法、双倍余额递减法和年数总和法。固定资产的折旧方法一经确定,不得随意变更。如需变更,应当在会计报表附注中予以说明。

① 年限平均法。年限平均法又称直线法,是将固定资产的折旧总额均衡地分摊到使用期内各个会计期间的一种方法。采用这种方法计算的每期折旧额是相等的。

年折旧额=(固定资产原值-预计净残值)/折旧年限(也可是月数)

例如,一台机器原值为 300 000 元,预计可使用 10 年,预计报废时的净残值为 50 000 元,采用平均年限法计提折旧,每年的折旧额计算如下。

年折旧额=(300 000-50 000)/10=25 000(元)

② 工作量法。工作量法是根据实际工作量计提折旧额的一种方法。计算时先计算出每单位工作量的折旧额,再根据每单位工作量的折旧额计算出某项固定资产月折旧额。相关计算公式如下。

单位工作量折旧额=(固定资产原值-预计净残值)/预计总产量
某期折旧额=该期实际工作量×单位工作量折旧额

例如,一辆专门用于运货的卡车,原值为 100 000 元,预计总行驶里程为 300 000 km,假设报废时残值为 1 000 元,本月行驶 3 000 km,本月的折旧额计算如下。

单位工作量的折旧额=(100 000-1 000)/300 000=0.33(元/km)
本月折旧额=3 000×0.33=990(元)

③ 双倍余额递减法。双倍余额递减法是一种加速折旧方法,是在不考虑固定资产残值的情况下,根据每期期初固定资产账面净值和双倍的直线法折旧率计算固定资产折旧的一种方

法。在使用双倍余额递减法时要注意在最后两年计提折旧时，将固定资产账面净值扣除预计净残值后的净值平均摊销。相关计算公式如下。

年折旧额=固定资产账面净值×年折旧率
年折旧率=2/预计使用年限×100%

例如，一台原值 250 000 元的设备，预计使用年限为 5 年，预计净残值为原值的 1%，按双倍余额抵减法计算折旧，每年的折旧额计算如下。

年折旧率=2/5×100%=40%
第一年折旧额= 250 000×40%＝100 000（元）
年末账面余额=250 000–100 000=150 000（元）
第二年折旧额=150 000×40%＝60 000（元）
年末账面余额=150 000–60 000=90 000（元）
第三年折旧额=90 000×40%＝36 000（元）
年末账面余额=90 000–36 000=54 000（元）

使用双倍余额递减法时，应注意不能多提折旧额，也不能少提折旧额。为此，当下述条件成立时，应改用年限平均法计提折旧。

（固定资产原值–预计净残值）/剩余使用年限＞该年按双倍余额递减法计算的折旧额

本例中，由于第 4 年按双倍余额递减法计算的折旧额小于改用年限平均法计算的折旧额，即 54 000×40%＜(54 000–2 500)/2，即 21 600＜25 750

为保证提足折旧额，从第 4 年起改用年限平均法，第 4 年、第 5 年折旧额均为 25 750 元，第 5 年末余额为 54 000–25 750–25 750=2 500 元，即为预计残值。

④ 年数总和法。年数总和法是将固定资产的原值减去预计净残值后的净额，乘以一个逐年递减的变动折旧率计算每年折旧额的一种方法。固定资产的变动折旧率是以固定资产预计使用年限的各年数字之和作为分母，以各年初尚可使用的年数作为分子求得的，计算公式为

年折旧额=（固定资产原值–预计净残值）×年折旧率
年折旧率=尚可使用年限/预计使用年限的年数总和×100%

例如，企业的一项固定资产，该资产原值为 1 000 000 元，采用年数总和法计提折旧，预计使用年限为 5 年，预计净残值为 4 000 元，按年数总和法计算折旧，每年的折旧额计算如表 7–4 所示。

表 7–4 固定资产各年的折旧额　　　　　　　　　　　　　　　　单位：元

年份	尚可使用年限	原值–净残值①	变动折旧率②	年折旧额③=①×②	累计折旧
1	5	996 000	5/15	332 000	332 000
2	4	996 000	4/15	265 600	597 600
3	3	996 000	3/15	199 200	796 800
4	2	996 000	2/15	132 800	929 600
5	1	996 000	1/15	66 400	996 000

固定资产可以长期为企业带来效益,直到报废才改变原有的实物形态,其成本是通过计提折旧的方式逐次分摊计入各会计期间的。根据固定资产的这一特点,为了使"固定资产"账户能按固定资产的原始价值反映其增减变动和结存情况,且便于计算和反映固定资产的账面净值(折余价值),需要专门设置一个用来反映固定资产损耗价值(固定资产折旧额)的账户,这个账户就是"累计折旧"账户。

"累计折旧"账户属于"固定资产"的调整账户,用来核算企业固定资产已提折旧累计情况。该账户是资产类账户,贷方登记按月提取的折旧额,即累计折旧的增加,借方登记因减少固定资产而减少的累计折旧。期末余额在贷方,表示已提折旧的累计额。将"累计折旧"账户的贷方余额抵减"固定资产"账户的借方余额,即可求得现存固定资产的净值。该账户只进行总分类核算,不进行明细分类核算。

例 7-35

宏达有限责任公司于月末计提本月固定资产折旧,其中车间用固定资产折旧额为 8 500 元,厂部用固定资产折旧额为 6 500 元。

企业提取固定资产折旧时,不同空间范围使用的固定资产应记入不同的费用成本类账户。其中,车间用固定资产提取的折旧额应记入"制造费用"账户,厂部用固定资产提取的折旧额应记入"管理费用"账户。这项经济业务的发生,一方面使固定资产的价值减少,另一方面使制造费用和管理费用增加。这项经济业务涉及"制造费用""管理费用"和"累计折旧"三个账户。固定资产价值减少即累计折旧增加,记入"累计折旧"账户的贷方,制造费用和管理费用增加应分别记入"制造费用"和"管理费用"账户的借方。编制的会计分录如下。

借:制造费用　　　　　　　　　　　　　　　　　　　8 500
　　管理费用　　　　　　　　　　　　　　　　　　　6 500
　贷:累计折旧　　　　　　　　　　　　　　　　　　　　　15 000

(2) 其他费用的核算

企业的生产耗费,除了材料费、工资费和折旧费外,还有一些其他费用,如办公费、修理费、水电费等。

例 7-36

宏达有限责任公司以现金 1 000 元购买车间用办公用品。

这项经济业务的发生,使公司车间的办公用品费增加 1 000 元,同时库存现金减少 1 000 元。这项经济业务涉及"制造费用"和"库存现金"两个账户。其中,办公用品费的增加是费用的增加,应记入"制造费用"账户的借方,库存现金的减少是资产的减少,应记入"库存现金"账户的贷方。编制的会计分录如下。

借:制造费用　　　　　　　　　　　　　　　　　　　1 000
　贷:库存现金　　　　　　　　　　　　　　　　　　　　　1 000

例 7-37

宏达有限责任公司生产车间租用厂房，用银行存款 240 000 元支付两年的房租。

这是一项费用的支付期与归属期不一致的经济业务。按照权责发生制原则的要求，企业应按支出的义务是否属于本期来确认费用的入账时间。也就是凡是本期发生的费用，不论款项是否在本期支付，都应作为本期的费用入账；凡不属本期的费用，即使款项在本期支付，也不应作为本期的费用处理。公司用银行存款支付两年的房租，款项虽然在本期支付，但其付款的义务显然不在本期发生，而是在两年期限内产生付款责任，所以本期付款时，应将其作为一种等待摊销的费用处理，记入"长期待摊费用"账户。

"长期待摊费用"账户。属于资产类账户，用来核算企业已经支付，但应由本期和以后各期负担的分摊期限在 1 年以上的各项费用。因此，这项经济业务的发生，一方面使公司等待摊销的费用增加了，属于资产（债权）的增加，应记入"长期待摊费用"账户的借方，另一方面使银行存款减少，应记入"银行存款"账户的贷方。编制的会计分录如下。

借：长期待摊费用　　　　　　　　　　　　　　　240 000
　贷：银行存款　　　　　　　　　　　　　　　　　　240 000

例 7-38

宏达有限责任公司月末摊销应由本月负担的已付款的车间用房的房租 10 000 元。

这是一项权责发生制原则应用的经济业务：将已经支付，应由本期负担的房租计入本期的成本费用。摊销车间房租时，一方面使公司的制造费用增加，另一方面使公司前期付款等待摊销的费用减少。这项经济业务涉及"制造费用"和"长期待摊费用"两个账户。制造费用的增加是费用的增加，应记入"制造费用"账户的借方，等待摊销的费用减少是资产的减少，应记入"长期待摊费用"账户的贷方。编制的会计分录如下。

借：制造费用　　　　　　　　　　　　　　　　　10 000
　贷：长期待摊费用　　　　　　　　　　　　　　　　10 000

例 7-39

宏达有限责任公司在月末将本月发生的制造费用按照生产工时比例分配计入 A、B 两种产品的生产成本。其中 A 产品生产工时为 6 000 小时，B 产品生产工时为 4 000 小时。具体计算过程如表 7-5 所示。

企业发生的制造费用属于间接费用，所以要采用一定的标准在各种产品之间进行合理的分配。制造费用的分配标准有：按生产工人工时比例分配；按生产工人工资比例分配；按机器设备运转台时分配；按耗用原材料的数量或成本分配；按产品产量分配等。企业可以根据自身管理的需要、产品的特点等选择采用某种标准。但是，标准一经确定，不得随意变更。

对于制造费用的核算，首先应归集本月发生的制造费用额。根据材料费用、人工费用、制造费用等业务内容可以确定本月发生的制造费用额为 43 900 元（6 400+18 000+8 500+1 000+10 000），然后按照生产工时比例进行分配，即

制造费用分配率=制造费用总额/生产工时总和=43 900/10 000=4.39（元/工时）

A 产品负担的制造费用额=4.39×6 000=26 340（元）
B 产品负担的制造费用额=4.39×4 000=17 560（元）

表 7–5 制造费用分配表

分配对象 （产品名称）	分配标准/ 小时	分配率/ （元/小时）	分配金额/元
A 产品	6 000		26 340
B 产品	4 000		17 560
合计	10 000	4.39	43 900

将分配的结果计入产品成本时，一方面使 A 产品的生产成本增加 26 340 元，B 产品的生产成本增加 17 560 元，另一方面使制造费用减少 43 900 元。这项经济业务涉及"生产成本"和"制造费用"两个账户。产品生产成本的增加应记入"生产成本"账户的借方，制造费用的减少是费用的结转，应记入"制造费用"账户的贷方。编制的会计分录如下。

借：生产成本——A 产品　　　　　　　　　　　　　　　　　　　　26 340
　　　　　　——B 产品　　　　　　　　　　　　　　　　　　　　17 560
　贷：制造费用　　　　　　　　　　　　　　　　　　　　　　　　43 900

4）完工产品生产成本的计算与结转

通过上述费用的归集和分配后，生产费用已经按产品归集到了"生产成本"账户的借方。月末，应将归集到某种产品的各项生产费用在本月完工产品和月末在产品之间进行分配，确定完工产品的制造成本，并将其从"生产成本"账户的贷方转入"库存商品"账户的借方。成本计算是会计核算的主要内容之一。进行产品生产成本的计算就是将企业生产过程中为制造产品所发生的各种费用按照所生产产品的品种、类别等（成本计算对象）进行归集和分配，以便计算各种产品的总成本和单位成本。产品生产成本的计算应在生产成本明细账中进行。如果月末某种产品全部完工，该种产品生产成本明细账所归集的费用总额就是该种完工产品的总成本，用完工产品总成本除以该种产品的完工总产量即可计算出该种产品的单位成本。如果月末某种产品一部分完工，一部分未完工，这时归集在产品成本明细账中的费用总额就要采取适当的分配方法在完工产品和在产品之间进行分配，然后才能计算出完工产品的总成本和单位成本。其计算公式如下。

本月完工产品成本=月初在产品成本+本月生产成本–月末在产品成本

为了核算完工产品成本结转及库存商品的成本情况，需要设置"库存商品"账户。"库存商品"账户核算生产完工并已验收入库可供销售的产品，即产成品的收、发、存情况。该账户是资产类账户，借方登记验收入库商品成本的增加，贷方登记库存商品成本的减少（发出）。期末余额在借方，表示库存商品成本的期末结余额。"库存商品"账户应按照商品的种类、名称及存放地点等设置明细账户，进行明细分类核算。

例 7-40

宏达有限责任公司生产 A、B 两种产品，其中 A 产品全部完工，B 产品尚未完工。财务部门根据完工产品"入库单"编制转账凭证，结转完工产品的实际成本。

20×6 年 12 月份"生产成本——A 产品"明细分类账归集的生产成本如表 7-6 所示。

表 7-6　生产成本明细分类账

账户名称：生产成本——A 产品

20×6 年		凭证号	摘　　要	直接材料	直接人工费	制造费用	合　计
月	日						
12	1		期初在产品成本	50 000	4 000	2 000	56 000
			耗用材料	230 000			230 000
			生产工人工资		64 000		64 000
	31		分配制造费用			26 340	26 340
			生产成本合计	280 000	68 000	28 340	376 340
	31	转 19	完工产品本月转出	280 000	68 000	28 340	376 340

20×6 年 12 月份"生产成本——B 产品"明细分类账户归集的生产成本如表 7-7 所示。

表 7-7　生产成本明细分类账

账户名称：生产成本—B 产品

20×6 年		凭证号	摘　　要	直接材料	直接人工费	制造费用	合　计
月	日						
12	1		期初在产品成本	30 000	5 000	1 000	36 000
			耗用材料	85 000			85 000
			生产工人工资		40 000		40 000
	31		分配制造费用			17 560	17 560
			生产成本合计	115 000	45 000	18 560	178 560
			月末在产品成本	115 000	45 000	18 560	178 560

产品生产完工入库，就要结转完工产品的生产成本，未完工产品的生产成本不能结转。本月 A 产品全部完工，结转 A 产品生产成本，一方面使公司的库存商品成本增加，另一方面由于结转入库商品实际成本而使生产过程中占用的资金减少。这项经济业务涉及"生产成本"和"库存商品"两个账户，库存商品成本的增加是资产的增加，应记入"库存商品"账户的借方，结转入库产品成本使生产成本减少，应记入"生产成本"账户的贷方。B 产品尚未完工，不需要结转生产成本。这项业务应编制的会计分录如下。

借：库存商品——A 产品　　　　　　　　　　　　　　　　376 340
　　贷：生产成本——A 产品　　　　　　　　　　　　　　　376 340

7.5 销售过程业务的核算

产品制造企业从产成品验收入库起到销售给购买方止的过程称为销售过程。销售过程是企业产品价值实现的过程。通过销售过程，将生产出来的产品销售出去，实现它们的价值。销售过程是企业经营过程的最后一个阶段。产品制造企业在销售过程中，通过销售产品，按照销售价格收取产品价款，形成商品销售收入。在销售过程中，结转商品的销售成本及发生的运输费、包装费、广告费等销售费用，按照国家税法的规定计算缴纳各种销售税金，月末，企业销售收入补偿销售成本、销售费用及销售税金之后的差额即为企业的销售成果（利润或亏损）。综上所述，销售过程核算的主要任务是：正确地计算主营业务收入、主营业务成本、税金及附加，确定销售成果（利润或亏损），反映和监督企业销售计划的完成情况及往来款项的结算情况。

1. 商品销售收入的确认与计量

1）商品销售收入的确认

销售过程的核算首先需要解决的就是销售收入的确认与计量问题。收入的确认实际上就是解决收入在什么时间入账的问题，而收入的计量就是解决收入以多大的金额入账的问题。企业应当以权责发生制为基础进行会计确认、计量和报告。《企业会计准则第14号——收入》要求，企业销售商品收入的确认，必须同时符合以下条件。

（1）企业已将商品所有权上的主要风险和报酬转移给购货方

与商品所有权有关的风险，是指商品可能发生减值或毁损等形成的损失；与商品所有权有关的报酬，是指商品价值增值或通过使用商品等形成的经济利益。企业已将商品所有权上的主要风险和报酬转移给购货方，构成确认销售商品收入的重要条件。判断企业是否已将商品所有权上的主要风险和报酬转移给购货方，应当关注交易的实质，并结合所有权凭证的转移进行判断。如果与商品所有权有关的任何损失均不需要销货方承担，与商品所有权有关的任何经济利益也不归销货方所有，就意味着商品所有权上的主要风险和报酬转移给了购货方。通常情况下，转移商品所有权凭证并交付实物后，商品所有权上的所有风险和报酬随之转移，如大多数商品零售、预收款销售商品等。有些情况下，企业已将商品所有权上的主要风险和报酬转移给买方，但实物尚未交付，这种情况下，应在所有权上的主要风险和报酬转移时确认收入，而不管实物是否交付，如交款提货销售等。

（2）企业既没有保留通常与所有权相联系的继续管理权，也没有对已售出的商品实施控制

通常情况下，企业售出商品后不再保留与商品所有权相联系的继续管理权，也不再对售出商品实施有效控制。如果企业在商品销售后保留了与商品所有权相联系的继续管理权，或能够继续对其实施有效控制，说明商品所有权上的主要风险和报酬没有转移，销售交易不能成立，不应确认收入。

（3）收入的金额能够可靠计量

收入的金额能够可靠计量，是确认收入的基本前提。企业在销售商品时，商品销售价格通

常已经确定。但是，由于销售商品过程中某些不确定因素的影响，也有可能存在商品销售价格发生变动的情况。在这种情况下，新的商品销售价格未确定前通常不应确认销售商品收入。

（4）相关的经济利益很可能流入企业

经济利益，是指直接或间接流入企业的现金或现金等价物。在销售商品的交易中，与交易相关的经济利益主要表现为销售商品的价款。相关的经济利益很可能流入企业，是指销售商品价款收回的可能性大于不能收回的可能性，即销售商品价款收回的可能性超过50%。企业在销售商品时，如估计销售价款不是很可能收回，即使收入确认的其他条件均已满足，也不应当确认收入。一般情况下，企业售出的商品符合合同或协议规定的要求，并已将发票、账单交付买方，买方也承诺付款，即表明销售商品的价款能够收回。如果企业判断价款不能收回，应提供可靠的证据。

（5）相关的已发生或将发生的成本能够可靠计量

根据收入和费用配比原则，与同一项销售有关的收入和费用应在同一会计期间予以确认，即企业应在确认收入的同时或同一会计期间结转相关的成本。因此，如果成本不能可靠计量，相关的收入就不能确认。相关的已发生或将发生的成本能够可靠计量，是指与销售商品有关的已发生或将发生的成本能够合理估计。通常情况下，与销售商品相关的已发生或将发生的成本都能够合理估计，如库存商品的成本、商品运输费用等。如果库存商品是本企业生产的，其生产成本能够可靠计量；如果是外购的，购买成本能够可靠计量。有时，与销售商品相关的已发生或将发生的成本不能够合理估计，此时企业不应确认收入，若已收到价款，应将已收到的价款确认为负债。

2）销售商品收入的计量

企业销售商品满足收入确认条件时，应当按照已收或应收合同或协议价款的公允价值确定销售商品收入金额。通常情况下，从购货方已收或应收的合同或协议价款即为其公允价值，应当以此确定销售商品收入的金额。在计量销售商品的收入时，要注意在销售过程中发生的销售退回、销售折让、商业折扣和现金折扣的内容。销售退回，是指企业售出的商品由于质量、品种不符合要求等原因而发生的退货。企业已经确认销售商品收入的售出商品发生销售退回的，应当在发生时冲减当期销售商品收入。销售折让，是指企业因售出商品的质量不合格等原因而在售价上给予的减让。企业已经确认销售商品收入的售出商品发生销售折让的，应当在发生时冲减当期销售商品收入。商业折扣，是指企业为促进商品销售而在商品标价上给予的价格扣除。销售商品涉及商业折扣的，应当按照扣除商业折扣后的金额确定销售商品收入金额。现金折扣，是指债权人为鼓励债务人在规定的期限内付款而向债务人提供的债务扣除。销售商品涉及现金折扣的，应当按照扣除现金折扣前的金额确定销售商品收入金额。现金折扣在实际发生时计入当期损益。

2. 销售商品业务的会计处理

销售商品业务属于企业的主营业务，企业销售商品所实现的收入及结转的相关销售成本，通过"主营业务收入""主营业务成本"和"税金及附加"等账户核算。对于货款的结算还应设置"应收账款"等往来账户。

1）主营业务收入的核算

为了反映和监督企业销售商品和提供劳务所实现的收入及因此而与购买单位发生的货款结算业务，应设置下列账户。

(1)"主营业务收入"账户

用来核算企业销售商品和提供劳务等日常活动中所实现的营业收入。该账户是收入类账户，其贷方登记企业实现的主营业务收入，借方登记发生销售退回和销售折让时应冲减本期的主营业务收入，以及期末转入"本年利润"账户的主营业务收入额（按净额结转），结转后该账户期末应没有余额。"主营业务收入"账户应按照主营业务的种类设置明细账户，进行明细分类核算。

(2)"应收账款"账户

用来核算企业因销售商品、提供劳务等经营活动应收取的款项。该账户是资产类账户，借方记增加，主要包括企业销售商品或提供劳务等应向有关债务人收取的价款、增值税销项税款，以及代购货单位垫付的包装费、运杂费等；贷方记减少，主要反映收回的应收账款。期末余额如在借方，表示尚未收回的应收账款；期末余额如在贷方，表示预收的账款。该账户应按不同的购货单位或接受劳务单位设置明细账户，进行明细分类核算。

(3)"应收票据"账户

用来核算企业因销售商品而收到的购买单位开出并承兑的商业承兑汇票或银行承兑汇票的增减变动及其结余情况。该账户是资产类账户，借方记增加，即企业收到购买单位开出并承兑的商业汇票，贷方记减少，即到期承兑的商业汇票。期末该账户如有余额应在借方，表示尚未到期承兑的商业汇票。

(4)"预收账款"账户

用来核算企业按照合同的规定预收购买单位订货款的增减变动及其结余情况。该账户是负债类账户，其贷方登记预收购买单位订货款的增加，借方登记销售实现时冲减的预收货款。期末余额如在贷方，表示企业预收款的结余额，期末余额如在借方，表示购货单位应补付给本企业的款项。与应付账款不同，预收账款所形成的负债不是以货币偿付，而是以货物偿付。预收账款不多的企业，也可不设"预收账款"账户，将预收的款项直接记入"应收账款"账户的贷方。本账户应按照购货单位设置明细账户，进行明细分类核算。

对于正常的销售商品活动，应按照收入确认的条件进行确认和计量，然后对计量的结果进行会计处理。按确认的收入金额与应收取的增值税额，借记"银行存款""应收账款""应收票据"等账户，按确定的收入金额，贷记"主营业务收入"账户，按应收取的增值税额，贷记"应交税费——应交增值税（销项税额）"账户。

增值税销项税额，是指企业销售应税货物或提供应税劳务而收取的增值税额，应按照增值税专用发票记载的货物售价和规定的税率进行计算，即

增值税销项税额=销售货物的不含税售价×增值税税率

增值税的销项税额计算出来之后，应在"应交税费——应交增值税"账户的贷方反映，以便抵扣其借方的增值税进项税额，确定增值税的应交额。为了核算增值税的进项税额、销项税额及增值税的已交和未交情况，需要在应交增值税明细账中设置"进项税额""已交税金""转出未交增值税""销项税额""出口退税""进项税额转出""转出多交增值税"等专栏对其进行明细核算。

例 7-41

宏达有限责任公司销售 A 商品 500 件，每件售价 300 元，开出的增值税专用发票注明价

款 150 000 元，增值税销项税额 25 500 元。商品已发出，货款已收并存入银行。

这项经济业务的发生，一方面使公司的银行存款增加 175 500 元（150 000+25 500），另一方面使公司的主营业务收入增加 150 000 元，并按收入的 17%计收增值税。这项经济业务涉及"银行存款""主营业务收入""应交税费——应交增值税"三个账户。银行存款的增加是资产的增加，应记入"银行存款"账户的借方，主营业务收入的增加是收入的增加，应记入"主营业务收入"账户的贷方，增值税销项税额的增加是负债的增加，应记入"应交税费——应交增值税"账户的贷方。编制的会计分录如下：

借：银行存款　　　　　　　　　　　　　　　　　　　　175 500
　　贷：主营业务收入　　　　　　　　　　　　　　　　　　150 000
　　　　应交税费——应交增值税（销项税额）　　　　　　　 25 500

例 7-42

宏达有限责任公司向兴业工厂销售 A 产品 30 件，每件售价 300 元，货款尚未收到。

这是一项赊销的经济业务。这项经济业务的发生，一方面使公司的应收账款增加 10 530 元（9 000+1 530），另一方面使公司的主营业务收入增加 9 000 元，并按收入的 17%计收增值税。这项经济业务涉及"应收账款""主营业务收入""应交税费——应交增值税"三个账户。应收账款的增加是资产的增加，应记入"应收账款"账户的借方，主营业务收入的增加是收入的增加，应记入"主营业务收入"账户的贷方，收取增值税是负债的增加，应记入"应交税费——应交增值税"账户的贷方。编制的会计分录如下：

借：应收账款　　　　　　　　　　　　　　　　　　　　 10 530
　　贷：主营业务收入　　　　　　　　　　　　　　　　　　 9 000
　　　　应交税费——应交增值税（销项税额）　　　　　　　 1 530

例 7-43

宏达有限责任公司按照合同规定预收星海工厂订购 B 产品的货款 10 000 元，存入银行。

这项经济业务的发生，一方面使公司的银行存款增加 10 000 元，另一方面使公司的预收款增加 10 000 元。这项经济业务涉及"银行存款"和"预收账款"两个账户。银行存款的增加是资产的增加，应记入"银行存款"账户的借方，预收款的增加是负债的增加，应记入"预收账款"账户的贷方。编制的会计分录如下：

借：银行存款　　　　　　　　　　　　　　　　　　　　 10 000
　　贷：预收账款——星海工厂　　　　　　　　　　　　　 10 000

例 7-44

承例 7-43，宏达有限责任公司本月预收星海工厂货款的 B 产品 50 台（每台售价 400 元），现已发货，发票注明的价款为 20 000 元，增值税销项税额为 3 400 元。原预收款不足，其差额部分当即收到存入银行。

这项经济业务的发生，一方面使公司的主营业务收入增加20 000元，并按17%计收增值税3 400元，另一方面使公司的银行存款增加13 400元，冲销预收账款10 000元。这项经济业务涉及"预收账款""银行存款""主营业务收入"和"应交税费——应交增值税"四个账户。银行存款的增加是资产的增加，应记入"银行存款"账户的借方，预收账款减少是负债的减少，应记入"预收账款"账户的借方，主营业务收入增加是收入的增加，应记入"主营业务收入"账户的贷方，计收增值税是负债的增加，应记入"应交税费——应交增值税"账户的贷方。编制的会计分录如下。

借：银行存款 13 400
　　预收账款——星海工厂 10 000
　贷：主营业务收入 20 000
　　　应交税费——应交增值税（销项税额） 3 400

例 7-45

宏达有限责任公司向万达工厂销售A产品40台，每台售价300元，发票注明该批A产品的价款为12 000元，增值税销项税额为2 040元，全部款项以一张已承兑的商业汇票支付。

这项经济业务的发生，一方面使公司的主营业务收入增加12 000元，并按17%计收增值税2 040元，另一方面使公司的应收票据增加14 040元。这项经济业务涉及"应收票据""主营业务收入"和"应交税费——应交增值税"三个账户。应收票据的增加是资产的增加，应记入"应收票据"账户的借方，主营业务收入增加是收入的增加，应记入"主营业务收入"账户的贷方，计收增值税是负债的增加，应记入"应交税费——应交增值税"账户的贷方。编制的会计分录如下。

借：应收票据 14 040
　贷：主营业务收入 12 000
　　　应交税费——应交增值税（销项税额） 2 040

2）主营业务成本的核算

企业销售商品，一方面减少了库存的存货，另一方面作为取得主营业务收入而垫支的资金，表明企业发生了费用，我们把这项费用称为主营业务成本（商品销售成本）。将销售商品的成本转为主营业务成本，应遵循配比原则的要求，也就是说，主营业务成本的结转不仅应与主营业务收入在同一会计期间加以确认，而且应与主营业务收入在数量上保持一致。主营业务成本的计算公式如下。

本期应结转的主营业务成本=本期销售商品的数量×单位商品的生产成本

为了核算主营业务成本的发生和结转情况，需要设置"主营业务成本"账户。"主营业务成本"账户是用来核算企业经营主营业务而发生的实际成本及其结转情况的账户。该账户是损益类账户，借方登记主营业务发生的实际成本，贷方登记期末转入"本年利润"账户的主营业务成本，结转后期末没有余额。"主营业务成本"账户应按照主营业务的种类设置明细账户，进行明细分类核算。

例 7-46

宏达有限责任公司在月末结转本月已销售的 A、B 产品的销售成本。其中 A 产品的单位成本为 150 元，B 产品的单位成本为 200 元。

企业本期销售 A 产品 570 件（500+30+40），其销售总成本为 85 500 元（570×150），本期销售 B 产品 50 台，其销售成本为 10 000 元（50×200）。这项经济业务的发生，一方面公司的库存商品减少 95 500 元（其中 A 商品减少 85 500 元，B 商品减少 10 000 元），另一方面使公司的主营业务成本增加计 95 500 元（85 500+10 000）。这项经济业务涉及"主营业务成本"和"库存商品"两个账户。主营业务成本的增加是费用的增加，应记入"主营业务成本"账户的借方，库存商品成本的减少是资产的减少，应记入"库存商品"账户的贷方。编制的会计分录如下。

借：主营业务成本　　　　　　　　　　　　　　　　　　　　　95 500
　　贷：库存商品——A 产品　　　　　　　　　　　　　　　　 85 500
　　　　　　　　——B 产品　　　　　　　　　　　　　　　　 10 000

3）税金及附加的核算

税金及附加，是指企业经营活动应负担的相关税费。实现了商品的销售额，就应该向国家征税机关缴纳各种销售税金及附加，包括消费税、城市维护建设税、资源税及教育费附加等。这些税金及附加一般是根据当月销售额或税额，按照规定的税率计算，并于下月初缴纳。城市维护建设税和教育费附加属于附加税，按企业当期实际缴纳的增值税、消费税的合计税额的一定比例计算。由于这些税金及附加是在当月计算而在下个月缴纳，因而计算税金及附加时，一方面形成企业的一项负债，另一方面作为企业发生的一项费用支出。

为了核算企业销售商品的税金及附加情况，需要设置"税金及附加"账户，用来核算企业经营业务应负担的各种税金及附加。该账户是费用类账户，借方登记按照有关计税依据计算的各种税金及附加额，贷方登记期末转入"本年利润"账户的税金及附加。结转后，没有期末余额。

例 7-47

宏达有限责任公司本月销售 A、B 产品应缴纳的城建税为 560 元，教育费附加为 240 元。

这项经济业务的发生，一方面使公司的税金及附加增加 800 元（560+240），另一方面计算出的税金尚未交纳之前，形成公司的一项流动负债，使公司的负债增加。这项经济业务涉及"税金及附加""应交税费"两个账户。税金及附加的增加是费用的增加，应记入"税金及附加"账户的借方，应交税费的增加是负债的增加，应记入"应交税费"账户的贷方。编制的会计分录如下。

借：税金及附加　　　　　　　　　　　　　　　　　　　　　　　800
　　贷：应交税费——应交城建税　　　　　　　　　　　　　　　 560
　　　　　　　　——应交教育费附加　　　　　　　　　　　　　 240

3. 其他业务收支的核算

企业在经营过程中,除了要发生主营业务之外,还会发生一些非经常性的、具有兼营性的其他业务。其他业务(也称附营业务)是指企业在经营过程中发生的除主营业务以外的其他销售业务,包括销售材料、出租包装物、出租固定资产、出租无形资产、代购代销及提供非工业性劳务等活动。由于发生其他业务而实现的收入称为其他业务收入。企业在实现其他业务收入的同时,往往还要发生一些其他业务支出,包括与其他业务有关的成本、费用和税金等,如销售材料的成本支出、出租包装物应摊销的成本等。其他业务收入和支出的确认原则和计量方法与主营业务基本相同。为了核算其他业务收入和支出,应设置"其他业务收入"和"其他业务成本"账户。

"其他业务收入"账户,是指用来核算企业除主营业务以外的其他业务收入的实现及其结转情况的账户。该账户是收入类账户,贷方登记其他业务收入的实现,即增加借方登记期末转入"本年利润"账户的其他业务收入,结转后没有期末余额。该账户应按照其他业务的种类设置明细账户,进行明细分类核算。

"其他业务成本"账户,是指用来核算企业除主营业务以外的其他业务成本的发生及其结转情况的账户。该账户是费用类账户,借方登记其他业务成本,贷方登记期末转入"本年利润"账户的其他业务成本,结转后没有期末余额。该账户应按照其他业务的种类设置明细账户,进行明细分类核算。

例 7-48

宏达有限责任公司销售一批原材料,价款为 20 000 元,增值税额为 3 400 元,款项收到存入银行。

销售原材料属于公司的其他业务。这项经济业务的发生,一方面使公司的银行存款增加 23 400 元(20 000+3 400),另一方面使公司的其他业务收入增加 20 000 元,计收增值税 3 400 元。这项经济业务涉及"银行存款""其他业务收入"和"应交税费——应交增值税"三个账户。银行存款增加是资产的增加,应记入"银行存款"账户的借方,其他业务收入增加是收入的增加,应记入"其他业务收入"账户的贷方,计收增值税是负债的增加,应记入"应交税费——应交增值税"账户的贷方。编制的会计分录如下。

借:银行存款　　　　　　　　　　　　　　　　　　　　　　　23 400
　贷:其他业务收入　　　　　　　　　　　　　　　　　　　　　20 000
　　　应交税费——应交增值税(销项税额)　　　　　　　　　　 3 400

例 7-49

宏达有限责任公司月末结转本月销售材料的成本 14 000 元。

这项经济业务的发生,一方面使公司的其他业务成本增加 14 000 元,另一方面使公司的库存材料成本减少 14 000 元。这项经济业务涉及"其他业务成本"和"原材料"两个账户。其他业务成本增加是费用成本的增加,应记入"其他业务成本"账户的借方,库存材料成本减少是资产的减少,应记入"原材料"账户的贷方。编制的会计分录如下。

借：其他业务成本　　　　　　　　　　　　　　　　　　14 000
　　贷：原材料　　　　　　　　　　　　　　　　　　　　14 000

7.6　财务成果形成与分配业务的核算

1. 财务成果的构成

财务成果是指企业在一定会计期间所实现的最终经营成果，也就是企业所实现的利润或亏损总额。它是综合反映企业各个方面工作质量的一个重要指标。正确核算企业财务成果，对考核企业经营成果、评价企业工作成绩、监督企业利润分配具有重要意义。

利润是将一定会计期间的各种收入与各项费用相抵后形成的最终财务成果。收入大于费用支出的差额部分为利润，反之则为亏损。利润是一个综合指标，它综合了企业在经营过程中的所费与所得，因而对于利润的确认与计量是以企业生产经营活动过程中所实现的收入和发生的费用的确认与计量为基础，同时还要包括通过投资活动而获得的投资收益、直接计入当期利润的利得和损失等。由此可见，反映企业财务成果的利润，就其构成内容来看，既有通过生产经营活动而获得的，也有通过投资活动而获得的，还有那些与生产经营活动没有直接关系的各项收入和支出等。

利润通常由营业利润、利润总额和净利润三个层次构成。

（1）营业利润

营业利润是指企业生产经营活动带来的利润。其计算公式为

营业利润＝营业收入－营业成本－税金及附加－销售费用－管理费用－财务费用－
　　　　　资产减值损失＋公允价值变动收益＋投资收益

营业利润是企业利润的主要来源。营业利润这一指标能够比较恰当地反映企业管理者的经营业绩。

（2）利润总额

利润总额的计算公式为

利润总额＝营业利润＋营业外收入－营业外支出

其中，营业外收入是指企业发生的与其日常活动无直接关系的各项利得，包括处置固定资产净收益、罚款收入等。营业外收入是企业的一种纯收入，不需要也不可能与有关的费用进行配比，企业并没有为此付出代价。因此，在会计核算中应严格区分营业外收入与营业收入的界限。营业外支出是指企业发生的与其日常活动无直接关系的各项损失，包括固定资产盘亏损失、处置固定资产净损失、罚款支出等。营业外收入与营业外支出应当分别核算，不能以营业外支出直接冲减营业外收入，在实际发生营业外支出时，直接冲减企业当期的利润总额。

（3）净利润

企业实现利润之后，首先应向国家缴纳所得税费用，缴纳所得税后的利润即为净利润。

其计算公式为

净利润＝利润总额-所得税费用

2. 净利润形成的核算

对于企业净利润形成中的营业收入、营业成本、税金及附加、财务费用的核算，前面已经做了具体的阐述，下面主要阐述净利润形成的其他内容。

1）期间费用的核算

期间费用是指不能直接归属于某个特定的产品成本，而应直接计入当期损益的各种费用。它是企业在经营过程中随着时间的推移而不断地发生、与产品生产活动的管理和销售有一定的关系，但与产品的制造过程没有直接关系的各种费用。一般来说，我们能够很容易地确定期间费用应归属的会计期间，但难以确定其应归属的产品，所以期间费用不计入产品制造成本，而是从当期损益中予以扣除。

期间费用包括为管理企业的生产经营活动而发生的管理费用、为筹集资金而发生的财务费用、为销售商品而发生的销售费用。有关财务费用的具体内容在 7.2 节中已经做了详细阐述，这里只对管理费用和销售费用进行阐述。

（1）管理费用的核算

管理费用是指企业行政管理部门为组织和管理企业的生产经营活动而发生的各种费用。管理费用包括企业在筹建期间发生的开办费、董事会和行政管理部门在企业的经营管理中发生的或者应由企业统一负担的公司经费（包括行政管理部门职工工资及福利费、办公费和差旅费等）、工会经费、董事会费、咨询费、诉讼费、业务招待费、房产税、车船税、土地使用税、印花税、技术转让费、矿产资源补偿费、排污费等。对于管理费用的核算，应设置"管理费用"账户。

"管理费用"账户用来核算企业行政管理部门为组织和管理企业的生产经营活动而发生的各项费用。该账户是费用类账户，借方登记发生的各项管理费用，贷方登记期末转入"本年利润"账户的管理费用，结转后期末没有余额。管理费用账户应按照费用项目设置明细账户，进行明细分类核算。

例 7-50

宏达有限责任公司的公出人员张丽出差预借款 5 000 元，财务科以现金付讫。

这项经济业务的发生，一方面公司的库存现金减少 5 000 元，另一方面使公司的其他应收款增加 5 000 元。这项经济业务涉及"库存现金"和"其他应收款"两个账户。库存现金减少是资产的增加，应记入"库存现金"账户的贷方，其他应收款增加是资产（债权）的增加，应记入"其他应收款"账户的借方。编制的会计分录如下。

　　借：其他应收款——张丽　　　　　　　　　　　　　　　　　　5 000
　　　　贷：库存现金　　　　　　　　　　　　　　　　　　　　　　　　5 000

例 7-51

承例 7-49，张丽出差归来报销差旅费 3 500 元，归还现金 1 500 元。

差旅费属于企业的期间费用，在"管理费用"账户核算。这项经济业务的发生，一方面使公司的管理费用增加 3 500 元，现金增加 1 500 元（5 000–3 500），另一方面使公司的其他应收款减少 5 000 元。这项经济业务涉及"管理费用""库存现金"和"其他应收款"三个账户。管理费用增加是费用的增加，应记入"管理费用"账户的借方，库存现金增加是资产的增加，应记入"库存现金"账户的借方，其他应收款减少是资产的减少，应记入"其他应收款"账户的贷方。编制的会计分录如下：

借：管理费用　　　　　　　　　　　　　　　　　　　　　　3 500
　　库存现金　　　　　　　　　　　　　　　　　　　　　　1 500
　　贷：其他应收款——张丽　　　　　　　　　　　　　　　　　5 000

（2）销售费用的核算

企业为了销售产品，还要发生各种销售费用，如广告费等。按照企业会计准则的规定，销售费用不作为销售收入的抵减项目，而是作为期间费用直接计入当期损益。为了核算销售过程中发生的有关费用，需要设置"销售费用"账户。

"销售费用"账户用来核算企业在销售商品过程中发生的费用，包括运输费、装卸费、包装费、保险费、展览费和广告费等，以及为销售本企业商品而专设的销售机构的职工工资、福利费、业务费等经营费用。该账户是费用类账户，借方登记发生的各项销售费用，贷方登记期末转入"本年利润"账户的销售费用，结转后没有期末余额。"销售费用"账户应按照费用项目设置明细账户，进行明细分类核算。

例 7-52

宏达有限责任公司用银行存款 1 000 元支付销售产品的广告费。

销售产品的广告费属于公司的销售费用。这项经济业务的发生，一方面使公司的销售费用增加 1 000 元，另一方面使公司的银行存款减少 1 000 元。这项经济业务涉及"销售费用"和"银行存款"两个账户。销售费用增加是费用的增加，应记入"销售费用"账户的借方，银行存款减少是资产的减少，应记入"银行存款"账户的贷方。编制的会计分录如下。

借：销售费用　　　　　　　　　　　　　　　　　　　　　　1 000
　　贷：银行存款　　　　　　　　　　　　　　　　　　　　　1 000

2）资产减值损失的核算

资产减值损失是指因资产的可收回金额低于其账面价值而造成的损失。企业所有的资产在发生减值时，原则上都应当对所发生的减值损失及时加以确认和计量。企业发生的资产减值损失，应设置"资产减值损失"账户核算。

"资产减值损失"账户属于损益类账户，用来核算和监督企业计提各项资产减值准备所形成的损失。借方登记各类资产当期确认的资产减值损失金额，贷方登记期末应转入"本年利润"账户的资产减值损失，结转后没有期末余额。该账户应当按照资产类别设置明细账户，进行明细分类核算。

例 7-53

宏达有限责任公司月末计提坏账准备 2 000 元。

这项经济业务的发生，一方面使公司的资产减值损失增加 2 000 元，另一方面使公司的应收账款减少，即坏账准备增加 2 000 元。这项经济业务涉及"资产减值损失"和"坏账准备"两个账户。资产减值损失增加应记入"资产减值损失"账户的借方，坏账准备增加应记入"坏账准备"账户的贷方。编制的会计分录如下。

借：资产减值损失　　　　　　　　　　　　　　　　　　　　　　　2 000
　　贷：坏账准备　　　　　　　　　　　　　　　　　　　　　　　　　　2 000

3）投资收益的核算

企业为了合理有效地使用资金以获取更多的经济利益，除了进行正常的生产经营活动外，还可以将资金投放于债券、股票或其他财产等，形成企业的对外投资。投资收益的实现或投资损失的发生都会影响企业当期的经营成果。为了核算投资损益的发生情况，需要设置"投资收益"账户。

"投资收益"账户，用来核算企业确认的投资收益或投资损失。该账户是损益类账户，其贷方登记实现的投资收益和期末转入"本年利润"账户的投资净损失，借方登记发生的投资损失和期末转入"本年利润"账户的投资净收益，结转后期末没有余额。"投资收益"账户应按照投资的种类设置明细账户，进行明细分类核算。

例 7-54

12 月 3 日，宏达有限责任公司从证券市场购买了昌通股份有限公司股票 30 000 股，每股价格为 7 元，另付税费 500 元。

这项经济业务的发生，一方面使公司的交易性金融资产增加 210 000 元，投资损失增加 500 元，另一方面使公司的银行存款减少 210 500 元。这项经济业务涉及"交易性金融资产""投资收益"和"银行存款"三个账户。交易性金融资产增加是资产的增加，应记入"交易性金融资产"账户的借方，投资损失增加是费用的增加，应记入"投资收益"账户的借方，银行存款减少是资产的减少，应记入"银行存款"账户的贷方。编制的会计分录如下。

借：交易性金融资产　　　　　　　　　　　　　　　　　　　　　210 000
　　投资收益　　　　　　　　　　　　　　　　　　　　　　　　　　　500
　　贷：银行存款　　　　　　　　　　　　　　　　　　　　　　　　210 500

例 7-55

承例 7-54，12 月 26 日，宏达有限责任公司将持有的昌通股份有限公司股票 30 000 股全部出售，收到银行存款 215 000 元。

这项经济业务的发生，一方面使公司的交易性金融资产减少 210 000 元，投资收益增加 5 000 元（215 000−210 000），另一方面使公司的银行存款增加 215 000 元。这项经济业务涉及"交易性金融资产""投资收益"和"银行存款"三个账户。交易性金融资产减少是资产的减少，应记入"交易性金融资产"账户的贷方，投资收益增加是收入的增加，应记入"投资收益"账户的贷方，银行存款增加是资产增加，应记入"银行存款"账户的借方。编制的会计分录如下：

　　借：银行存款　　　　　　　　　　　　　　　　　　　　　215 000
　　　贷：交易性金融资产　　　　　　　　　　　　　　　　　　　210 000
　　　　　投资收益　　　　　　　　　　　　　　　　　　　　　　　5 000

例7-56

宏达有限责任公司持有乙公司的股票作为长期投资。乙公司宣告发现金股利，宏达有限责任公司应分得现金股利20 000元（该公司对于股票投资的核算采用成本法）。

这项经济业务的发生，一方面使公司的应收股利增加20 000元，另一方面使公司的投资收益增加20 000元。这项经济业务涉及"应收股利"和"投资收益"两个账户。应收股利增加是资产（债权）的增加，应记入"应收股利"账户的借方，投资收益增加是收益的增加，应记入"投资收益"账户的贷方。编制的会计分录如下：

　　借：应收股利　　　　　　　　　　　　　　　　　　　　　　20 000
　　　贷：投资收益　　　　　　　　　　　　　　　　　　　　　　20 000

企业收到20 000元股利时，银行存款增加，应收股利减少。银行存款增加是资产的增加，应记入"银行存款"账户的借方，应收股利减少是资产的减少，应记入"应收股利"账户的贷方。编制的会计分录如下：

　　借：银行存款　　　　　　　　　　　　　　　　　　　　　　20 000
　　　贷：应收股利　　　　　　　　　　　　　　　　　　　　　　20 000

4）营业外收支的核算

企业的营业外收支是指与企业正常的生产经营业务没有直接关系的各项收入和支出，包括营业外收入和营业外支出。为了核算营业外收支的具体内容，需要设置"营业外收入"和"营业外支出"账户。

"营业外收入"账户，用来核算营业外收入的取得及结转情况。该账户是收入类账户，贷方登记营业外收入的增加，借方登记会计期末转入"本年利润"账户的营业外收入，结转后没有期末余额。"营业外收入"账户应按照收入的具体项目设置明细账户，进行明细分类核算。

"营业外支出"账户，用来核算营业外支出的发生及结转情况。该账户是费用类账户，借方登记营业外支出的增加，贷方登记期末转入"本年利润"账户的营业外支出，结转后没有期末余额。"营业外支出"账户应按照支出的具体项目设置明细账户，进行明细分类核算。

例7-57

宏达有限责任公司收到违约罚款收入30 000元，存入银行。

这项经济业务的发生，一方面使公司的银行存款增加 30 000 元，另一方面使公司的营业外收入增加 30 000 元。这项经济业务涉及"银行存款"和"营业外收入"两个账户。银行存款增加是资产的增加，应记入"银行存款"账户的借方，营业外收入增加是收入的增加，应记入"营业外收入"账户的贷方。编制的会计分录如下。

借：银行存款　　　　　　　　　　　　　　　　　　　　　　　　30 000
　　贷：营业外收入　　　　　　　　　　　　　　　　　　　　　　30 000

例 7-58

宏达有限责任公司用银行存款向某希望小学捐款 20 000 元。

这项经济业务的发生，一方面使公司的银行存款减少 20 000 元，另一方面使公司的营业外支出增加 20 000 元。这项经济业务涉及"银行存款"和"营业外支出"两个账户。营业外支出增加是费用的增加，应记入"营业外支出"账户的借方，银行存款减少是资产的减少，应记入"银行存款"账户的贷方。编制的会计分录如下。

借：营业外支出　　　　　　　　　　　　　　　　　　　　　　　20 000
　　贷：银行存款　　　　　　　　　　　　　　　　　　　　　　　20 000

5）利润总额形成的核算

利润总额形成的会计过程，实际上是企业结转损益的过程。为了核算企业一定时期内财务成果的具体形成情况，会计期末需要将损益账户的余额结转到"本年利润"账户。

"本年利润"账户，用来核算企业一定时期内实现的利润（或亏损）总额。该账户是所有者权益类账户，贷方登记会计期末转入的各项收入，包括主营业务收入、其他业务收入、营业外收入和投资净收益等，借方登记会计期末转入的各项支出，包括主营业务成本、其他业务成本、税金及附加、管理费用、财务费用、销售费用、资产减值损失、营业外支出、投资净损失和所得税费用等。该账户期（月）末余额如果在贷方，表示实现的累计净利润，如果在借方，表示累计发生的亏损。年度终了，应将本年收入和支出相抵后结出的本年实现的净利润（或亏损总额）转入"利润分配"账户，结转后该账户年末没有余额。

利润总额的会计形成过程主要包括以下几个步骤。

① 将损益账户的余额结转到"本年利润"账户，使损益账户的余额结转为零。此时"本年利润"账户余额通常叫利润总额或税前利润。

② 根据"本年利润"账户的余额进行调整，计算出所得税的计税基数，以此计算应缴纳的企业所得税费用并入账。

③ 将"所得税费用"账户余额结转至"本年利润"账户，使"所得税费用"账户的余额为零。此时"本年利润"账户余额是净利润，也叫税后利润或可供分配利润。

④ 至此，"本年利润"账户中的余额实际上就是可供企业分配的利润，最后将可供企业分配利润转入"利润分配——未分配利润"账户。

例 7-59

根据以上经济业务，宏达有限责任公司会计期末有关损益类账户的余额如表 7-6 所示。

表 7-8 损益类账户余额表 单位：元

账户名称	结账前借方余额	结账前贷方余额
主营业务收入		191 000
其他业务收入		20 000
投资收益		24 500
营业外收入		30 000
主营业务成本	95 500	
其他业务成本	14 000	
税金及附加	800	
销售费用	1 000	
管理费用	18 000	
财务费用	11 000	
资产减值损失	2 000	
营业外支出	20 000	

将本月各项收入、成本和费用分别转入"本年利润"账户。

（1）结转各项收入、利得类账户

结转各项收入、利得类账户，一方面使公司有关损益类账户中各种收入减少了，另一方面使公司的利润额增加了。这项业务涉及"主营业务收入""其他业务收入""投资收益""营业外收入"和"本年利润" 5 个账户。各项收入的结转是收入的减少，应记入"主营业务收入""其他业务收入""投资收益""营业外收入"账户的借方，利润增加是所有者权益的增加，应记入"本年利润"账户的贷方。编制的会计分录如下。

借：主营业务收入　　　　　　　　　　　　　191 000
　　其他业务收入　　　　　　　　　　　　　 20 000
　　投资收益　　　　　　　　　　　　　　　 24 500
　　营业外收入　　　　　　　　　　　　　　 30 000
　　贷：本年利润　　　　　　　　　　　　　265 500

（2）结转各项成本、费用和损失类账户

结转各项成本、费用和损失类账户，一方面将有关损益类账户中的各项支出予以转销，另一方面使公司的利润减少。这项业务涉及"本年利润""主营业务成本""其他业务成本""管理费用""财务费用""销售费用""资产减值损失""营业外支出" 8 个账户。各项支出的结转是费用支出的减少，应记入"主营业务成本""其他业务成本""管理费用""财务费用""销售费用""资产减值损失"和"营业外支出"账户的贷方，利润减少是所有者权益的减少，应记入"本年利润"账户的借方。这项业务应编制的会计分录如下。

借：本年利润　　　　　　　　　　　　　　　162 300
　　贷：主营业务成本　　　　　　　　　　　 95 500

税金及附加	800
其他业务成本	14 000
管理费用	18 000
财务费用	11 000
销售费用	1 000
资产减值损失	2 000
营业外支出	20 000

通过以上结转，本月的各项收入和费用都汇集于"本年利润"账户，就可以根据"本年利润"账户的借方和贷方记录计算利润总额。宏达有限责任公司本期实现的利润总额=收入-费用=103 200元（265 500-162 300），根据利润总额就可以计算所得税。

6）所得税费用的核算

从会计的角度来看，企业缴纳的所得税和其他费用一样，符合费用的定义和确认的条件，所以也属于一项费用，称为所得税费用。企业在确定当期所得税时，对于当期发生的交易或事项，会计处理与税收处理不同的，应在会计利润的基础上，按照适用税收法规的规定进行纳税调整，计算出当期应纳税所得额，按照应纳税所得额与适用所得税税率计算当期应交的所得税。一般情况下，应纳税所得额可在会计利润的基础上，考虑会计与税收之间的差异，按照以下公式计算确定。

应纳税所得额=利润总额+所得税前利润中予以调整的项目
应交所得税=应纳税所得额×所得税税率

由于纳税调整项目的内容比较复杂，在"基础会计"课程中，为了简化核算，一般假设纳税调整项目为零，因而就可以以会计上的利润总额为基础计算所得税额。企业的所得税税率为25%。为了核算所得税费用的发生情况，在会计上需要设置"所得税费用"账户，用来核算企业按照有关规定从当期利润中扣除的所得税。该账户是费用类账户，借方登记按照应纳税所得额计算出的所得税费用，贷方登记期末转入"本年利润"账户的所得税费用，结转后该账户没有期末余额。

例 7-60

承例7-59，宏达有限责任公司计算并结转本期应交所得税（假设宏达有限责任公司没有纳税调整项目）。

（1）计算所得税

因为企业没有任何需要调整事项，所以可以根据利润总额计算应交所得税，应交所得税=103 200×25%=25 800元。所得税计算出来之后，一般在当期并不实际缴纳，所以在形成所得税费用的同时也产生了企业的一项负债。这项经济业务的发生，一方面使公司的所得税费用增加25 800元，另一方面使公司的应交税费增加25 800元。这项经济业务涉及"所得税费用"和"应交税费"两个账户。所得税费用增加是费用支出的增加，应记入"所得税费用"账户的借方，应交税费增加是负债的增加，应记入"应交税费"账户的贷方。编制的会计分录如下。

借：所得税费用 25 800
　　贷：应交税费——应交所得税 25 800

（2）结转"所得税费用"到"本年利润"账户

将"所得税费用"结转到"本年利润"账户，一方面使公司的所得税费用减少（结转）25 800元，另一方面使公司的利润减少25 800元。所得税费用减少（结转）应记入"所得税费用"账户的贷方，利润减少应记入"本年利润"账户的借方。编制的会计分录如下。

借：本年利润 25 800
　　贷：所得税费用 25 800

所得税费用转入"本年利润"账户之后，就可以根据"本年利润"账户的借方和贷方记录的各项费用和收入计算企业的净利润，即

净利润＝利润总额－所得税费用＝103 200－25 800＝77 400（元）

3. 利润分配业务的核算

企业对于实现的净利润应按照国家的有关规定在各相关方面进行合理的分配。利润分配就是企业根据股东大会或类似权力机构批准，对企业可供分配利润指定其特定用途和分配给投资者的行为。利润分配不仅关系到每个股东的权益是否得到保障，而且还关系到企业未来的发展问题，所以，必须正确地对利润分配的具体内容进行会计核算。

1）利润分配的顺序

根据《中华人民共和国公司法》（以下简称《公司法》）等有关法规的规定，企业当年实现的净利润，首先应弥补以前年度尚未弥补的亏损，对于剩余部分，一般应当按照如下顺序进行分配。

（1）计提法定盈余公积金

法定盈余公积金应按照本年实现净利润的一定比例提取。《公司法》规定，公司制企业按净利润的10%计提法定盈余公积金；其他企业可以根据需要确定提取比例，但不得低于10%。企业提取的法定盈余公积金累计额已达注册资本的50%时可不再提取。法定盈余公积金提取后，可用于弥补亏损或转增资本，但企业用盈余公积金转增资本后，法定盈余公积金的余额不得低于转增前公司注册资本的25%。

（2）向股东（投资者）分配股利（利润）

企业实现的净利润在扣除上述项目后，再加上年初未分配利润和其他转入数（公积金弥补的亏损等），形成可供投资者分配的利润，其计算公式为

可供投资者分配的利润＝净利润－弥补以前年度的亏损－提取法定盈余公积金＋
　　　　　　　　　　以前年度未分配利润＋公积金转入数

2）利润分配业务的核算

企业对实现的净利润进行分配，意味着企业的净利润这项所有者权益的减少，本应在"本年利润"账户的借方进行登记，表示直接冲减本年的净利润，但是如果这样处理，"本年利润"账户就不能提供本年累计实现的净利润这项指标。因此，为了使"本年利润"账户能够真实地反映企业实现净利润的原始数据，又能提供企业未分配利润的数据，应专门设置"利润分

配"账户,用以提供企业已分配的利润总额。

"利润分配"账户,用来核算企业净利润的分配或亏损的弥补及历年结存的未分配利润(或未弥补亏损)。该账户是所有者权益类账户,借方登记实际分配的利润额,包括提取的盈余公积金和分配给投资人的利润及年末从"本年利润"账户转入的全年累计亏损额;贷方登记用盈余公积金弥补的亏损及年末从"本年利润"账户转入的全年实现的净利润。"利润分配"账户一般应设置"盈余公积补亏""提取法定盈余公积""提取任意盈余公积""应付现金股利(或利润)""转作股本的股利"和"未分配利润"等明细账户,进行明细分类核算。年度终了,企业应将全年实现的净利润,自"本年利润"账户转入"利润分配——未分配利润"账户,并将"利润分配"账户下的其他有关明细账户的余额,转入"未分配利润"明细账户。结转后,"未分配利润"明细账户的贷方余额,就是未分配的利润额;如为借方余额,则表示未弥补的亏损额。结转后,该账户除"未分配利润"明细账户外,其他明细账户应无余额。

企业实现的净利润通过"利润分配"账户进行分配,同时为了反映盈余公积的增减变动情况,应设置"盈余公积"账户。

"盈余公积"账户,用来核算企业从税后利润中提取的盈余公积金(包括法定盈余公积和任意盈余公积)的增减变动及其结余情况。该账户是所有者权益类账户,贷方登记提取的盈余公积金,借方登记实际使用的盈余公积金。期末余额在贷方,表示结余的盈余公积金。该账户应设置"法定盈余公积"和"任意盈余公积"等明细账户,进行明细分类核算。

例 7-61

承例 7-60,宏达有限责任公司在期末结转本年实现的净利润。

宏达有限责任公司本年实现的净利润为 77 400 元。结转净利润,一方面使公司"本年利润"账户的累计净利润减少 77 400 元,另一方面使公司可供分配的利润增加 77 400 元。这项业务涉及"本年利润"和"利润分配"两个账户。本年利润减少是所有者权益的减少,应记入"本年利润"账户的借方,可供分配的利润增加是所有者权益的增加,应记入"利润分配"账户的贷方。编制的会计分录如下。

借: 本年利润   77 400
    贷: 利润分配——未分配利润   77 400

例 7-62

承例 7-60 和例 7-61,宏达有限责任公司经股东大会批准,按净利润的 10%提取法定盈余公积金。

盈余公积金一般都是按全年实现的净利润在年末一次性计提,在这里为了简化核算过程,以本月实现的净利润为基础进行计算。因此,公司提取的法定盈余公积金为 7 740 元(77 400×10%)。公司提取法定盈余公积金,一方面使公司的已分配的利润额增加 7 740 元,另一方面使公司的盈余公积金增加 7 740 元。这项业务涉及"利润分配"和"盈余公积"两个账户。已分配利润增加是所有者权益的减少,应记入"利润分配"账户的借方,盈余公积金增加是所有者权益的增加,应记入"盈余公积"账户的贷方。编制的会计分录如下。

借：利润分配——提取法定盈余公积　　　　　　　　　　　　　　　7 740
　　　　贷：盈余公积——法定盈余公积　　　　　　　　　　　　　　　　　7 740

例 7-63

　　宏达有限责任公司按照股东大会决议，决定给股东分配现金股利 10 000 元。

　　这项经济业务的发生，一方面使公司的利润分配增加 10 000 元，另一方面，反映应付给股东的股利增加 10 000 元。这项经济业务的涉及"利润分配"和"应付股利"两个账户。"应付股利"账户属于负债类账户，用来核算应付给股东的股利，借方反映应付股利的减少，贷方反映应付股利的增加，余额在贷方，反映应付股利的累计数。利润分配增加是所有者权益的减少，应记入"利润分配"账户的借方，应付股利增加是负债的增加，应记入"应付股利"账户的贷方。编制的会计分录如下。

　　借：利润分配——应付现金股利　　　　　　　　　　　　　　　　10 000
　　　　贷：应付股利　　　　　　　　　　　　　　　　　　　　　　　　10 000

例 7-64

　　承例 7-62 和例 7-63，宏达有限责任公司在会计期末结清利润分配账户所属的各有关明细账户。

　　宏达有限责任公司"利润分配"所属有关明细账户分别为："提取法定盈余公积"明细账户借方余额 7 740 元，"应付现金股利"明细账户借方余额 10 000 元。结清时，应将各个明细账户的余额从其相反方向分别转入"未分配利润"明细账户中。"提取法定盈余公积"和"应付现金股利"明细账户都是借方余额，应分别从"提取法定盈余公积"和"应付现金股利"明细账户的贷方结转到"未分配利润"明细账户的借方。编制的会计分录如下。

　　借：利润分配——未分配利润　　　　　　　　　　　　　　　　　17 740
　　　　贷：利润分配——提取法定盈余公积　　　　　　　　　　　　　　7 740
　　　　　　　　　　——应付现金股利　　　　　　　　　　　　　　　10 000

　　本年实现的净利润经过分配之后，年末未分配利润=77 400–17 740=59 660（元）

7.7　资金退出企业的核算

　　资金退出企业包括偿还各项债务、上交各项税金、向所有者分配利润等，使得这部分资金离开本企业，退出本企业的资金循环与周转。

例 7-65

　　宏达有限责任公司用银行存款上交企业所得税 25 800 元。

这项经济业务的发生，一方面使公司的银行存款减少 25 800 元，另一方面使公司应交纳的税金减少 25 800 元。这项经济业务涉及"银行存款"和"应交税费"两个账户。银行存款减少是资产的减少，应记入"银行存款"账户的贷方，应交税费减少是负债的减少，应记入"应交税费"账户的借方。编制的会计分录如下。

借：应交税费——应交所得税　　　　　　　　　　　　　　25 800
　　贷：银行存款　　　　　　　　　　　　　　　　　　　　　　　25 800

例 7-66

宏达有限责任公司用银行存款 10 000 元支付股利。

这项经济业务的发生，一方面使公司的银行存款减少 10 000 元，另一方面使公司应付股利减少 10 000 元。这项经济业务涉及"银行存款"和"应付股利"两个账户。银行存款减少是资产的减少，应记入"银行存款"账户的贷方，应付股利减少是负债的减少，应记入"应付股利"账户的借方。编制的会计分录如下。

借：应付股利——应付现金股利　　　　　　　　　　　　　10 000
　　贷：银行存款　　　　　　　　　　　　　　　　　　　　　　　10 000

本 章 小 结

产品制造企业的会计核算按照业务类别分为资金筹集业务核算、供应过程业务核算、产品生产过程业务核算、产品销售过程业务核算、财务成果形成与分配业务核算。

1. 资金筹集渠道主要有两个，即接受投资者的投资和取得借款，前者形成了企业的所有者权益，后者形成了企业的负债，统称为权益，但在企业中享有的要求权不同，所以应在不同的账户中核算。

2. 企业在供应过程中要购买厂房、机器设备等劳动资料和用于生产产品的原材料，支付材料价款和税款，发生采购费用，计算采购成本，结转验收入库的材料采购成本等。

3. 企业在生产过程会发生各种各样的耗费，与产品制造过程有直接关系的耗费称为生产费用。生产费用可进一步划分为直接费用和间接费用，直接费用直接计入产品成本，间接费用分配计入产品成本。将生产费用归集、分配到各种产品中，可计算出产品制造成本。与产品生产活动的管理和销售有一定的关系，但与产品的制造过程没有直接关系的各种费用称为期间费用，包括管理费用、财务费用和销售费用。

4. 企业在销售过程中，将生产的产品对外销售，并按照销售价格与购买单位办理各种款项的结算，同时结转销售成本，确认发生的销售费用和应上交的销售税费。

5. 财务成果包括利润的形成和分配。利润总额是营业利润加上营业外收支净额的总和。营业利润是构成利润总额的主要来源，是营业收入减去营业成本、税金及附加、期间费用、资产减值损失，再加上投资收益（或损失）和公允价值变动收益的总和。净利润是利润总额减去所得税费用后的余额。

> 6. 利润分配是对净利润进行的分配，根据《公司法》等有关法规的规定，企业当年实现的净利润，首先应弥补以前年度尚未弥补的亏损，然后计提法定盈余公积金，剩余部分才能向股东（投资者）分配股利（利润）。

思 考 题

1. 说明制造业企业资金运动的内容及由此而形成的主要经济业务内容。
2. 企业筹资过程主要包括哪些业务？
3. 如何确认和计量长、短期借款的利息？长、短期借款的利息在核算上有什么不同？
4. 外购固定资产和自建固定资产在使用会计账户上最大的区别是什么？
5. 原材料实际采购成本包括哪些内容？材料采购费用如何计入材料的采购成本？
6. 请简述生产成本的计算内容。
7. 请列举固定资产折旧的方法，并简单介绍各方法。
8. 怎样理解"累计折旧"账户的用途及结构？
9. 制造费用的分配标准有哪些？如何对制造费用进行分配？
10. 反映企业财务成果的指标有哪些？其具体构成如何？
11. 如何确认商品销售收入？
12. 简述股份制企业利润分配的顺序。
13. 对于利润分配的内容为何不在"本年利润"账户核算而是专设"利润分配"账户进行核算？

练 习 题

一、单项选择题

1. 与"制造费用"账户贷方对应的借方账户一般是（　　）。
   A."库存商品"　　　　　　　　B."原材料"
   C."生产成本"　　　　　　　　D."应付职工薪酬"

2. 企业增资扩股时，投资者实际出资额大于其按约定比例计算的其在注册资本中所占的份额部分，应作为（　　）。
   A. 资本溢价　　　　　　　　　B. 实收资本
   C. 盈余公积　　　　　　　　　D. 营业外收入

3. 下列各项中，不属于企业营业利润的项目是（　　）。
   A. 劳务收入　　　　　　　　　B. 财务费用
   C. 出租无形资产收入　　　　　D. 出售固定资产净收益

4. 某企业购入一台需要安装的设备，取得的增值税发票上注明的设备买价为 50 000 元，增值税额为 8 500 元，支付的运输费为 1 500 元。设备安装时领用工程用材料价值 1 000 元（不含税），购进该批工程用材料的增值税为 170 元，设备安装时支付有关人员工资 2 000 元。该固定资产的成本为（　　）元。

  A. 61 170   B. 54 500   C. 63 000   D. 63 170

5. 某工业企业为增值税一般纳税人，20×6 年 10 月 9 日购入材料一批，取得的增值税专用发票上注明的价款为 21 200 元，增值税额为 3 604 元。该企业适用的增值税税率为 17%，材料入库前的挑选整理费为 200 元，材料已验收入库。则该企业取得的材料的入账价值应为（　　）元。

  A. 20 200   B. 21 400   C. 23 804   D. 25 004

6. 某企业月初库存材料 60 件，每件为 1 000 元，月中又购进两批，一批 200 件，每件 950 元，另一批 100 件，每件 1 046 元，则月末该材料的加权平均单价为（　　）元。

  A. 980   B. 985   C. 990   D. 1 182

7. 企业计提短期借款的利息支出时应借记的账户是（　　）。

  A. "财务费用"账户   B. "银行存款"账户
  C. "应付利息"账户   D. "在建工程"账户

8. 某企业 20×6 年 9 月实现的主营业务收入为 500 万元，发生的主营业务成本为 400 万元，管理费用为 25 万元，财务费用为 10 万元，资产减值损失为 10 万元，投资收益为 40 万元，不考虑其他因素，该企业 9 月份的营业利润为（　　）。

  A. 65 万元   B. 75 万元   C. 90 万元   D. 95 万元

9. 下列税金中，应列入"税金及附加"账户核算的是（　　）。

  A. 所得税   B. 增值税   C. 房产税   D. 城市维护建设税

10. 固定资产因使用磨损而减少的价值，应记入（　　）。

  A. "固定资产"账户贷方   B. "累计折旧"账户借方
  C. "累计折旧"账户贷方   D. "生产成本"账户借方

二、多项选择题

1. 下列账户中，可能与"生产成本"账户借方对应的是（　　）。

  A. "原材料"   B. "应付职工薪酬"
  C. "管理费用"   D. "财务费用"
  E. "制造费用"

2. 下列各项中，属于企业期间费用的有（　　）。

  A. 销售费用   B. 制造费用   C. 管理费用   D. 财务费用
  E. 所得税费用

3. 企业吸收投资者出资时，下列会计科目的余额可能发生变化的有（　　）。

  A. 盈余公积   B. 资本公积
  C. 实收资本   D. 利润分配
  E. 本年利润

4. "实收资本"账户贷方登记的内容有（　　）。

  A. 资本公积转增的资本   B. 接受捐赠资产的价值

C. 股本溢价　　　　　　　　　　D. 盈余公积转增的资本
　　E. 企业实际收到的投资人投入的资本
5. 下列各项中,构成一般纳税企业外购存货入账价值的有(　　)。
　　A. 买价　　　　　　　　　　　　B. 运杂费
　　C. 运输途中的合理损耗　　　　　D. 支付的增值税
　　E. 入库之前的整理费用

三、判断题

1. 长期借款的利息支出应根据利息支出的具体情况予以资本化或计入当期损益。
(　　)
2. 所有者权益是指企业投资人对企业资产的所有权。(　　)
3. 按双倍余额递减法计提的折旧额在任何时期都大于按年限平均法计提的折旧额。
(　　)
4. 企业在购入材料过程中发生的采购人员的差旅费及市内零星运杂费等不计入材料的采购成本,而是作为管理费用列支。(　　)
5. 按现行企业会计制度的规定,企业在销售商品时产生的现金折扣在实际发生时应冲减企业的销售收入。(　　)

四、业务题

1.(练习有关资金筹集业务的核算)宏达有限责任公司20×6年5月份发生下列有关资金筹集的经济业务。
① 接受甲公司投资100 000元存入银行。
② 从银行取得期限为6个月的借款200 000元存入银行。
③ 收到某外商投资的设备一台,价值50 000元,交付使用。
④ 经有关部门批准将资本公积金60 000元转增资本。
⑤ 用银行存款90 000元偿还到期的银行临时借款。
要求:根据上述经济业务编制会计分录。

2.(练习供应过程业务的核算)宏达有限责任公司20×6年6月份发生下列经济业务。
① 购入需要安装的机器一台,买价为10 000元,增值税为1 700元,运杂费为300元。用库存现金支付外单位安装人员的工资300元。
② 上述设备安装完毕,交付使用。
③ 企业购入生产用不需要安装的设备一台,买价为150 000元,增值税为25 500元,运杂费为2 500元,保险费为1 500元,全部款项已用银行存款支付,设备投入使用。
④ 购入甲材料2 000 kg,单价26元;乙材料1 000 kg,单价12元;丙材料4 000 kg,单价8元。款项全部通过银行支付(增值税税率为17%)。
⑤ 用现金3 500元支付上述材料的外地运杂费(按材料重量比例分摊)。
⑥ 材料验收入库,结转实际采购成本。
⑦ 购入甲材料,专用发票上注明的价款为400 000元,增值税为68 000元,款项已付,材料尚未到达企业。
⑧ 购入丙材料4 000 kg,单价为18元/kg,款项尚未支付,材料入库。另用银行存款4 000元支付丙材料外地运杂费。

⑨ 甲材料运到企业，用现金300元支付装卸费，材料验收入库。

要求：根据上述经济业务进行相关的账务处理。

3. （**固定资产折旧的计算**）宏达有限责任公司20×6年12月31日为生产车间购入甲设备一台，发票上注明的货款为58 000元，增值税为9 860元，运输费为400元，安装调试费为1 000元。该设备预计可使用5年，预计净残值率为5%。

要求：（1）计算该设备的入账价值。
（2）分别用平均年限法和年数总和法计算该设备各年的折旧额。

4. （**练习产品生产过程业务的核算**）宏达有限责任公司20×6年4月份发生下列产品生产业务。

① 生产车间从仓库领用材料，用途如下。

	甲材料	乙材料
A产品耗用	12 000元	8 000元
B产品耗用	25 000元	15 000元
车间一般耗用	4 000元	800元

② 开出现金支票，提取现金140 000元。
③ 用现金140 000发放工资。
④ 用银行存款6 000元支付第二季度车间用房的房租，并相应摊销应由本月负担的部分。
⑤ 用现金1 500元购买厂部办公用品。
⑥ 计提本月固定资产折旧，其中车间折旧额2 200元，厂部折旧额1 000元。
⑦ 月末分配工资费用，其中：

A产品生产工人工资	5 000元
B产品生产工人工资	4 000元
车间管理人员工资	2 000元
厂部管理人员工资	3 000元

⑧ 用银行存款支付员工福利费4 000元。
⑨ 将本月发生的制造费用按生产工时（A产品6 000个工时，B产品4 000个工时）分配计入A、B产品成本。
⑩ 本月生产的A产品20台全部完工，验收入库，结转成本（假设没有期初、期末在产品）。

要求：根据上述经济业务进行相关的账务处理。

5. （**练习产品销售过程业务的核算**）宏达有限责任公司20×6年4月份发生下列销售业务。
① 销售A产品36台，单价4 000元，增值税税率为17%，价税款暂未收到。
② 销售B产品20台，单价560元，增值税税率为17%，款项收到存入银行。
③ 用银行存款3 000元支付销售产品的广告费。
④ 预收某公司订货款40 000元存入银行。
⑤ 企业销售产品价款80 000元，增值税进项税额为13 600元，收到一张已承兑的商业汇票。
⑥ 结转本月已销产品成本150 000元。
⑦ 经计算本月销售产品的城建税3 200元。

要求：根据上述经济业务进行相关的账务处理。

6.（练习有关利润形成业务的核算）宏达有限责任公司20×6年12月份发生下列有关利润形成与分配的业务。

① 用银行存款12 000元支付罚款支出。
② 出售产品一批，价税共58 500元，货款收到存入银行。
③ 结转已销产品成本32 000元。
④ 用银行存款支付银行借款利息900元，前两个月已预提600元。
⑤ 收到罚款收入40 000元存入银行。
⑥ 用现金支付管理部门办公费500元。
⑦ 用现金支付产品销售过程中的运杂费300元。
⑧ 结转本月实现的各项收入和费用。
⑨ 计算本月实现的利润总额（不做会计分录）。
⑩ 按利润总额的25%计算所得税并予以结转。
⑪ 按税后利润的10%提取法定盈余公积金。
⑫ 将剩余利润的40%分配给投资人。
⑬ 年末结转本年净利润。
⑭ 结清利润分配所属有关明细科目。

要求：根据上述经济业务进行相关的账务处理。

7.（练习企业经营过程综合业务的会计处理）宏达有限责任公司为一般纳税人，适用的增值税税率为17%，所得税税率为25%；原材料采用实际成本进行核算。20×6年12月份发生如下经济业务。

① 接受东方公司投资90 000元，存入银行。
② 用银行存款200 000元偿还到期的银行临时借款。
③ 经有关部门批准将资本公积金25 000元转增资本。
④ 购入甲材料6 000 kg，单价为每千克8元，增值税税率为17%，价税款未付。
⑤ 用银行存款2 000元支付上述甲材料的外地运杂费。
⑥ 购入乙材料8 000 kg，单价为每千克10元，增值税税率为17%，价税款均通过银行付清。
⑦ 用银行存款10 000元预付订购材料款。
⑧ 用银行存款支付上月应交税费1 500元。
⑨ 接银行通知，星辉公司前欠本公司货款23 400元，已收到。
⑩ 仓库发出材料，用途如下。

A产品生产耗用　　　　　　120 000元
B产品生产耗用　　　　　　180 000元
生产车间耗用　　　　　　　4 200元
厂部管理部门耗用　　　　　1 500元

⑪ 开出现金支票7 500元购买厂部办公用品。
⑫ 从银行提取现金58 000元，准备发放工资。
⑬ 用现金58 000元发放工资。

⑭ 企业购买一台车床 20 000 元，增值税为 3 400 元，运杂费为 1 500 元，款项暂未付，设备交付使用。
⑮ 计提本月固定资产折旧，其中车间折旧额为 11 000 元，厂部折旧额为 6 500 元。
⑯ 月末分配工资费用，其中：

A 产品生产工人工资	30 000 元
B 产品生产工人工资	10 000 元
车间管理人员工资	10 000 元
厂部管理人员工资	8 000 元

⑰ 用银行存款支付车间电费 3 000 元。
⑱ 将本月发生的制造费用转入"生产成本"账户（按生产工人工资分配）。
⑲ 本月生产 A、B 产品各 100 台，全部完工，验收入库，结转成本（假设没有期初期末在产品）。
⑳ 销售 A 产品 40 台，单价为每台 4 000 元，增值税税率为 17%，价税款暂未收到。
㉑ 用银行存款 2 500 元支付销售产品的广告费。
㉒ 预收 B 产品货款 50 000 元，款项收到存入银行。
㉓ 向银行借入期限为 12 个月的借款 100 000 元存入银行。
㉔ 计提应由本月负担的银行借款利息 780 元。
㉕ 结转本月销售的 40 台 A 产品的实际成本。
㉖ 将本月收入、费用转入"本年利润"账户，计算本月实现的利润总额。
㉗ 按 25%的税率计算本月应缴纳的所得税，并结转。
㉘ 年末结转本年净利润。
㉙ 按税后利润的 10%提取法定盈余公积。
㉚ 用净利润的 30%向投资者分配现金股利。
要求：根据上述经济业务进行相关的账务处理。

第8章

财产清查

【学习目标】

本章主要阐述财产清查的一般方法及财产清查结果的会计处理。通过本章的学习，使学生了解财产清查的意义和种类，熟悉货币资金、往来款项和各种实物资产的清查方法，掌握存货的盘存制度及财产清查结果的账务处理。

8.1 财产清查概述

1. 财产清查的意义

财产清查是指通过对实物、现金的实地盘点和对银行存款、往来款项的核对，查明各项财产物资、货币资金、往来款项的实有数和账面数是否相符的一种会计核算专门方法。企业各项财产物资的增减变动及其结存情况都是通过账簿记录如实地加以反映，从理论上来讲，会计账簿记录应该与实际的财产的收发和结存相符。但是，在实际工作中，由于种种原因，可能使各项财产的实际结存数额与账面结存数额发生差异。因此，为了保证会计资料的客观真实性，必须在账簿记录的基础上运用财产清查这一方法，对本单位各项财产物资进行定期或不定期的清查，使账簿记录与实物、款项实存数额相符，保证会计资料的真实可靠。

造成账实不符的原因一般有以下几种。

① 在收发物资中，由于计量、检验不准确而造成品种、数量或质量上的差错。
② 财产物资在运输、保管、收发过程中，在数量上发生自然增减变化。
③ 在财产增减变动中，由于手续不齐或计算、登记发生错误。
④ 由于管理不善或工作人员失职，造成财产损失、变质或短缺等。
⑤ 贪污盗窃、营私舞弊造成的损失。

⑥ 自然灾害造成的损失。

⑦ 未达账项引起的账账不符、账实不符等。

通过财产清查如果发现账实不符，应查明原因，分清责任，采取有效的措施，实事求是地进行处理，以保证会计资料的真实可靠。财产清查的意义主要表现在以下几个方面。

① 通过财产清查，可以查明各项财产物资的实有数量，确定实有数量与账面数量之间的差异，查明原因和责任，以便采取有效措施，消除差异，改进工作，从而保证账实相符，提高会计资料的准确性。

② 通过财产清查，可以查明各项财产物资的保管情况，有无因管理不善，造成霉烂、变质、损失浪费，或者被非法挪用、贪污盗窃等情况，以便采取有效措施，加强管理，切实保障各项财产物资的安全完整。

③ 通过财产清查，可以查明各项财产物资的库存和使用情况，合理安排生产经营活动，充分利用各项财产物资，加速资金周转，提高资金使用效率。

2. 财产清查的种类

财产清查可以按不同的标准进行分类。

1）按财产清查范围的不同可以分为全部清查和局部清查

（1）全部清查

全部清查是指对企业所有的财产物资、货币资金和债权债务进行全面盘点和核对。全面清查范围广、内容多、工作量大、时间长，参加的部门和人员也多，一般不轻易进行全部清查。但在以下几种情况下需要进行全部清查。

① 年终决算前为了确保年终决算会计资料真实、正确，需要进行一次全部清查。

② 单位撤销、合并或改变隶属关系时需要进行全部清查。

③ 开展资产评估、清产核资时，需要进行全部清查。

（2）局部清查

局部清查是指根据管理的需要或依据有关规定，对部分财产物资、货币资金及债权债务进行盘点和核对。由于全部清查的工作量较大，不能经常进行，所以平时可以根据管理的需要进行局部清查。局部清查的范围小，专业性比较强，因而其清查的主要对象一般是流动性较大的财产物资：对于现金应由出纳人员在每日业务终了时盘点一次，做到日清月结；对于银行存款每月应至少同银行核对一次；对于各种贵重的财产物资每月应清查盘点一次；对于债权债务应在年度内至少同有关单位核对一次。

2）按照财产清查时间的不同可以分为定期清查和不定期清查

（1）定期清查

定期清查是指根据预先计划安排的时间对财产物资、货币资金和债权债务所进行的清查。定期清查可以是全面清查也可以是局部清查，一般是在年末、季末或月末结账时进行。

（2）不定期清查

不定期清查是指事先并无计划安排，而是根据实际需要临时进行的财产清查。一般在更换财产物资保管人员和现金出纳员时、发生非常损失时、有关单位对企业进行会计检查或进行临时性的清产核资时，应进行不定期清查。不定期清查的范围应视具体情况而定，可全面清查也可局部清查。

3）按照财产清查执行单位的不同，可以分为内部清查和外部清查

（1）内部清查

内部清查是指由本企业有关人员组成的清查工作组对本企业的财产所进行的清查。这种清查可以是全部清查，也可以是局部清查；可以是定期清查，也可以是不定期清查，应根据实际情况和具体要求加以确定。

（2）外部清查

外部清查是指由本企业以外的有关部门或人员根据国家有关规定对本企业所进行的财产清查。外部清查一般是全面清查，可以是定期清查，也可以是不定期清查。

3. 财产清查的步骤

财产清查是加强会计核算的重要手段，涉及面广、工作量大、非常复杂。它不仅涉及有关物资保管部门，而且还涉及各个车间和各个职能部门。为了做好财产清查工作，使它发挥应有的积极作用，必须有计划、有组织地按一定程序进行。

（1）准备阶段

财产清查的准备阶段包括组织准备和业务准备。

组织准备是指为了保证财产清查工作的顺利进行，成立由财务、设备、技术、生产、行政及其他有关部门组成的财产清查领导小组，拟定财产清查工作方案。

业务准备是做好财产清查工作的前提条件，各有关部门应做好以下几个方面的准备工作。财务部门应在财产清查之前将所有经济业务全部登记入账并结出余额，提供经过核实的正确资料；财产物资保管部门应将各项财产物资进行整理、排列、堆放整齐，挂上标签，标明品种、规格和结存数量，以便进行实物盘点；财产清查人员应准备好各种计量器具，并按照国家计量标准校正准确各种计量工具，以减少误差，同时准备有关财产清查的各种登记表。

（2）实施财产清查

首先，清查人员分别对各项财产物资的数量、品种、类别、金额等予以盘点，同时由盘点人员做好盘点记录，并据以填制"盘存单"，列明所查财产物资的实存数量和款项及债权债务的实有数额；然后根据盘存单和有关账簿资料填制"实存账存对比表"，检查账实是否相符，并将对比结果填入该表。记录盘点资料及其结果的表格，应由盘点人员、保管人员及相关人员签名或盖章，以明确责任。

（3）分析及处理阶段

根据"实存账存对比表"上列示的结果调整账簿记录，并分析盘盈和盘亏的原因，按规定报请有关部门批准后，分别对盘盈和盘亏的资产进行账务处理。

8.2 财产清查的内容与方法

企业财产物资的种类繁多，为了达到财产清查工作的目的，应针对不同的清查对象采取不同的清查方法。

1. 货币资金的清查

货币资金的清查包括对库存现金的清查、对银行存款的清查和对其他货币资金的清查。

(1) 库存现金的清查

库存现金清查主要是为了加强对出纳工作的监督，防止现金丢失和记账发生错误等，以保证库存现金的安全完整，实现账款相符。库存现金清查的方法主要是实地盘点法，是通过对库存现金的盘点确定库存现金的实有数，并与库存现金日记账的账面余额进行核对，以查明账实是否相符。具体可分为以下两种情况。

① 在日常工作中，出纳人员每日清点库存现金实有数额，并及时与现金日记账的余额相核对。

② 组成清查小组定期或不定期的清查。在进行现金盘点前，出纳人员应将库存现金集中并存入保险柜，并把已办妥现金收付手续的收付款凭证登记入账，结出现金日记账余额。为了明确经济责任，清查时出纳人员必须在场，清查人员要认真审核收、付款凭证和账簿记录，检查经济业务的合理性、合法性和账簿记录有无错误，通过清点现金，核对账款，检查企业是否以"白条"或"借据"抵充库存现金。

库存现金盘点结束后，应根据盘点结果填制"库存现金盘点报告表"。"库存现金盘点报告表"是重要的原始凭证，它具有实物财产清查的"盘存单"与"实存账存对比表"的双重作用。"库存现金盘点报告表"应由盘点人员和出纳人员共同签章方能生效。"库存现金盘点报告表"的格式如表 8-1 所示。

表 8-1　库存现金盘点报告表

单位名称：　　　　　　　　　　　　　年　月　日

实存金额	账存金额	实存与账存对比		备注
		盘盈（长款）	盘亏（短款）	

盘点人签章：　　　　　　　　　　　　出纳员签章：

(2) 银行存款的清查

银行存款清查是采用与银行核对账目的方法来进行的，即将企业银行存款日记账与收到的银行对账单逐笔核对，以查明银行存款的收入、付出和结余的记录是否正确。

月末，企业的出纳人员首先应将企业所有银行存款的收、付业务都登记入账，对发生的错账、漏账及时查清更正，并结出银行存款日记账余额，然后再与银行对账单逐笔核对。如果二者核对相符，一般说明无错误；如果二者核对不相符，则可能存在未达账项。

所谓未达账项，是指在企业和银行之间，对同一项经济业务，由于凭证的传递时间不同，而导致记账时间不一致，即一方已接到有关结算凭证并已经登记入账，而另一方由于尚未接到有关结算凭证尚未入账的事项。未达账项总的来说有两大类型：一是企业已经入账而银行尚未入账的款项；二是银行已经入账而企业尚未入账的款项。企业与银行之间的未达账项，有以下四种情况。

① 企业送存银行的款项，企业已做存款增加入账，但银行尚未入账。

② 企业开出支票或其他付款凭证，企业已作为存款减少入账，但银行尚未付款、未记账。

③ 银行代企业收进的款项，银行已作为企业存款的增加入账，但企业尚未收到通知，因

而未入账。

④ 银行代企业支付的款项，银行已作为企业存款的减少入账，但企业尚未收到通知，因而未入账。

其中，前两种属于企业已入账而银行尚未入账的情况，后两种属于银行已入账而企业尚未入账的情况。

上述任何一种情况的发生，都会使企业银行存款日记账的余额与银行开出的对账单的余额不符。因此，为了查明企业和银行双方账目的记录有无差错，同时也是为了发现未达账项，在进行银行存款清查时，必须将企业银行存款日记账与银行对账单逐笔核对，核对的内容包括收付金额、结算凭证的种类和号数、收入来源、支出的用途、发生的时间等。通过核对，如果发现企业有错账或漏账，应立即更正；如果发现银行有错账或漏账，应立即通知银行查明更正；如果发现有未达账项，则应据以编制"银行存款余额调节表"对有关的账项进行调整。"银行存款余额调节表"是在企业银行存款日记账余额和银行对账单余额的基础上，分别加减未达账项，确定调节后余额。调节后余额是企业当时可以实际动用的银行存款的限额。"银行存款余额调节表"如表8-2所示。

表8-2　银行存款余额调节表

年　月　日　　　　　　　　　　　　　　　　　　　　单位：元

项　目	金额	项　目	金额
企业银行存款日记账的余额		银行对账单的余额	
加：银行已收款记账，企业未收款记账的账项 减：银行已付款记账，企业未付款记账的账项		加：企业已收款记账，银行未收款记账的账项 减：企业已付款记账，银行未付款记账的账项	
调节后的存款余额		调节后的存款余额	

例8-1

宏达有限责任公司20×6年6月30日"银行存款日记账"和开户银行送来的"银行对账单"如表8-3和表8-4所示，编制20×6年6月的"银行存款余额调节表"。

表8-3　银行存款日记账

20×6年		凭证号码	摘　要	对方科目	收入	支出	结余
月	日						
6	01	略	期初余额				350 000
	06	略	收回货款	应收账款	50 000		400 000
	12	略	购买材料	原材料		250 000	150 000
	14	略	销售商品	主营业务收入	60 000		210 000
	22	略	从银行提取现金	库存现金		15 000	195 000
	26	略	销售商品	主营业务收入	50 000		245 000
	29	略	用银行存款购买设备	固定资产		132 000	113 000
	30		本月合计		160 000	397 000	113 000

表 8–4　中国工商银行客户存款对账单

币种：人民币（本位币）　　　　　　　　　　　　　　　　　　　　　单位：元

户名：宏达有限责任公司					上页余额：350 000				
日期	交易类型	凭证种类	凭证号	对方户名	摘要	借方	贷方	余额	记账信息
06–08	转账	略	略	略	存入		50 000	400 000	略
06–11	转账	略	略	略	支付	250 000		150 000	略
06–16	转账	略	略	略	存入		60 000	210 000	略
06–22	现金	略	略	略	支取	15 000		195 000	略
06–28	转账	略	略	略	存入		30 000	225 000	略
06–30	转账	略	略	略	支付	45 000		180 000	略

将"银行存款日记账"和"银行对账单"逐笔核对发现双方有下列未达账项。

① 企业已收款记账，银行未收款记账的账项为 50 000 元。
② 企业已付款记账，银行未付款记账的账项为 132 000 元。
③ 银行已收款记账，企业未收款记账的账项为 30 000 元。
④ 银行已付款记账，企业未付款记账的账项为 45 000 元。

根据以上未达账项编制"银行存款余额调节表"如表 8–5 所示。

表 8–5　银行存款余额调节表

单位名称：宏达有限责任公司　　　　20×6 年 6 月 30 日　　　　　　　　　　　　　单位：元

项　目	金额	项　目	金额
企业银行存款日记账的余额	113 000	银行对账单的余额	180 000
加：银行已收款记账，企业未收款记账的账项	30 000	加：企业已收款记账，银行未收款记账的账项	50 000
减：银行已付款记账，企业未付款记账的账项	45 000	减：企业已付款记账，银行未付款记账的账项	132 000
调节后的存款余额	98 000	调节后的存款余额	98 000

如果调节后双方余额相等，说明双方记账基本正确；如果调节后的余额仍然不等，则表明企业或银行记账有差错，应进一步查明原因，采取相应的方法进行更正。

银行存款余额调节表的余额，是企业可以实际动用的银行存款数额。编制银行存款余额调节表的目的是检查账簿记录的正确性，并不是要更改账簿记录，对于银行已经入账而企业尚未入账的未达账项，不能将银行存款余额调节表作为原始凭证来编制会计分录，作为记账依据，必须在收到银行的有关凭证后方可入账。因此，编制银行存款余额调节表只起对账的作用，而不能将银行存款余额调节表作为调整账面记录的依据。

（3）其他货币资金的清查

上述银行存款的清查方法也适用于其他货币资金的清查。

2. 实物财产的清查

对于实物财产，如原材料、半成品、在产品、产成品、低值易耗品、包装物和固定资产等的清查，首先应确定实物财产的账面结存额，再确定实际结存额，然后根据账存和实存确定差异，寻找产生差异的原因，进行账务处理。

1）存货的清查方法

（1）确定存货账面结存的盘存制度

实物财产清查的重要环节是盘点实物财产，尤其是存货的实存数量。为了使盘点工作顺利进行，应建立科学的存货盘存制度。存货的盘存制度一般有两种：永续盘存制和实地盘存制。

① 永续盘存制。永续盘存制又称账面盘存制，是通过设置存货明细账，平时对各项存货的增减变动都要根据会计凭证逐笔在有关账簿中登记，并随时结算出其账面结存数的一种盘存制度。采用这种方法，存货按品种、规格设置数量金额式明细账，除登记收、发和结存数量外，还要登记金额，以便及时反映各项存货的收入、发出和结存情况。采用永续盘存制需定期或不定期地、全部或局部地对财产进行实地盘点，以验证账实是否相符。企业每年至少应对存货进行一次全面盘点，对于有些价值较高的存货，还需要对它们经常进行实物盘点。

永续盘存制的优点是：通过存货明细账的记录，可以随时反映每种存货收入、发出及结存的详细情况，有利于加强对存货的管理与控制。不足之处是：永续盘存制下存货明细账的会计核算工作量较大。但同实地盘存制相比，它在存货的管理和控制方面具有明显的优越性，因此在实际工作中，大多数企业采用永续盘存制。

② 实地盘存制。实地盘存制又称为以存计耗制或以存计销制，它是平时只在账簿中登记各项存货的收入（增加）数，不登记其发出（减少）数，会计期末通过实地盘点来确定其实际结存数，并据以倒挤计算出本期发出（减少）存货数量的一种盘存制度。相关计算公式为

本期发出存货成本=期初结存存货成本+本期收入存货成本−期末结存存货成本

实地盘存制的优点是平时不需要记录存货的发出和结存数量，核算工作比较简单，工作量较小。不足之处是：账簿中无法随时反映存货的减少数和结存数，根据实地盘点确定的结存数倒挤出的发出存货，除了正常销售和耗用外，可能隐含存货毁损、盗窃、丢失等非正常因素，不利于对存货进行控制和监督。因此，实地盘存制只适用于价值低、收发频繁的存货，一般只用于核算那些价值低、数量不稳定、损耗大的鲜活商品。

（2）存货的清查方法

不同品种的实物财产，由于其实物形态、体积、重量、堆放方式等方面各有不同，因而所采用的清查方法也有所不同。常用的实物财产的清查方法包括以下几种。

① 实地盘点法。即通过逐一清点或用计量器具来确定实物财产的实存数量。该方法适用的范围较广，在多数财产物资清查中都可以采用这种方法。

② 技术推算法。是指通过技术推算确定实物财产的实存数量。这种方法一般适用于散装的、大量成堆且难以逐一清点的财产物资的清查。例如，露天堆放的煤炭等。

③ 函证核对法。对于委托外单位加工、保管的材料、商品、物资，以及在途的材料、商品、物资等，可以用询证的方法与有关单位进行核对，以查明账实是否相符。

（3）存货清查的程序

实物财产清查过程中，为了明确经济责任，有关实物财产的保管人员和盘点人员必须同时在场，对各项实物财产的盘点结果，应如实准确地登记"盘存单"，并由盘点人和实物保管人同时签字或盖章。"盘存单"既是实物财产盘点结果的书面证明，也是反映实物财产实有数额的原始凭证。"盘存单"的一般格式如表8-6所示。

表 8-6　盘存单

单位名称：　　　　　　　　　盘点时间：　　　　　　　　　编号：
财产类别：　　　　　　　　　存放地点：

序号	名称	规格型号	计量单位	实存数量	单价	金额	备注

盘点人签章：　　　　　　　　　保管人签章：

为了查明实存数与账存数是否一致，确定盘盈或盘亏情况，应将"盘存单"中所记录的实存数与账面结存数相核对，如果发现某项实物财产盘点结果与账面结存结果不相符，应根据"盘存单"和有关账簿记录，填制"实存账存对比表"，以确定实物财产的盘盈数或盘亏数。"实存账存对比表"是用以调整账簿记录的重要原始凭证，也是分析产生差异的原因、明确经济责任的依据。"实存账存对比表"的一般格式如表 8-7 所示。

表 8-7　实存账存对比表

单位名称：　　　　　　　　　年　月　日

编号	类别及名称	计量单位	单价	实存		账存		差异				备注
								盘盈		盘亏		
				数量	金额	数量	金额	数量	金额	数量	金额	

主管人员：　　　　　　　　　会计：　　　　　　　　　制表：

视野拓展

存货的仓储管理包括验收、储存、发货等环节。保证物资的品质完好与安全完整，是仓储部门的责任。依据仓储管理的特点，仓储管理可以实行仓库保管员专人负责制。

① 采购的物资到达企业后，仓储部门要及时进行验收。仓储部门要严格按采购订单上要求的名称、规格、数量、质量、到货时间等进行验收。

② 物资验收入库后，仓储部门应填制验收单。

③ 物资验收入库时，仓库保管员必须依据其物理特点进行适当的分类管理。

④ 仓储部门必须严格进行出库管理。仓库保管员只有在收到经批准的发货单，并将发货单与客户的提货单核对无误后，才能进行发货。

⑤ 对于销售退回的物资，仓储部门应该依据有效的批准文件，及时办理退货入库手续。

⑥ 仓库保管员应该对其所保管的物资经常进行安全检查、定期盘点，并主动与财务部门进行核对，防止物资霉烂变质、毁损丢失。

⑦ 财务部门应该不定期对仓库保管的物资进行抽查，发现账实不符，应交有关部门查明原因，及时处理。

2）固定资产的清查方法

固定资产是企业开展经营活动的物质基础，价值较高，在企业的资产总额中占有较大的比重，使用期限较长，应定期或者至少于每年年末对其进行清查。

对固定资产进行清查，首先应查明固定资产的实物是否与账面记录相符，严防出现固定资产丢失的情况；其次要查明固定资产在保管、维护保养及核算上存在的问题，保证企业固定资产核算的正确性；最后还要清查固定资产的使用情况，如发现固定资产长期闲置、封存或使用效率不高、结构不合理、生产能力不均衡等情况，应及时反映给有关部门，由其做出处理，保证企业固定资产合理有效地使用。

固定资产的清查通常也采用实地盘点的方法，其清查步骤和方法与存货的清查步骤和方法相同。如果清查中发现固定资产盘亏或毁损情况，要查明该项固定资产的原值、已提折旧额等；如果发现固定资产盘盈的情况，要对其估价，确定盘盈固定资产的价值。根据盘盈、盘亏情况编制"固定资产盘盈、盘亏报告单"，其格式、内容如表8-8所示。

表8-8 固定资产盘盈、盘亏报告单

部门：　　　　　　　　　　　　　　　　　年　月　日

编号	名称	规格及型号	盘盈			盘亏			毁损			备注
			数量	价值	累计折旧	数量	原价	已提折旧	数量	原价	已提折旧	
处理意见		审批部门			清查小组			使用保管部门				

盘点人签章：　　　　　　　　　实物报保管人签章：

3. 往来款项的清查

往来款项主要包括应收账款、应付账款、预收账款、预付账款等。对往来款项的清查，应采用与对方单位核对账目的方式进行，一般采用发函询证的方式进行核对。在核对前，清查单位应先检查本单位各往来款项账目的正确性和完整性，查明账目记录无误后，根据有关明细分类账的记录，按用户编制对账单，送交对方单位进行核对。对账单一般一式两联，一联由对方留存，另一联作为回单。如果对方单位核对相符，应在回单上注明"核对相符"字样并盖章后返回；如果核对不符，则应将不符的情况在回单上注明或另抄对账单返回，以便进一步清查。往来款项清查结束，应编制"往来款项清查表"，其格式如表8-9所示。

表8-9 往来款项清查表

总分类账户名称：　　　　　　　　　　　年　月　日

明细分类账户		清查结果		核对不符原因分析				备注
名称	账面余额	核对相符金额	核对不符金额	未达账项金额	有争议款项金额	无法收回（或偿还）款项	其他	

8.3 财产清查结果的处理

1. 财产清查结果的处理步骤

财产清查的重要任务之一就是保证账实相符。企业对财产清查中发现的盘盈和盘亏等问题，首先要核准金额，对各项差异产生的原因进行分析，明确经济责任，针对不同的原因据实提出处理意见，然后按规定的程序报经上级部门批准后，进行账务处理。其账务处理分两步。

① 调整账簿记录，做到账实相符。根据"实存账存对比表"等原始凭证编制记账凭证，并据以登记有关账簿，使各项财产物资、货币资金、债权债务做到账实相符。其调整账簿记录的原则是：以"实存"为准，当盘盈时，补充账面记录；当盘亏时，冲销账面记录。

② 进行批准后的账务处理。根据有关部门批准的处理意见，编制有关的记账凭证，登记有关账簿，进行批准后的账务处理。

2. 财产清查结果的账务处理

财产清查的结果如果出现账实不符，应设置"待处理财产损溢"账户进行核算。"待处理财产损溢"账户是一个暂记账户，用来核算企业在财产清查时所发现的各项财产物资的盘盈、盘亏及经批准后的转销数。借方登记财产物资的盘亏数和经批准后盘盈的转销数，贷方登记财产物资的盘盈数和经批准后盘亏的转销数，期末一般没有余额。"待处理财产损溢"账户应设置"待处理固定资产损溢"和"待处理流动资产损溢"两个明细账户进行明细分类核算。

1）库存现金清查结果的账务处理

库存现金清查过程中发现的盘盈或盘亏，应根据"库存现金盘点报告表"及有关的批准文件进行批准前和批准后的账务处理。

① 库存现金盘盈时，按"库存现金盘点报告表"中所列的盘盈金额，借记"库存现金"账户，贷记"待处理财产损溢——待处理流动资产损溢"账户。

待查明原因并按规定的程序报经上级有关部门批准后，应视不同的原因采取不同的方法进行处理。一般来说，属于无法查明原因的现金盘盈，其批准后的处理是增加营业外收入，对于应付其他单位或个人的款项，应记入"其他应付款——××单位或个人"账户。

② 库存现金盘亏时，按"库存现金盘点报告表"中所列的盘亏金额，借记"待处理财产损溢——待处理流动资产损溢"账户，贷记"库存现金"账户。

待查明原因并按规定的程序报经上级有关部门批准后，应视不同的原因采取不同的方法进行处理。应由责任人赔偿或由保险公司赔偿的，应记入"其他应收款——××赔偿人"或"其他应收款——应收保险赔款"账户；无法查明原因的，根据企业内部管理权限，经审批后记入"管理费用"账户。

例 8—2

宏达有限责任公司在财产清查中盘盈库存现金 3 000 元，经查其中 2 000 元属于应支付给其他公司的违约金，剩余 1 000 元无法查明原因。会计处理如下。

批准前：

借：库存现金 3 000
　　贷：待处理财产损溢——待处理流动资产损溢 3 000

批准后：

借：待处理财产损溢——待处理流动资产损溢 3 000
　　贷：营业外收入 1 000
　　　　其他应付款 2 000

例 8-3

宏达有限责任公司在财产清查时发现现金盘亏 5 000 元，其中 4 000 元应由出纳人员赔偿，剩余部分无法查明原因。会计处理如下。

批准前：

借：待处理财产损溢——待处理流动资产损溢 5 000
　　贷：库存现金 5 000

批准后：

借：其他应收款——××出纳员 4 000
　　管理费用 1 000
　　贷：待处理财产损溢——待处理流动资产损溢 5 000

2）存货清查结果的账务处理

存货清查过程中发现的盘盈或盘亏，应根据"实存账存对比表"及有关的批准文件进行批准前和批准后的账务处理。

① 存货盘盈时，应根据"实存账存对比表"所列的盘盈存货的金额，借记"原材料""生产成本"和"库存商品"等有关账户，贷记"待处理财产损溢——待处理流动资产损溢"账户。经批准后冲减管理费用。

② 存货盘亏时，应根据"实存账存对比表"所列的盘亏存货的金额，借记"待处理财产损溢——待处理流动资产损溢"账户，贷记"原材料"等有关账户。待查明原因并按规定的程序报经上级有关部门批准后，应视不同的原因采取不同的方法进行处理，属于管理不善、收发计量不准确、自然损耗而产生的定额内的损耗，转作管理费用；属于超定额的短缺及毁损，能确定过失人的，应由过失人负责赔偿，属于保险责任范围的，应向保险公司索赔，记入"其他应收款——××保险公司或××责任人"账户，扣除过失人和保险公司赔款及残料价值后的余额，记入"管理费用"账户；属于非常损失造成的短缺或毁损，在扣除保险公司的赔偿和残料价值后的净损失，列作营业外支出。

例 8-4

宏达有限责任公司在财产清查中，盘盈丙材料 1 000 kg，经查明是由于收发计量不准造成的，按每千克 15 元入账。会计处理如下。

批准前：

借：原材料 15 000
　　贷：待处理财产损溢——待处理流动资产损溢 15 000

批准后：

借：待处理财产损溢——待处理流动资产损溢 15 000
　　贷：管理费用 15 000

例 8-5

宏达有限责任公司在财产清查中，发现盘亏 A 产品 100 件，每件 400 元，经查明属于非常灾害造成的损失，保险公司应赔偿 30 000 元。会计处理如下。

批准前：

借：待处理财产损溢——待处理流动资产损溢 40 000
　　贷：库存商品——A 商品 40 000

批准后：

借：其他应收款——保险公司 30 000
　　营业外支出 10 000
　　贷：待处理财产损溢——待处理流动资产损溢 40 000

例 8-6

宏达有限责任公司在财产清查中盘亏乙材料 3 000 元，经查明属于收发计量不准确造成。会计处理如下。

批准前：

借：待处理财产损溢——待处理流动资产损溢 3 000
　　贷：原材料 3 000

批准后：

借：管理费用 3 000
　　贷：待处理财产损溢——待处理流动资产损溢 3 000

注意：对于购进的货物、在产品、产成品等盘亏存货应负担的增值税，应一并转入"待处理财产损溢"账户，在这里为了简化核算，不考虑增值税。

3) 固定资产清查结果的账务处理

(1) 固定资产盘盈

固定资产是一种单位价值较高、使用期限较长的有形资产。因此，对于管理规范的企业而言，盘盈、盘亏的固定资产较为少见。固定资产出现由于企业无法控制的因素而造成盘盈的可能性极小，固定资产如果出现盘盈，必定是企业自身主观原因造成的，或者说是以前会计期间少计或漏计该项资产等会计差错而形成的，所以应当按照前期差错进行更正处理。固定资产盘盈时，在批准处理前应按同类或类似固定资产的市场价格，减去按该项固定资产新旧程度估计的价值损耗后的余额借记"固定资产"账户，贷记"待处理财产损溢"账户；待查明原因经过批准后，通过"以前年度损益调整"账户核算。

（2）固定资产盘亏

固定资产盘亏时，在批准前应按其账面净值借记"待处理财产损溢"账户，按其账面已提折旧借记"累计折旧"账户，按其账面原始价值贷记"固定资产"账户，经过批准之后再将其净值记入"营业外支出"账户。

例 8-7

宏达有限责任公司在财产清查中，发现盘亏设备一台，其原值为 50 000 元，已提折旧 30 000 元。会计处理如下。

批准前：

借：待处理财产损溢——待处理固定资产损溢　　　　　　　　20 000
　　累计折旧　　　　　　　　　　　　　　　　　　　　　　30 000
　　贷：固定资产　　　　　　　　　　　　　　　　　　　　　　　50 000

批准后：

借：营业外支出　　　　　　　　　　　　　　　　　　　　　20 000
　　贷：待处理财产损溢——待处理固定资产损溢　　　　　　　　　20 000

4）往来款项清查结果的账务处理

往来款项清查中如发现记账错误，应立即查明原因并按规定予以更正。对确实无法收回或无法支付的款项应进行核销处理，并在备查簿上进行记录。

（1）应收账款清查结果的账务处理

在财产清查过程中，发现确实无法收回的应收账款，不通过"待处理财产损溢"账户核算，而是在原来账面记录的基础上，按规定程序报经批准后直接处理。无法收回的应收账款称为坏账，因为发生坏账而给企业造成的损失称为坏账损失。对于坏账损失的核算，有直接转销法和备抵法两种核算方法。采用直接转销法时，日常核算中应收账款可能发生的坏账损失不予考虑，只有在实际发生坏账时才确认坏账损失，计入当期损益，同时冲销该笔应收账款。备抵法，是指采用一定的方法按期估计坏账损失，建立坏账准备金，当某一应收账款全部或部分被确认为坏账时，根据其金额冲销已经提取的坏账准备金，同时转销相应的应收账款金额。

采用备抵法时，企业应设置"坏账准备"账户，核算应收账款的坏账准备提取和转销等情况。"坏账准备"账户属于"应收账款"账户的备抵调整账户，贷方登记坏账准备的提取数，借方登记坏账准备的冲销数，余额在贷方，表示企业已经提取、尚未转销的坏账准备。企业当期计提坏账准备时，借记"资产减值损失"账户，贷记"坏账准备"账户，实际发生坏账时，借记"坏账准备"账户，贷记"应收账款"账户，如果确认并转销的坏账以后又收回，则应按收回的金额，借记"应收账款"账户，贷记"坏账准备"账户，以恢复企业债权、冲回已转销的坏账准备金额，同时借记"银行存款"账户，贷记"应收账款"账户。我国企业目前采用备抵法核算坏账损失，计提坏账准备金。

采用备抵法核算坏账损失时，应先按期估计坏账损失。估计坏账损失的方法主要有四种：应收账款余额百分比法、账龄分析法、销货百分比法和个别认定法（本章主要阐述应收财款余额百分比法）。

采用应收账款余额百分比法时，会计期末应将应收账款的余额乘以估计坏账率的金额作为当期期末坏账准备的应提数，并将坏账准备的应提数与坏账准备提取前已有的账面余额进行比较。坏账准备的应提数大于其账面余额的，当期应按其差额补提坏账准备；坏账准备的应提数小于其账面余额的，应按其差额冲回多提的坏账准备。坏账率可以按照以往的数据资料加以确定，也可以根据规定的百分率计算。

例 8-8

宏达有限责任公司 20×4 年年末应收账款余额合计为 1 200 000 元，提取坏账准备的比率为 3%，20×5 年发生坏账损失 50 000 元，20×5 年年末应收账款余额为 1 400 000 元，20×6 年已冲销的应收账款 30 000 元又收回，期末应收账款余额为 1 600 000 元。会计处理如下。

① 20×4 年年末应计提的坏账准备=1 200 000×3%=36 000（元）。会计分录为

借：资产减值损失——计提的坏账准备　　　　　　　　　　　　36 000
　　贷：坏账准备　　　　　　　　　　　　　　　　　　　　　　　　36 000

② 20×5 年实际发生坏账时，会计分录为

借：坏账准备　　　　　　　　　　　　　　　　　　　　　　　　50 000
　　贷：应收账款　　　　　　　　　　　　　　　　　　　　　　　　50 000

20×5 年年末坏账准备的应提数=1 400 000×3%=42 000（元）。

20×5 年年末计提坏账准备前"坏账准备"账户已有的余额为借方余额 14 000 元（36 000–50 000）。

20×5 年年末应计提的坏账准备为 56 000 元（14 000+42 000）。会计分录为

借：资产减值损失——计提的坏账准备　　　　　　　　　　　　56 000
　　贷：坏账准备　　　　　　　　　　　　　　　　　　　　　　　　56 000

③ 20×6 年已冲销的应收账款又收回时，会计分录为

借：应收账款　　　　　　　　　　　　　　　　　　　　　　　　30 000
　　贷：坏账准备　　　　　　　　　　　　　　　　　　　　　　　　30 000
借：银行存款　　　　　　　　　　　　　　　　　　　　　　　　30 000
　　贷：应收账款　　　　　　　　　　　　　　　　　　　　　　　　30 000

20×6 年年末坏账准备的应提数=1 600 000×3%=48 000（元）。

20×6 年年末计提坏账准备前"坏账准备"账户已有的余额为贷方余额 72 000 元（42 000+30 000）。

20×6 年年末应冲销多提的坏账准备为 24 000 元（72 000–48 000）。会计分录为

借：坏账准备 24 000
　　贷：资产减值损失——计提的坏账准备 24 000

（2）应付账款清查结果的账务处理

在财产清查中，由于债权单位撤销等原因造成的应付而无法支付的款项，经批准予以转销。无法支付的款项在批准前不做账务处理，即不需通过"待处理财产损溢"账户进行核算，按规定的程序批准后，将应付款项转作"营业外收入"账户。

例 8—9

宏达有限责任公司在 20×6 年年末，确定一笔应付账款 2 000 元已无法支付，经批准予以转销。

经批准转销时，会计分录为

借：应付账款 2 000
　　贷：营业外收入——其他 2 000

本 章 小 结

1. 财产清查是指通过对实物、现金的实地盘点和对银行存款、往来款项的核对，查明各项财产物资、货币资金、往来款项的实有数和账面数是否相符的一种会计核算方法。对本单位各项财产物资要进行定期或不定期的清查，使账簿记录与实物、款项实存数额相符，保证会计资料的真实、可靠。

2. 财产清查按不同的标准可以分为全部清查和局部清查、定期清查和不定期清查、内部清查和外部清查。

3. 存货的盘存制度有永续盘存制和实地盘存制。永续盘存制有利于加强对存货的管理与控制，在实际工作中，大多数企业采用永续盘存制。

4. 存货的清查方法有实地盘点法、技术推算法和函证核对法。实地盘点法适用的范围较广，在多数财产物资清查中都可以采用这种方法。

5. 库存现金主要采用实地盘点法清查，银行存款和各种往来款项采取与银行、往来单位核对账目的方法进行清查。

6. 财产清查结束，应如实准确地登记"盘存单"和"实存账存对比表"等原始凭证。财产清查的结果如果出现账实不符，应设置"待处理财产损溢"账户进行核算。首先调整账簿记录，做到账实相符，然后查明原因，进行批准后的账务处理。

思 考 题

1. 什么是财产清查？财产清查的意义是什么？
2. 财产清查有哪些种类？全部清查应在哪几种情况下进行？
3. 永续盘存制与实地盘存制有何异同？分别在哪些条件下适宜采用？
4. 如何进行现金的清查？
5. 如何进行银行存款的清查？如何编制"银行存款余额调节表"？
6. 什么是未达账项？包括哪几种情况？
7. 如何进行实物财产的清查？
8. 如何进行财产清查结果的处理？

练 习 题

一、单项选择题

1. 对财产物资的收、发都有严密的手续，且在账簿中有连续记载并随时结出余额的制度是（   ）。
   A. 实地盘存制 B. 应收应付制
   C. 永续盘存制 D. 实收实付制
2. 企业在撤销或合并时，对企业的财产物资应进行（   ）。
   A. 全面清查 B. 定期清查
   C. 局部清查 D. 重点清查
3. 对原材料、库存商品盘点后应编制（   ）。
   A. 实存账存对比表 B. 盘点表
   C. 余额调节表 D. 对账单
4. 永续盘存制的优点是（   ）。
   A. 简化了存货的日常核算工作
   B. 有利于加强存货的日常管理
   C. 省去了记录存货发出的经济业务
   D. 在品种规格多的企业存货明细核算工作量小
5. 坏账损失是指（   ）。
   A. 营业外支出 B. 其他业务支出
   C. 无法支付的应付账款 D. 无法收回的应收账款
6. 现金清查的方法是（   ）。
   A. 技术测算法 B. 实地盘点法
   C. 外调核对法 D. 与银行对账单核对

7. 在记账无误的情况下，造成银行对账单和银行存款日记账不一致的原因是（   ）。
   A. 应付账款　　　　　　　　　　B. 应收账款
   C. 未达账项　　　　　　　　　　D. 外埠存款
8. 对于盘亏的固定资产，按规定程序批准后，应按盘亏固定资产的净值记入的账户是（   ）。
   A. "待处理财产损溢"　　　　　　B. "营业外支出"
   C. "累计折旧"　　　　　　　　　D. "固定资产清理"
9. 企业现金清查中，经检查仍无法查明原因的现金短款，经批准后应记入（   ）账户。
   A. "财务费用"　　　　　　　　　B. "管理费用"
   C. "销售费用"　　　　　　　　　D. "营业外支出"
10. 企业在报经批准转销确实无法收回的应收账款时，应（   ）。
    A. 借记"坏账准备"账户，贷记"待处理财产损溢"账户
    B. 借记"管理费用"账户，贷记"待处理财产损溢"账户
    C. 借记"坏账准备"账户，贷记"应收账款"账户
    D. 借记"应收账款"账户，贷记"坏账准备"账户

二、多项选择题

1. 下列各项业务中，应通过"营业外收入"账户核算的有（   ）。
   A. 存货盘盈　　　　　　　　　　B. 转销无法偿付的应付账款
   C. 无法查明原因的现金溢余　　　D. 固定资产盘盈
   E. 出售原材料收入
2. 核对账目法适用于（   ）。
   A. 固定资产的清查　　　　　　　B. 现金的清查
   C. 银行存款的清查　　　　　　　D. 短期借款的清查
   E. 预付账款的清查
3. 当出现账实不符时，（   ）应记入"待处理财产损溢"账户。
   A. 库存现金　　B. 应收账款　　C. 应付账款　　D. 原材料
   E. 固定资产
4. 企业进行全部清查主要发生的情况有（   ）。
   A. 年终决算后　　　　　　　　　B. 清产核资时
   C. 关停并转时　　　　　　　　　D. 更换现金出纳人员时
   E. 单位主要负责人调离时
5. 经批准处理，转销盘亏的实物资产时，可能记入借方的账户有（   ）。
   A. "管理费用"　　　　　　　　　B. "其他应收款"
   C. "待处理财产损溢"　　　　　　D. "财务费用"
   E. "营业外支出"

三、判断题

1. 企业在财产清查中发现的难以查明原因的现金长款，一般应列作企业的营业外收入。（   ）
2. 盘点实物时，发现账面数额大于实存数，即为盘盈。（   ）

3. 财务部门对清查财产中所发现的差异，应及时进行账簿记录的调整。（   ）

4. 对于银行已经入账而企业尚未入账的未达账项，企业应当根据"银行对账单"编制自制凭证予以入账。（   ）

5. 坏账损失经批准后可直接冲减"坏账准备"账户，不需要通过"待处理财产损溢"账户。（   ）

四、业务题

1. （练习银行存款余额调节表的编制）某企业 20×6 年 11 月 30 日的银行存款日记账账面余额为 386 000 元，而银行对账单上企业存款余额为 368 200 元，经逐笔核对，发现有以下未达账项。

① 销售产品，收到货款 60 000 元，支票已送存银行，企业已经入账，银行尚未记账。

② 用银行存款支付广告费 10 000 元，转账支票已开出，银行尚未记账。

③ 本月水电费 2 800 元，银行已划出，企业尚未记账。

④ A 公司偿付前欠货款 35 000 元，银行已收入企业账户，企业尚未记账。

要求：根据以上有关内容，编制银行存款余额调节表。

2. （练习存货清查的会计处理）

① 甲材料账面余额为 2 000 kg，价值 40 000 元。经清查盘点，实际库存量为 2 025 kg。经查属于材料收发计量方面的错误。

② 乙材料账面余额为 30 000 kg，价值 30 000 元。经清查盘点，实际库存量为 27 000 kg。经查有 2 800 kg 属于定额内的合理损耗，另外 200 kg 属于材料保管员的过失造成的，按规定由其个人赔偿。

③ A 产品账面余额为 6 000 件，价值 60 000 元。经清查盘点，实际库存量为 5 000 件。经查盘亏的 A 产品是自然灾害造成的毁损，经批准做如下处理：700 件损失向保险公司索赔，300 件损失由企业自行承担。

④ 库存现金日记账账面余额为 36 985 元。经清查盘点，库存现金实存数为 36 965 元。经批准由出纳员赔偿。

要求：对盘盈的甲材料、盘亏的乙材料、盘亏的 A 产品和现金短款做批准前和批准后的账务处理。

3. （练习固定资产盘亏的会计处理）某公司在财产清查中，发现盘亏机器设备一台，账面原值为 6 500 元，已提折旧额为 3 900 元。

要求：对公司盘亏的机器设备进行批准前和批准后的账务处理。

4. （练习往来款项清查的账务处理）

① 某公司在财产清查中，查实应付旭东工厂购料款 600 元，因该工厂已撤销，确实无法支付，经批准予以核销。

② 某公司在财产清查中，查实应收华达公司货款 3 500 元，因该公司已撤销，确实无法收回，经批准予以转销。

要求：对往来款项的清查做相应的账务处理。

第 9 章

财务会计报告

【学习目标】
本章主要阐述会计核算方法体系中的编制财务会计报告的基本方法。通过本章的学习,使学生了解财务会计报告的定义及基本内容,掌握资产负债表和利润表的编制方法。

9.1 财务会计报告概述

1. 财务会计报告的意义

财务会计报告(又称财务报告)是指企业对外提供的反映企业某一特定日期财务状况和某一会计期间经营成果、现金流量等会计信息的文件。财务会计报告是会计主体会计核算工作的结果,是提供会计信息的一种重要手段。

在日常会计核算中,对账簿记录的会计信息通过财务会计报告加以分类、汇总和整理,可以为有关方面提供所需的会计信息。编制财务会计报告的意义主要体现在下面几个方面。

① 企业的投资者和债权人利用财务会计报告了解企业的财务状况、经营成果和现金流量等会计信息,以进行投资决策和信贷决策。

② 企业管理者利用财务会计报告掌握本企业的财务状况、经营成果和现金流量等会计信息,考核和分析财务计划或预算的完成情况,总结经济工作的成绩和存在的问题,评价经济效益,并采取相应措施提高经营管理水平,保证实现企业经营目标。

③ 国家有关部门利用各单位提供的财务会计报告,了解和掌握各部门、各地区经济计划的完成情况,调控经济活动,优化资源配置,加强宏观经济管理。

2. 财务会计报告的内容

财务会计报告包括会计报表及其附注和其他应当在财务会计报告中披露的相关信息和资料。企业对外报送的财务报表包括资产负债表、利润表、现金流量表、所有者权益变动表及附注。

附注是对在资产负债表、利润表、现金流量表和所有者权益变动表等报表中列示项目的文字描述或明细资料，以及对未能在这些报表中列示项目的说明。附注是财务报表不可或缺的组成部分，报表使用者了解企业的财务状况、经营成果和现金流量，应当全面阅读附注。附注相对于报表而言，具有同等的重要性。

其他应当在财务会计报告中披露的相关信息和资料是对财务报表进行分析、评价，对企业未来做出估计和判断的书面文件，主要说明企业的基本生产经营情况、利润实现和利润分配情况及对企业的生产经营有重大影响的其他事项等。

3. 财务报表的种类

为了便于编制和运用财务报表，需要对财务报表进行分类。财务报表一般按下列标准进行分类。

① 按财务报表所反映的经济内容不同，可分为资产负债表、利润表、现金流量表、所有者权益变动表。

② 按财务报表所反映的资金形态，可分为静态报表和动态报表。静态报表是反映时点情况的报表，即反映企业在某一特定日期（月末、季末、半年末、年末）财务状况的财务报表，如资产负债表；动态报表是反映时期情况的报表，即反映企业在一定时期（月份、季度、半年度、年度）经营成果的财务报表，如利润表。

③ 按财务报表编制期间的不同，可以分为中期财务报表和年度财务报表。中期财务报表是以短于一个完整会计年度的报告期间为基础编制的财务报表，包括月报、季报和半年报等。与年度财务报表相比，中期财务报表中的附注披露可适当简略。

④ 按财务报表编制主体的不同，可分为个别财务报表和合并财务报表。个别财务报表是反映单个企业生产经营状况的财务报表。合并财务报表是指由母公司编制的，将母、子公司形成的企业集团作为一个会计主体，综合反映企业集团整体财务状况、经营成果和现金流量的报表。

⑤ 按财务报表的服务对象不同，可以分为对外报表和内部报表。对外报表是企业必须定期编制、定期向上级主管部门、投资者、财税部门、债权人等报送或按规定向社会公布的财务报表。这是一种主要的、定期的、规范化的财务报表。它要求有统一的报表格式、指标体系和编制时间等，资产负债表、利润表和现金流量表等均属于对外报表。内部报表是企业根据其内部经营管理的需要编制的，供其内部管理人员使用的财务报表。它不要求统一格式，没有统一指标体系，如成本报表就属于内部报表。

4. 财务会计报告的基本要求

（1）财务会计报告的质量要求

企业应当根据实际发生的交易和事项，遵循各项具体会计准则的规定进行确认和计量，在此基础上编制财务会计报告。财务会计报告应提供对使用者有用的会计信息，应具备可靠性、相关性、可理解性、可比性、实质重于形式、重要性、谨慎性和及时性等特征。

（2）财务会计报告的编制要求

企业在编制财务会计报告前，除应当全面清查资产、核实债务外，还要做好结账和对账工作，并检查会计核算中可能存在的各种需要调整的情况，做到账证相符、账账相符、账实相符，以保证报表数据的真实、准确。在编制财务会计报告时，应当按照国家统一会计制度规定的财务会计报告格式和内容，根据登记完整、核对无误的会计账簿记录和其他有关资料编制财务会计报告，做到内容完整、数字真实、计算准确，不得漏报或者任意取舍。会计报表之间、会计报表各项目之间，凡有对应关系的数字，应当相互一致；会计报表中本期与上期的有关数字应当相互衔接。

（3）财务会计报告的时间要求

及时性是信息的重要特征，财务会计报告信息只有及时地传递给信息使用者，才能为使用者的决策提供依据。否则，即使是真实可靠和内容完整的财务会计报告，由于编制和报送不及时，对报表使用者来说，就大大降低了会计信息的使用价值。所以，企业的会计核算应当及时进行，不得提前或延后。

企业应当依照有关法律、行政法规规定的结账日进行结账。年度结账日为公历年度每年的 12 月 31 日；半年度、季度、月度结账日分别为公历年度每半年、每季、每月的最后一天，并且要求月度财务报表应当于月度终了后 6 天内对外提供；季度财务报表应当于季度终了后 15 天内对外提供；半年度财务报表应当于年度中期结束后 60 天内（相当于两个连续的月份）对外提供；年度财务报表应当于年度终了后 4 个月内对外提供。

（4）财务会计报告的形式要求

企业对外提供的财务报表应加具封面、装订成册、加盖公章。财务报表封面上应当注明：企业名称、企业统一代码、组织形式、地址、报表所属年度或者月份、报出日期，并由企业负责人和主管会计工作的负责人、会计机构负责人（会计主管人员）签名并盖章；设置总会计师的企业，还应当由总会计师签名并盖章。

9.2 资产负债表

1. 资产负债表的概念及作用

资产负债表是反映企业在某一特定日期（月末、季末、半年末、年末）财务状况的财务报表，主要反映资产、负债和所有者权益三方面的内容，并满足"资产=负债+所有者权益"平衡等式。

资产负债表作为企业的主要财务报表之一，对于财务会计报告的使用者分析、评价企业的财务状况具有以下作用。

① 通过资产负债表，可以提供企业在某一特定日期资产的总额及其构成情况，表明企业所掌握的经济资源及其分布情况，是分析企业生产经营能力和偿债能力的重要资料。

② 可以了解企业资金来源的构成和企业的偿债能力，以及资本保值、增值的情况及对负债的保障程度。

③ 通过对若干历史时期资产负债表项目进行比较分析，可以反映企业财务状况的变动情

况，预测企业未来的发展趋势，从而为报表使用者进行决策提供有用信息。

2. 资产负债表的内容与格式

资产负债表根据资产、负债、所有者权益（或股东权益）之间的钩稽关系，按照一定的分类标准和顺序，把企业一定日期的资产、负债和所有者权益各项目予以适当排列，它反映的是企业资产、负债、所有者权益的总体规模和结构。在资产负债表中，企业通常按资产、负债、所有者权益分类分项列示。也就是说，资产按照其流动性分类分项列示，包括流动资产和非流动资产；负债按照其流动性分类分项列示，包括流动负债和非流动负债；所有者权益按实收资本（股本）、资本公积、盈余公积和未分配利润等项目分项列示。

资产负债表一般有两种格式：报告式资产负债表和账户式资产负债表。报告式资产负债表是上下结构，上半部列示资产，下半部列示负债和所有者权益。账户式资产负债表是左右结构，左边列示资产，右边列示负债和所有者权益。不管采取什么格式，资产各项目的合计等于负债和所有者权益各项目的合计这一等式不变。在我国，资产负债表采用账户式，资产负债表左、右方平衡，即资产总计等于负债和所有者权益总计。资产负债表的基本格式和内容如表9–1所示。

表 9–1 资产负债表

会企01表

编制单位： ___年___月 单位：元

资产	行次	期末余额	年初余额	负债和所有者权益	行次	期末余额	年初余额
流动资产：				流动负债：			
货币资金				短期借款			
以公允价值计量且其变动计入当期损益的金融资产				以公允价值计量且其变动计入当期损益的金融负债			
应收票据				应付票据			
应收账款				应付账款			
预付款项				预收款项			
应收利息				应付职工薪酬			
应收股利				应交税费			
其他应收款				应付利息			
存货				应付股利			
一年内到期的非流动资产				其他应付款			
其他流动资产				一年内到期的非流动负债			
流动资产合计				其他流动负债			
非流动资产：				流动负债合计			
可供出售金融资产				非流动负债：			
持有至到期投资				长期借款			
长期应收款				应付债券			

续表

资产	行次	期末余额	年初余额	负债和所有者权益	行次	期末余额	年初余额
长期股权投资				长期应付款			
投资性房地产				专项应付款			
固定资产				预计负债			
在建工程				递延所得税负债			
工程物资				其他非流动负债			
固定资产清理				非流动负债合计			
生产性生物资产				负债合计			
油气资产				所有者权益（或股东权益）：			
无形资产				实收资本（或股本）			
开发支出				资本公积			
商誉				减：库存股			
长期待摊费用				其他综合收益			
递延所得税资产				盈余公积			
其他非流动资产				未分配利润			
非流动资产合计				所有者权益（或股东权益）合计			
资产总计				负债和所有者权益（或股东权益）总计			

3. 资产负债表的编制方法

企业编制的资产负债表一般是比较报表，一个项目既要填列本期期末的金额，还要填列年初金额。

"年初余额"栏内各项数字，应根据上年末资产负债表"期末余额"栏内所列数字填列。如果上年度资产负债表规定的各个项目的名称和内容同本年度不一致，应对上年年末资产负债表各项目的名称和数字按照本年度的规定进行调整，按调整后的数字填入"年初余额"栏内。

（1）资产负债表的数据来源

资产负债表"期末余额"栏内各项数据的来源，可通过以下几种方式取得。

① 根据总账账户余额直接填列。资产负债表大部分项目的填列都是根据有关总账账户的余额直接填列。例如资产负债表中的"应收票据""以公允价值计量且其变动计入当期损益的金融资产""应收股利""应收利息""工程物资""在建工程""递延所得税资产""短期借款""应付票据""应付职工薪酬""应付股利""应交税费""递延所得税负债""实收资本""资本公积""盈余公积"等项目，直接根据各账户的余额填列。

② 根据总账账户的余额计算填列。例如"货币资金"项目，需要根据"库存现金""银行存款""其他货币资金"三个总账账户的期末余额合计数计算填列。

③ 根据明细账账户余额计算填列。例如"应收账款"项目，应根据"应收账款"和"预

收账款"账户所属明细账户的期末借方余额之和填列;"应付账款"项目,应根据"应付账款"和"预付账款"账户所属明细账户的期末贷方余额之和填列。

④ 根据总账账户和明细账户余额分析计算填列。例如"长期借款"项目,需要根据"长期借款"总账账户期末余额,扣除"长期借款"账户所属明细账户中将于一年内到期的长期借款的金额计算填列。

⑤ 根据总账账户余额减去其备抵项目后的净额填列。例如"固定资产"项目是用"固定资产"账户余额减去"累计折旧"和"固定资产减值准备"等备抵账户后的净额填列。

(2) 资产负债表中各项目的内容和填列方法

① "货币资金"项目,反映企业期末持有的库存现金、银行存款、外埠存款、银行汇票存款、银行本票存款、信用证保证金存款等的总额。本项目应根据"库存现金""银行存款""其他货币资金"账户的期末余额合计填列。

② "以公允价值计量且其变动计入当期损益的金融资产"项目,反映企业持有的以公允价值计量且其变动计入当期损益的为交易目的所持有的债券投资、股票投资、基金投资、权证投资等金融资产。本项目应根据"交易性金融资产"科目和在初始确认时指定为以公允价值计量且其变动计入当期损益的金融资产科目的期末余额填列。

③ "应收票据"项目,反映企业收到的未到期也未向银行贴现的应收票据,包括商业承兑汇票和银行承兑汇票。本项目根据"应收票据"账户的期末余额填列。已向银行贴现和已背书转让的应收票据不包括在本项目内,其中已贴现的商业承兑汇票应在财务报表附注中单独披露。

④ "应收账款"项目,反映企业因销售商品和提供劳务等应向购货单位收取的各种款项,减去已计提的坏账准备后的净额。本项目根据"应收账款"账户所属各明细账户的期末借方余额合计,减去"坏账准备"账户中有关应收账款计提的坏账准备期末余额后的金额填列。如果"应收账款"账户所属的明细账户期末有贷方余额,应在"预收账款"项目内填列。

⑤ "预付款项"项目,反映企业预付给供应单位的款项。本项目根据"预付账款"账户所属有关明细账户的期末借方余额合计填列。"预付账款"账户所属有关明细账户期末有贷方余额的,应在"应付账款"项目内填列;"应付账款"账户所属明细账户有借方余额的,也应包括在本项目内。

⑥ "应收利息"项目,反映企业交易性金融资产、持有至到期投资、可供出售金融资产、发放贷款等应收取的利息。企业购入的一次还本付息的持有至到期投资持有期间取得的利息,不包括在本项目内。本项目应根据"应收利息"账户的期末余额填列。

⑦ "应收股利"项目,反映企业应收取的现金股利和企业应收其他单位的利润。本项目根据"应收股利"账户的期末余额填列。

⑧ "其他应收款"项目,反映企业对其他单位和个人的应收和暂付的款项,减去已计提的坏账准备后的净额。本项目根据"其他应收款"账户的期末余额,减去"坏账准备"账户中有关其他应收款计提的坏账准备期末余额后的金额填列。

⑨ "存货"项目,反映企业期末库存、在途和加工中的各项存货的可变现净值,包括各种材料、商品、在产品、半成品、包装物、低值易耗品、分期收款发出商品、委托代销商品、受托代销商品等。本项目根据"材料采购""在途物资""原材料""周转材料""库存商品""发出商品""委托加工物资""生产成本"等账户的期末余额合计,减去"存货跌价准备"账

户期末余额后的金额填列。材料采用计划成本核算，以及库存商品采用计划成本或售价核算的企业，还应按加或减材料成本差异、商品进销差价后的金额填列。

⑩ "一年内到期的非流动资产"项目，反映企业非流动资产项目中在一年内到期的金额，包括一年内到期的持有至到期投资、长期待摊费用和一年内可收回的长期应收款。本项目应根据上述账户分析计算后填列，记入流动资产中。

⑪ "其他流动资产"项目，反映企业除以上流动资产项目外的其他流动资产。本项目根据有关账户的期末余额填列。其他流动资产价值较大的，应在财务报表附注中披露其内容和金额。

⑫ "可供出售金融资产"项目，反映企业持有的可供出售金融资产的公允价值。本项目根据"可供出售金融资产"账户的余额减去"可供出售金融资产减值准备"账户余额后的金额填列。

⑬ "持有至到期投资"项目，反映企业持有至到期投资的摊余成本。持有至到期投资中，将于一年内到期的，应在流动资产"一年内到期的非流动资产"项目单独反映。本项目应根据"持有至到期投资"账户的余额，减去"持有至到期投资减值准备"账户期末余额和一年内到期的持有至到期投资后的金额填列。

⑭ "长期应收款"项目，反映企业尚未收回的各种长期应收款项的余额，包括企业融资租赁产生的应收款项、采取递延方式具有融资性质的销售商品和提供劳务等产生的长期应收款项等。本项目根据"长期应收款"账户期末余额，减去"未确认融资收益"账户期末余额及"坏账准备"账户中按长期应收款计提的坏账准备后的金额填列。

⑮ "长期股权投资"项目，反映企业持有的长期股权投资的价值。本项目根据"长期股权投资"账户的期末余额，减去"长期股权投资减值准备"账户的期末余额后的金额填列。

⑯ "投资性房地产"项目，反映企业投资性房地产的价值。企业采用成本模式计量投资性房地产的，本项目应根据"投资性房地产"账户的期末余额，减去"投资性房地产累计折旧（摊销）"和"投资性房地产减值准备"账户期末余额后的金额填列；企业采用公允价值模式计量投资性房地产的，本项目根据"投资性房地产"账户的期末余额填列。

⑰ "固定资产"项目，反映企业各种固定资产的净值。本项目根据"固定资产"账户期末借方余额，减去"累计折旧"和"固定资产减值准备"账户期末贷方余额后填列。融资租入固定资产的净值也包括在内。

⑱ "在建工程"项目，反映企业期末各项未完工程的实际支出，包括交付安装的设备价值，未完建筑安装工程已经耗用的材料、工资和费用支出等项目的可收回金额。本项目根据"在建工程"账户的期末余额，减去"在建工程减值准备"账户期末余额后的金额填列。

⑲ "工程物资"项目，反映企业尚未使用的工程物资的实际成本。本项目根据"工程物资"账户的期末余额填列。

⑳ "固定资产清理"项目，反映企业因出售、毁损、报废等原因转入清理但尚未清理完毕的固定资产的净值，以及固定资产清理过程中所发生的清理费用和变价收入等各项金额的差额。本项目根据"固定资产清理"账户的期末借方余额填列；如"固定资产清理"账户期末为贷方余额，以"-"号填列。

㉑ "生产性生物资产"项目，反映企业（农业）持有的生产性生物资产价值。企业采用成本模式计量生产性生物资产的，本项目根据"生产性生物资产"账户期末余额，减去"生

产性生物资产累计折旧"和"生产性生物资产减值准备"账户期末贷方余额后填列。采用公允价值模式计量生产性生物资产的,本项目根据"生产性生物资产"账户期末余额填列。

㉒ "油气资产"项目,反映企业(石油天然气开采)持有的矿区权益和油气井及相关设施减去累计折耗和累计减值准备后的净价。本项目根据"油气资产"账户的期末余额减去"累计折耗"账户期末余额和相应减值准备后的金额填列。

㉓ "无形资产"项目,反映企业持有的各项无形资产的净值。本项目根据"无形资产"账户期末借方余额,减去"累计摊销"和"无形资产减值准备"账户的期末贷方余额后的金额填列。

㉔ "开发支出"项目,反映企业开发无形资产过程中发生的、尚未形成无形资产成本的支出。本项目根据"研发支出"账户中所属的"资本化支出"明细账户期末余额填列。

㉕ "商誉"项目,反映企业商誉的价值。本项目根据"商誉"账户期末余额减去相应减值准备填列。

㉖ "长期待摊费用"项目,反映企业已经发生但尚未摊销的摊销期限在一年以上(不含一年)的各项费用。本项目根据"长期待摊费用"账户的期末余额减去将于一年内(含一年)摊销的数额后的金额填列。本项目在一年内(含一年)摊销的部分,应在"一年内到期的非流动资产"项目填列。

㉗ "递延所得税资产"项目,反映企业可抵扣暂时性差异形成的递延所得税资产。本项目根据"递延所得税资产"账户期末余额填列。

㉘ "其他非流动资产"项目,反映企业除以上资产以外的其他非流动资产。本项目应根据有关账户的期末余额填列。如果其他非流动资产价值较大,应在财务报表附注中披露其内容和金额。

㉙ "短期借款"项目,反映企业借入尚未归还的 1 年期以下(含 1 年)的借款。本项目应根据"短期借款"账户的期末余额填列。

㉚ "以公允价值计量且其变动计入当期损益的金融负债"项目,反映企业发行的以公允价值计量且其变动计入当期损益的金融负债。本项目应根据"交易性金融负债"账户和在初始确认时指定为以公允价值计量且其变动计入当期损益的金融负债账户的期末余额填列。

㉛ "应付票据"项目,反映企业为了抵付货款等而开出、承兑的尚未到期付款的应付票据,包括银行承兑汇票和商业承兑汇票。本项目应根据"应付票据"账户的期末余额填列。

㉜ "应付账款"项目,反映企业购买原材料、商品和接受劳务供应等应付给供应单位的款项。本项目应根据"应付账款"和"预付账款"账户所属各有关明细账户的期末贷方余额合计填列;如"应付账款"账户所属各明细账户期末有借方余额,应在"预付账款"项目内填列。

㉝ "预收款项"项目,反映企业预收购买单位的账款。本项目应根据"预收账款"和"应收账款"账户所属各有关明细账户的期末贷方余额合计填列。"预收账款"账户所属有关明细账户有借方余额的,应在"应收账款"项目内填列;"应收账款"账户所属明细账户有贷方余额的,也应包括在本项目内。

㉞ "应付职工薪酬"项目,反映企业应付未付的工资、职工福利、社会保险费、住房公积金、工会经费等各种薪酬。本项目根据"应付职工薪酬"账户的期末贷方余额填列,如"应付职工薪酬"账户期末为借方余额,以"-"号填列。

㉟"应交税费"项目，反映企业期末未交、多交或未抵扣的各种税金。本项目应根据"应交税费"账户的期末贷方余额填列；如"应交税费"账户期末为借方余额，以"－"号填列。

㊱"应付利息"项目，反映企业应付未付的各种利息，包括吸收存款、分期付息到期还本的长期借款、企业债券等应支付的利息。本项目根据"应付利息"账户期末余额填列。

㊲"应付股利"项目，反映企业尚未支付的现金股利或利润。本项目应根据"应付股利"账户的期末余额填列。

㊳"其他应付款"项目，反映企业所有应付和暂收其他单位和个人的款项。本项目应根据"其他应付款"账户的期末余额填列。

㊴"一年内到期的非流动负债"项目，反映企业各种非流动负债在一年之内到期的金额，包括一年内到期的长期借款、长期应付款和应付债券。本项目应根据上述账户分析计算后填列。

㊵"其他流动负债"项目，反映企业除以上流动负债以外的其他流动负债。本项目应根据有关账户的期末余额填列。其他流动负债价值较大的，应在财务报表附注中披露其内容和金额。

㊶"长期借款"项目，反映企业借入尚未归还的一年期以上（不含一年）的各期借款。本项目应根据"长期借款"账户的期末余额减去一年内到期部分的金额填列。

㊷"应付债券"项目，反映企业发行的尚未偿还的各种长期债券的本息。本项目根据"应付债券"账户期末贷方余额减去一年内到期部分的金额填列。

㊸"长期应付款"项目，反映企业除长期借款和应付债券以外的各种长期应付款项。本项目根据"长期应付款"账户的期末余额，减去"未确认融资费用"账户期末余额和一年内到期部分的长期应付款后的金额填列。

㊹"专项应付款"项目，反映企业取得政府作为企业所有者投入的具有专项或特定用途的款项。本项目根据"专项应付款"账户的期末余额填列。

㊺"预计负债"项目，反映企业计提的各种预计负债。本项目根据"预计负债"账户期末贷方余额填列。

㊻"递延所得税负债"项目，反映企业根据应纳税暂时性差异确认的所得税负债。本项目根据"递延所得税负债"账户期末贷方余额填列。

㊼"其他非流动负债"项目，反映企业除以上长期负债项目以外的其他长期负债。本项目根据有关账户的期末余额填列。其他非流动负债价值较大的，应在财务报表附注中披露其内容和金额。

㊽"实收资本（股本）"项目，反映企业各投资者实际投入的资本总额。本项目根据"实收资本（股本）"账户的期末贷方余额填列。

㊾"资本公积"项目，反映企业资本公积的期末余额。本项目根据"资本公积"账户的期末贷方余额填列。

㊿"盈余公积"项目，反映企业盈余公积的期末余额。本项目根据"盈余公积"账户的期末贷方余额填列。

㉛"未分配利润"项目，反映企业尚未分配的利润。本项目根据"本年利润"账户和"利润分配"账户的余额计算填列。如为未弥补的亏损，以"－"号填列。

例 9-1

宏达有限责任公司 20×6 年 12 月 31 日全部总账余额如表 9-2 所示。

表 9-2　总账账户余额表

20×6 年 12 月 31 日　　　　　　　　　　　　　　　　　　　　单位：元

账户名称	借方余额	账户名称	贷方余额
库存现金	24 000	坏账准备	120 000
银行存款	286 000	累计折旧	1 200 000
交易性金融资产	290 000	短期借款	400 000
应收股利	14 000	应付账款	200 000
应收利息	6 000	预收账款	20 000
应收账款	460 000	应付职工薪酬	473 500
预付账款	94 000	应付利息	160 000
其他应收款	180 000	应付股利	300 000
原材料	520 000	应交税费	500 000
生产成本	150 000	其他应付款	180 000
库存商品	410 000	长期借款	1 280 000
长期股权投资	4 500 000	实收资本	6 400 000
固定资产	14 000 000	资本公积	700 000
在建工程	100 000	盈余公积	1 460 800
无形资产	1 530 480	利润分配	9 170 180
合　　计	22 564 480	合　　计	22 564 480

宏达有限责任公司 20×6 年 12 月 31 日有关明细账余额如表 9-3 所示。

表 9-3　明细账余额表　　　　　　　　　　　　　　　　　　　　单位：元

总账	明细账户	借方金额	贷方金额	总账	明细账户	借方金额	贷方金额
应收账款		460 000		应付账款			200 000
	A 企业	500 000			E 企业		300 000
	B 企业		40 000		F 企业	100 000	
预付账款		94 000		预收账款			20 000
	C 企业	100 000			G 企业		80 000
	D 企业		6 000		H 企业	60 000	

根据上述资料，编制宏达有限责任公司 20×6 年 12 月 31 日的资产负债表如表 9-4 所示。

表 9-4　资产负债表

编制单位：宏达有限责任公司　　　　20×6 年 12 月 31 日　　　　　　　　　　单位：元

资产	期末余额	负债和所有者权益	期末余额
流动资产：		流动负债：	
货币资金	310 000	短期借款	400 000

续表

资　产	期末余额	负债和所有者权益	期末余额
以公允价值计量且其变动计入当期损益的金融资产	290 000	以公允价值计量且其变动计入当期损益的金融负债	
应收票据		应付票据	
应收账款	440 000	应付账款	306 000
预付款项	200 000	预收款项	120 000
应收利息	6 000	应付职工薪酬	473 500
应收股利	14 000	应交税费	500 000
其他应收款	180 000	应付利息	160 000
存货	1 080 000	应付股利	300 000
一年内到期的非流动资产		其他应付款	180 000
其他流动资产		一年内到期的非流动负债	
流动资产合计	2 520 000	其他流动负债	
非流动资产：		流动负债合计	2 439 500
可供出售金融资产		非流动负债：	
持有至到期投资		长期借款	1 280 000
长期应收款		应付债券	
长期股权投资	4 500 000	长期应付款	
投资性房地产		专项应付款	
固定资产	12 800 000	预计负债	
在建工程	100 000	递延所得税负债	
工程物资		其他非流动负债	
固定资产清理		非流动负债合计	1 280 000
生产性生物资产		负债合计	3 719 500
油气资产		所有者权益（或股东权益）：	
无形资产	1 530 480	实收资本（或股本）	6 400 000
开发支出		资本公积	700 000
商誉		减：库存股	
长期待摊费用		其他综合收益	
递延所得税资产		盈余公积	1 460 800
其他非流动资产		未分配利润	9 170 180
非流动资产合计	18 930 480	所有者权益（或股东权益）合计	17 730 980
资产总计	21 450 480	负债和所有者权益（或股东权益）总计	21 450 480

9.3 利润表

1. 利润表的概念与作用

利润表属于动态报表,是反映企业在一定会计期间经营成果的会计报表,主要提供有关企业经营成果方面的信息。通过利润表,可以反映企业一定会计期间的收入实现情况和费用耗费情况;可以反映企业一定会计期间生产经营活动的成果,据以判断资本保值、增值情况,可以反映企业的获利能力,预测企业未来的盈利趋势。

2. 利润表的内容与格式

利润表的格式一般有两种:单步式利润表和多步式利润表。单步式利润表是将当期所有的收入和所有的费用分别加以汇总,用收入总额减去费用总额即为企业的利润总额。它实际上是将"收入−费用=利润"这一会计等式表格化,由于它仅有一个相减的步骤,故称为单步式利润表。多步式利润表是通过对当期的收入、费用、支出项目按性质加以归类,按利润形成的主要环节列示一些中间性利润指标,如营业利润、利润总额和净利润,分步计算当期净损益。在我国,利润表一般采用多步式。

多步式利润表由营业利润、利润总额和净利润构成:

(1) 营业利润

营业利润=营业收入−营业成本−税金及附加−销售费用−管理费用−财务费用−资产减值损失+公允价值变动收益+投资收益

(2) 利润总额

利润总额=营业利润+营业外收入−营业外支出

(3) 净利润

净利润=利润总额−所得税费用

利润表的基本格式和内容如表9−5所示。

表9−5 利润表　　　　　会企02表

编制单位:　　　　　　　　　　　年　月　　　　　　　　　单位:元

项目	行次	本期金额	上期金额
一、营业收入			
减:营业成本			
税金及附加			
销售费用			
管理费用			
财务费用			
资产减值损失			

续表

项　目	行次	本期金额	上期金额
加：公允价值变动收益（损失以"-"号填列）			
投资收益（损失以"-"号填列）			
其中：对联营企业和合营企业的投资收益			
二、营业利润（亏损以"-"号填列）			
加：营业外收入			
其中：非流动资产处置利得			
减：营业外支出			
其中：非流动资产处置损失			
三、利润总额（亏损总额以"-"号填列）			
减：所得税费用			
四、净利润（净亏损以"-"号填列）			
五、其他综合收益的税后净额			
（一）以后不能重分类进损益的其他综合收益			
1. 重新计量设定受益计划净负债或净资产的变动			
2. 权益法下在被投资单位不能重分类进损益的其他综合收益中享有的份额			
（二）以后将重分类进损益的其他综合收益			
1. 权益法下在被投资单位以后将重分类进损益的其他综合收益中享有的份额			
2. 可供出售金融资产公允价值变动损益			
3. 持有至到期投资重分类为可供出售金融资产损益			
4. 现金流量套期损益的有效部分			
5. 外币财务报表折算差额			
六、综合收益总额			
七、每股收益：			
（一）基本每股收益			
（二）稀释每股收益			

3. 利润表的编制方法

利润表反映企业在一定会计期间利润（亏损）的实现情况。利润表中的数据来源于收入、成本费用、利润总分类账户和明细分类账户。"本期金额"栏反映各项目的本期实际发生数，"上期金额"栏反映各项目的上期实际发生数，应根据上年度利润表"本年金额"栏内所列数字填列。如果上年度利润表规定的各个项目的名称和内容与本年度不一致，应对上年度利润表各项目的名称和数字按照本年度的规定进行调整，按调整后的数字填入"上年金额"栏内。"本年金额"栏内各项数字的内容及填列方法如下：

①"营业收入"项目，反映企业经营主要业务和其他业务所取得的收入总额。本项目根据"主营业务收入"和"其他业务收入"账户的发生额合计填列。

②"营业成本"项目，反映企业经营主要业务和其他业务发生的成本总额。本项目根据"主营业务成本"和"其他业务成本"账户的发生额合计填列。

③"税金及附加"项目，反映企业经营业务应负担的消费税、城市维护建设税、资源税、土地增值税和教育费附加等。本项目根据"税金及附加"账户的发生额分析填列。

④"销售费用"项目，反映企业在销售商品过程中发生的各项费用。本项目根据"销售费用"账户的发生额分析填列。

⑤"管理费用"项目，反映企业发生的管理费用。本项目根据"管理费用"账户的发生额分析填列。

⑥"财务费用"项目，反映企业发生的财务费用。本项目根据"财务费用"账户的发生额分析填列。

⑦"资产减值损失"项目，反映企业各项资产发生的减值损失。本项目根据"资产减值损失"账户的发生额分析填列。

⑧"公允价值变动收益"项目，反映企业应当计入当期损益的资产或负债的公允价值变动收益。本项目根据"公允价值变动收益"账户的发生额分析填列；如为净损失，本项目以"–"号填列。

⑨"投资收益"项目，反映企业以各种方式对外投资所取得的收益。本项目根据"投资收益"账户的发生额分析填列；如为投资损失，以"–"号填列。

⑩"营业外收入"项目，反映企业发生的与其生产经营无直接关系的各项收入。本项目根据"营业外收入"账户的发生额分析填列。

⑪"营业外支出"项目，反映企业发生的与其生产经营无直接关系的各项支出。本项目根据"营业外支出"账户的发生额分析填列。

⑫"所得税费用"项目，反映企业按规定从当期利润总额中减去的所得税费用。本项目根据"所得税费用"账户的发生额分析填列。

⑬"净利润"项目，反映企业实现的净利润。如为净亏损，以"–"号填列。

⑭"基本每股收益"和"稀释每股收益"项目，应当根据《企业会计准则第34号——每股收益准则》的规定计算的金额填列。

⑮"其他综合收益的税后净额"项目，反映企业根据企业会计准则规定未在损益中确认的各项利得和损失扣除所得税影响后的净额。

⑯"综合收益总额"项目，反映企业净利润与其他综合收益的合计金额。

企业应当在附注中详细披露其他综合收益各项目及其所得税影响，以及原记入其他综合收益、当期转入损益的金额等信息。

例 9–2

宏达有限责任公司20×6年11月有关收入、费用类账户的发生额资料如表9–6所示。

表9–6 损益类账户本期发生额　　　　　　　　　　　　　单位：元

主营业务收入	410 000
主营业务成本	251 200
其他业务收入	52 400

续表

其他业务成本	30 000
税金及附加	7 200
销售费用	2 500
管理费用	30 000
财务费用	10 000
投资收益	5 000
营业外收入	800
营业外支出	2 000
所得税费用	33 825

根据上述资料，编制宏达有限责任公司20×6年11月的利润表如表9-7所示。

表 9-7　利润表　　　　　　　　　　　　　　　　会企02表

编制单位：宏达有限责任公司　　　20×6年11月　　　　　　　　　单位：元

项　目	本期金额	上期金额
一、营业收入	462 400	
减：营业成本	281 200	
税金及附加	7 200	
销售费用	2 500	
管理费用	30 000	
财务费用	10 000	
资产减值损失		
加：公允价值变动收益（损失以"–"号填列）		
投资收益（损失以"–"号填列）	5 000	
其中：对联营企业和合营企业的投资收益		
二、营业利润（亏损以"–"号填列）	136 500	
加：营业外收入	800	
其中：非流动资产处置利得		
减：营业外支出	2 000	
其中：非流动资产处置损失		
三、利润总额（亏损总额以"–"号填列）	135 300	
减：所得税费用	33 825	
四、净利润（净亏损以"–"号填列）	101 475	
五、其他综合收益的税后净额		
（一）以后不能重分类进损益的其他综合收益		
1. 重新计量设定受益计划净负债或净资产的变动		
2. 权益法下在被投资单位不能重分类进损益的其他综合收益中享有的份额		

续表

项 目	本期金额	上期金额
（二）以后将重分类进损益的其他综合收益		
1. 权益法下在被投资单位以后将重分类进损益的其他综合收益中享有的份额		
2. 可供出售金融资产公允价值变动损益		
3. 持有至到期投资重分类为可供出售金融资产损益		
4. 现金流量套期损益的有效部分		
5. 外币财务报表折算差额		
六、综合收益总额		
七、每股收益：		
（一）基本每股收益		
（二）稀释每股收益		

9.4 现金流量表

1. 现金流量表的概念与作用

现金流量表，是反映企业在一定会计期间现金和现金等价物流入和流出情况的报表，属于动态报表。通过现金流量表，可以反映企业一定会计期间内现金和现金等价物流入和流出的信息，以便于报表使用者了解和评价企业获取现金和现金等价物的能力，并据以预测企业未来现金流量。现金流量表以现金的收支为基础，消除了由于会计核算采用的估计因素，通过现金流量表能够了解现金流量的构成，分析企业偿还债务、支付股利及对外融资的能力，有助于分析企业收益质量及影响现金净流量的因素。所以，现金流量表在评价企业经营业绩、衡量企业财务资源和财务风险及预测企业未来前景方面，有着十分重要的作用。

2. 现金流量表的内容

现金流量表包括正表和补充资料两大部分。

1）正表

现金流量表的正表由六项内容组成，其中前三项为主要内容，分别为经营活动产生的现金流量、投资活动产生的现金流量和筹资活动产生的现金流量。经营活动产生的现金流量应当按照其经营活动的现金流入和流出的性质分项列示；投资活动产生的现金流量应当按照其投资活动的现金流入和流出的性质分项列示；筹资活动产生的现金流量应当按照其筹资活动的现金流入和流出的性质分项列示。

（1）经营活动产生的现金流量

经营活动是指企业投资活动和筹资活动以外的所有交易和事项。经营活动主要包括：销售商品、提供劳务、购买商品、接受劳务、支付工资和交纳税款等流入和流出现金和现金等价物的事项。

（2）投资活动产生的现金流量

投资活动是指企业长期资产的购建和不包括在现金等价物范围内的投资及其处置活动。投资活动主要包括收回投资所收到的现金，取得投资收益所收到的现金，处置固定资产、无形资产和其他长期资产所收回的现金净额，收到的其他与投资活动有关的现金，购建固定资产、无形资产和其他长期资产所支付的现金，投资所支付的现金，支付的其他与投资活动有关的现金。

（3）筹资活动产生的现金流量

筹资活动是指导致企业资本及债务规模和构成发生变化的活动。筹资活动主要包括吸收投资、发行股票、分配利润、发行债券、偿还债务等流入和流出现金和现金等价物的事项。偿付应付账款、应付票据等商业应付款属于经营活动，不属于筹资活动。

2）补充资料

现金流量表的补充资料由三部分组成：第一部分是由净利润调整所得的经营活动的现金流量，与正表的第一项形成对应关系；第二部分是不涉及现金收支的重大投资和筹资活动；第三部分是现金及现金等价物净变动情况，与正表的第五项相对应。

我国企业现金流量表采用报告式结构，分类反映经营活动产生的现金流量、投资活动产生的现金流量和筹资活动产生的现金流量，最后汇总反映企业某一期间现金及现金等价物的净增加额。企业现金流量表的一般格式及补充资料如表9-8和表9-9所示。

表9-8　现金流量表

编制单位：　　　　　　　　　　　　　年　　月　　　　　　　　　　　　　　会企03表
　　　　　　　　　　　　　　　　　　　　　　　　　　　　　　　　　　　　　单位：元

项　目	本期金额	上期金额
一、经营活动产生的现金流量：		
销售商品、提供劳务收到的现金		
收到的税费返还		
收到其他与经营活动有关的现金		
经营活动现金流入小计		
购买商品、接受劳务支付的现金		
支付给职工及为职工支付的现金		
支付的各项税费		
支付其他与经营活动有关的现金		
经营活动现金流出小计		
经营活动产生的现金流量净额		
二、投资活动产生的现金流量：		
收回投资收到的现金		
取得投资收益收到的现金		
处置固定资产、无形资产和其他长期资产收回的现金净额		
处置子公司及其他营业单位收到的现金净额		
收到其他与投资活动有关的现金		

续表

项　　目	本期金额	上期金额
投资活动现金流入小计		
购建固定资产、无形资产和其他长期资产支付的现金		
投资支付的现金		
取得子公司及其他营业单位支付的现金净额		
支付其他与投资活动有关的现金		
投资活动现金流出小计		
投资活动产生的现金流量净额		
三、筹资活动产生的现金流量：		
吸收投资收到的现金		
取得借款收到的现金		
收到其他与筹资活动有关的现金		
筹资活动现金流入小计		
偿还债务支付的现金		
分配股利、利润或偿付利息支付的现金		
支付其他与筹资活动有关的现金		
筹资活动现金流出小计		
筹资活动产生的现金流量净额		
四、汇率变动对现金及现金等价物的影响		
五、现金及现金等价物净增加额		
加：期初现金及现金等价物余额		
六、期末现金及现金等价物余额		

表 9–9　现金流量表补充资料

单位：元

补充资料	本期金额	上期金额
1. 将净利润调节为经营活动现金流量：		
净利润		
加：资产减值准备		
固定资产折旧、油气资产折耗、生产性生物资产折旧		
无形资产摊销		
长期待摊费用摊销		
处置固定资产、无形资产和其他长期资产的损失（收益以"–"号填列）		
固定资产报废损失（收益以"–"号填列）		
公允价值变动损失（收益以"–"号填列）		
财务费用（收益以"–"号填列）		
投资损失（收益以"–"号填列）		

补充资料	本期金额	上期金额
递延所得税资产减少（增加以"-"号填列）		
递延所得税负债增加（减少以"-"号填列）		
存货的减少（增加以"-"号填列）		
经营性应收项目的减少（增加以"-"号填列）		
经营性应付项目的增加（减少以"-"号填列）		
其他		
经营活动产生的现金净流量		
2. 不涉及现金收支的重大投资和筹资活动：		
债务转为资本		
一年内到期的可转换公司债券		
融资租入固定资产		
3. 现金及现金等价物净变动情况：		
现金的期末余额		
减：现金的期初余额		
加：现金等价物的期末余额		
减：现金等价物的期初余额		
现金及现金等价物净增加额		

3. 现金流量表的编制基础

现金流量表是以现金及现金等价物为基础编制的。企业从银行提取现金、用现金购买短期到期的国债等现金和现金等价物之间的转换不属于现金流量，这里的现金包括库存现金、可以随时用于支付的存款，具体包括以下内容。

（1）库存现金

库存现金，是指企业持有的、可随时用于支付的现金。

（2）银行存款

银行存款，是指企业存入金融机构、随时可以用于支付的存款。它与"银行存款"账户核算的银行存款基本一致，主要区别是编制现金流量表所指的银行存款是可以随时用于支付的银行存款，如结算户存款、通知存款等，但不包括不能随时用于支付的存款。例如不能随时支取的定期存款等不应作为现金，但提前通知金融机构便可支取的定期存款应包括在现金范围内。

（3）其他货币资金

其他货币资金，是指企业存在金融机构有特定用途的资金，也就是"其他货币资金"账户核算的银行存款，如外埠存款、银行汇票存款、银行本票存款、信用证保证金存款和在途货币资金等。

（4）现金等价物

现金等价物，是指企业持有的期限短、流动性强、易于转换为已知金额的现金、价值变动风险很小的投资。期限短，一般是指从购买日起三个月内到期。现金等价物通常包括三个月内到期的短期债券投资等。权益性投资变现的金额通常不确定，因而不属于现金等价物。企业应当根据具体情况，确定现金等价物的范围，一经确定，不得随意变更。

4. 现金流量表的编制方法

企业应当采用直接法列示经营活动产生的现金流量。直接法是指通过现金收入和现金支出的主要类别直接反映经营活动产生的现金流量。采用直接法编制经营活动产生的现金流量时，一般以利润表中的营业收入为起算点，调整与经营活动有关的项目的增减变动，然后计算出经营活动产生的现金流量。采用直接法编制现金流量表时可以采用工作底稿法或"T"形账户法，也可以根据有关账户记录分析填列。

9.5 所有者权益变动表

1. 所有者权益变动表的概念和作用

所有者权益变动表是指反映构成所有者权益的各组成部分当期增减变动情况的报表。综合收益和与所有者（或股东，下同）的资本交易导致的所有者权益的变动，应当分别列示。与所有者的资本交易，是指企业与所有者以其所有者身份进行的、导致企业所有者权益变动的交易。所有者权益变动表的作用如下。

① 所有者权益变动表能够全面反映一定时期所有者权益变动的情况，不仅包括所有者权益总量的增减变动，还包括所有者权益增减变动的重要结构性信息，特别是要反映直接计入所有者权益的利得和损失，以便让报表使用者准确理解所有者权益变动表的根源。

② 所有者权益变动表在一定程度上体现了企业综合收益。综合收益是指企业在某一时期与所有者之外的其他方面进行交易或发生其他事项所引起的净资产变动。综合收益的构成包括两部分：净利润和直接计入所有者权益的利得和损失。其中，净利润是企业已经实现并已确认的收益，直接计入所有者权益的利得和损失是企业尚未实现但根据会计准则的规定已确认的收益，如可供出售金融资产公允价值变动净额等。综合收益用公式表示如下。

综合收益=净利润+直接计入所有者权益的利得和损失

2. 所有者权益变动表的内容和结构

在所有者权益变动表上，企业至少应当单独列示反映下列信息的项目。

① 综合收益总额，在合并所有者权益变动表中还应单独列示归属于母公司所有者的综合收益总额和归属于少数股东的综合收益总额。

② 会计政策变更和前期差错更正的累积影响金额。

③ 所有者投入资本和向所有者分配利润等。

④ 提取的盈余公积。

⑤ 所有者权益各组成部分的期初余额和期末余额及其调节情况。

所有者权益变动表以矩阵的形式列示：一方面，列示导致所有者权益变动的交易或事项，即所有者权益变动的来源，对一定时期所有者权益的变动情况进行全面反映；另一方面，按照所有者权益各组成部分（实收资本、资本公积、其他综合收益、盈余公积、未分配利润和库存股）列示交易或事项对所有者权益各部分的影响。

我国企业所有者权益变动表的格式如表 9–10 所示。

表 9–10　所有者权益变动表　　　　　会企 04 表

编制单位：　　　　　　　　　年度　　　　　　　　　单位：元

项目	本年金额							上年金额						
	实收资本（或股本）	资本公积	减：库存股	其他综合收益	盈余公积	未分配利润	所有者权益合计	实收资本（或股本）	资本公积	减：库存股	其他综合收益	盈余公积	未分配利润	所有者权益合计
一、上年年末余额														
加：会计政策变更														
前期差错更正														
二、本年年初余额														
三、本年增减变动金额（减少以"–"号填列）														
（一）综合收益总额														
（二）所有者投入和减少资本														
1. 所有者投入资本														
2. 其他权益工具持有者投入资本														
3. 股份支付计入所有者权益的金额														
4. 其他														
（三）利润分配														
1. 提取盈余公积														
2. 对所有者（或股东）的分配														
3. 其他														
（四）所有者权益内部结转														
1. 资本公积转增资本（或股本）														
2. 盈余公积转增资本（或股本）														
3. 盈余公积弥补亏损														
4. 其他														
四、本年年末余额														

3. 所有者权益变动表的编制

所有者权益变动表各项目均需填列"本年金额"和"上年金额"两栏。所有者权益变动表"上年金额"栏内各项数字，应根据上年度所有者权益变动表"本年金额"栏内所列数字填列。如果上年度所有者权益变动表规定的各个项目的名称和内容同本年度不相一致，应对上年度利润表各项目的名称和数字按照本年度的规定进行调整，按调整后的数字填入"上年金额"栏内。所有者权益变动表"本年金额"栏内各项数字一般应根据"实收资本（或股本）""资本公积""其他综合收益""盈余公积""利润分配""库存股""以前年度损益调整"账户的发生额分析填列。

9.6 附　　注

1. 附注的概念和作用

财务报表附注是对资产负债表、利润表、现金流量表和所有者权益变动表等报表中列示项目的文字描述，以及对未能在这些报表中列示项目的说明等。

附注是财务报表不可缺少的组成部分，通过附注与资产负债表、利润表、现金流量表和所有者权益变动表列示项目的相互参照关系，以及对未能在报表中列示项目的说明，可以使报表使用者全面了解企业的财务状况、经营成果和现金流量。

2. 附注的主要内容

附注是财务报表的重要组成部分。企业应当按照如下顺序披露附注的内容。

① 企业的基本情况。

- 企业注册地、组织形式和总部地址。
- 企业的业务性质和主要经营活动，如企业所处的行业、所提供的主要产品或服务、客户的性质、销售策略、监管环境的性质等。
- 母公司及集团最终母公司的名称。
- 财务报告的批准报出者和财务报告批准报出日。
- 营业期限有限的企业，还应当披露有关其营业期限的信息。

② 财务报表的编制基础。财务报表的编制基础是指财务报表是在持续经营基础上还是非持续经营基础上编制的。企业一般是在持续经营基础上编制财务报表，清算、破产属于非持续经营基础。

③ 遵循《企业会计准则》的声明。企业应当声明编制的财务报表符合《企业会计准则》的要求，真实、完整地反映了企业的财务状况、经营成果和现金流量等有关信息。如果企业编制的财务报表只是部分地遵循了《企业会计准则》，附注中不得做出这种表述。

④ 重要会计政策和会计估计。重要会计政策的说明，包括财务报表项目的计量基础和在运用会计政策过程中所做的重要判断等。重要会计估计的说明，包括可能导致下一个会计期间内资产、负债账面价值重大调整的会计估计的确定依据等。

企业应当披露采用的重要会计政策和会计估计，并结合企业的实际披露其重要会计政策的确定依据和财务报表项目的计量基础，以及其会计估计所采用的关键假设和不确定因素。

⑤ 会计政策和会计估计变更及差错更正的说明。企业应当按照《企业会计准则第28号——会计政策、会计估计变更和差错更正》的规定，披露会计政策和会计估计变更及差错更正的情况。

⑥ 报表重要项目的说明。企业应当按照资产负债表、利润表、现金流量表、所有者权益变动表及其项目列示的顺序，对报表重要项目的说明采用文字和数字描述相结合的方式进行披露。报表重要项目的明细金额合计，应当与报表项目金额相衔接。

⑦ 或有事项和承诺事项、资产负债表日后非调整事项、关联方关系及其交易等需要说明

的事项。

⑧ 有助于财务报表使用者评价企业管理资本的目标、政策及程序的信息。

⑨ 企业应当在附注中披露下列关于其他综合收益各项目的信息。

- 其他综合收益各项目及其所得税影响。
- 其他综合收益各项目原计入其他综合收益、当期转出计入当期损益的金额。
- 其他综合收益各项目的期初余额和期末余额及其调节情况。

⑩ 企业应当在附注中披露终止经营的收入、费用、利润总额、所得税费用和净利润，以及归属于母公司所有者的终止经营利润。终止经营，是指满足下列条件之一的已被企业处置或被企业划归为持有待售的、在经营和编制财务报表时能够单独区分的组成部分。

- 该组成部分代表一项独立的主要业务或一个主要经营地区。
- 该组成部分是拟对一项独立的主要业务或一个主要经营地区进行处置计划的一部分。
- 该组成部分是仅仅为了再出售而取得的子公司。

同时满足下列条件的企业组成部分（或非流动资产，下同）应当确认为持有待售：该组成部分必须在其当前状况下仅根据出售此类组成部分的惯常条款即可立即出售；企业已经就处置该组成部分做出决议，如按规定需得到股东批准的，应当已经取得股东大会或相应权力机构的批准；企业已经与受让方签订了不可撤销的转让协议；该项转让将在一年内完成。

⑪ 企业应当在附注中披露在资产负债表日后、财务报告批准报出日前提议或宣布发放的股利总额和每股股利金额（或向投资者分配的利润总额）。

本 章 小 结

1. 财务会计报告是指企业对外提供的反映企业某一特定日期财务状况和某一会计期间经营成果、现金流量等会计信息的文件。

2. 财务会计报告包括财务报表、财务报表附注和其他应当在财务会计报告中披露的相关信息。

3. 资产负债表是反映企业在某一特定日期（月末、季末、半年末、年末）财务状况的财务报表。主要反映资产、负债和所有者权益三方面的内容，并满足"资产=负债+所有者权益"平衡等式。

4. 利润表是反映企业在一定会计期间经营成果的财务报表，主要提供有关企业经营成果方面的信息。通过利润表，可以判断资本保值、增值情况，可以反映企业的获利能力，预测企业未来的盈利趋势。

5. 现金流量表是反映企业一定会计期间现金和现金等价物流入和流出情况的财务报表。通过现金流量表，报表使用者能了解企业获取现金和现金等价物的能力，有助于分析企业收益质量。

6. 所有者权益变动表是指反映构成所有者权益各组成部分当期增减变动情况的财务报表。通过所有者权益变动表，报表使用者能准确理解所有者权益变动表的根源。

思 考 题

1. 什么是财务会计报告？财务会计报告由哪些内容构成？
2. 什么是利润表？利润表的结构和内容是如何？
3. 资产负债表的作用是什么？其结构和内容如何？
4. 资产负债表项目的填列方法有哪几种？举例说明。
5. 什么是现金流量表？它有哪些作用？
6. 现金流量表的编制基础是什么？现金流量表由哪几部分组成？
7. 所有者权益变动表有何作用？包括哪些内容？
8. 财务报表附注主要包括哪些内容？

练 习 题

一、单项选择题

1. 下列不属于财务会计报告的是（   ）。
   A. 资产负债表　　　　　　　　B. 期间费用表
   C. 利润表　　　　　　　　　　D. 现金流量表
2. 根据《企业会计制度》的规定，中期财务会计报告不包括（   ）。
   A. 月报　　　B. 季报　　　C. 半年报　　　D. 年报
3. 依照我国会计准则的要求，资产负债表采用的格式为（   ）。
   A. 单步报告式　　　　　　　　B. 多步报告式
   C. 账户式　　　　　　　　　　D. 混合式
4. "预付账款"账户明细账中若有贷方余额，应将其计入资产负债表中的（   ）项目。
   A. 应收账款　　　　　　　　　B. 预收款项
   C. 应付账款　　　　　　　　　D. 其他应付款
5. 下列项目在资产负债表中只需要根据某一个总分类账户就能填列的项目是（   ）。
   A. 应收账款　　B. 短期借款　　C. 预付款项　　D. 预收款项
6. 资产负债表是反映企业（   ）财务状况的会计报表。
   A. 某一特定日期　　　　　　　B. 一定时期内
   C. 某一年份内　　　　　　　　D. 某一月份内
7. 某企业 20×7 年发生的营业收入为 1 000 万元，营业成本为 600 万元，销售费用为 20 万元，管理费用为 50 万元，财务费用为 10 万元，投资收益为 40 万元，资产减值损失为 70 万元（损失），公允价值变动损益为 80 万元（收益），营业外收入为 25 万元，营业外支出为 15 万元。该企业 20×7 年的营业利润为（   ）万元。
   A. 370　　　　B. 330　　　　C. 320　　　　D. 390

8. 以下选项中，影响企业营业利润的是（　　）。
   A. 所得税费用　　B. 投资收益　　C. 营业外收入　　D. 营业外支出
9. 下列各项中属于所有者权益变动表项目的是（　　）。
   A. 提取盈余公积　　　　　　　　B. 公允价值变动收益
   C. 资产减值损失　　　　　　　　D. 非流动资产处置损失
10. 财务报表中各项目金额的直接来源是（　　）。
    A. 原始凭证　　B. 记账凭证　　C. 日记账　　D. 会计账簿

二、多项选择题

1. 企业的下列报表中，属于对外的财务报表有（　　）。
   A. 资产负债表　　　　　　　　B. 利润表
   C. 所有者权益变动表　　　　　D. 制造成本表
   E. 现金流量表
2. 下列资产负债表项目中，根据总账余额直接填列的有（　　）。
   A. 短期借款　　B. 实收资本　　C. 应收票据　　D. 应收账款
   E. 应付账款
3. 下列各资产负债表项目中，应根据明细账户余额计算填列的有（　　）。
   A. 应收票据　　B. 预收款项　　C. 应收账款　　D. 应付账款
   E. 货币资金
4. 现金及现金等价物主要包括的内容有（　　）。
   A. 库存现金　　　　　　　　B. 银行存款
   C. 其他货币资金　　　　　　D. 现金等价物
   E. 外埠存款
5. 下列项目属于"存货"范围的有（　　）。
   A. 工程物资　　B. 原材料　　C. 在途物资　　D. 库存商品
   E. 无形资产

三、判断题

1. 利润表是指反映企业在一定会计期间经营成果的报表。（　　）
2. 企业财务会计报告由财务报表、报表附注两部分构成。（　　）
3. "预付账款"账户所属各明细账户期末有贷方余额的，应在资产负债表"应收账款"项目内填列。（　　）
4. 实际工作中，为使财务报表及时报送，企业可以提前结账。（　　）
5. 资产负债表是根据"资产=负债+所有者权益"这一会计等式编制的。（　　）

四、业务题

1. （练习利润表的编制方法）林城市神效制药公司20×6年1月至6月有关账户资料如下：

① 1月至5月：主营业务收入1 159 340元、主营业务成本849 110元、销售费用47 680元、税金及附加28 000元、管理费用37 500元、财务费用7 500、营业外收入10 000元、投资收益1 570元、营业外支出36 620元、所得税费用41 125元。

② 6月：主营为业务收入2 500 000元、主营业务成本185 090元、销售费用800元、税金及附件4 800元、其他业务收入30 000元、其他业务成本21 000元、管理费用7 000元、

财务费用1 600元、营业外收入3 000元、营业外支出6 190元、所得税费用12 330元。

要求：根据以上资料编制该企业6月份的利润表。

2.（练习资产负债表部分项目期末数的计算方法）某公司20×6年6月末各有关总账账户、明细账账户余额如表9-11所示。

表9-11 总账账户、明细账账户余额表 单位：元

账户		期末余额		账户		期末余额	
总账	明细账	借方	贷方	总账	明细账	借方	贷方
库存现金		5 600		库存商品		210 000	
银行存款		273 000		固定资产		9 351 600	
应收账款		50 000		累计折旧			1 869 300
	润丰公司	65 000		应付账款			41 500
	华远公司		15 000		昌盛公司	22 000	
坏账准备			1 000		九隆公司		63 500
预付账款		58 000		预收账款			85 000
	大华公司	78 000			广发公司	85 000	
	格林公司		20 000	本年利润			153 000
材料采购		30 000		利润分配		23 000	
原材料		160 000		生产成本		20 000	

要求：根据以上资料，计算确定该公司6月份资产负债表"期末金额"栏中以下项目的数额：

① "货币资金"；

② "应收账款"；

③ "预付账款"；

④ "存货"；

⑤ "固定资产"；

⑥ "应付账款"；

⑦ "预收账款"；

⑧ "未分配利润"。

第 10 章

会计核算组织程序

> 【学习目标】
>
> 本章主要阐述会计核算组织程序。通过本章的学习,使学生了解会计核算组织程序的含义、作用和设计原则,以及几种常见的会计核算组织程序的特点、记账步骤和适用范围,掌握科目汇总表核算组织程序下的账务处理步骤。

10.1 会计核算组织程序

1. 会计核算组织程序概述

会计核算组织程序也称账务处理程序,是指在会计循环中,会计主体采用的会计凭证、会计账簿、会计报表和记账程序、记账方法有机结合起来的方式。具体就是规定会计凭证、会计账簿的种类、格式和登记方法及各种会计凭证之间、账簿之间、各种报表之间、各种凭证与账簿之间、各种账簿与报表之间的相互联系及编制程序。

会计凭证、会计账簿和会计报表是会计用以记录和存储会计信息的重要载体。实务中所使用的会计凭证、会计账簿和会计报表的种类繁多,格式也各不相同,尤其是登记总分类账簿的程序不同。不同种类与格式的会计凭证、会计账簿、会计报表与一定的记账程序相结合,就形成了在做法上有着一定区别的会计核算组织程序。

会计核算组织程序是否科学、合理,会对整个会计核算工作产生诸多方面的影响。选用适合本企业的会计核算组织程序,对于科学地组织本单位的会计核算工作,具有十分重要的意义。

① 有利于提高会计核算工作效率。会计核算工作效率的高低,直接关系到会计信息提供的及时性和有用性。按照既定的会计核算组织程序进行会计信息的处理,将会大大提高会计

核算工作效率。

② 有利于保证会计核算工作质量。在进行会计核算的过程中,保证会计核算工作的质量是对会计工作的基本要求。建立科学、合理的会计核算组织程序,可以迅速形成财务信息,提高会计核算资料的质量,满足经营管理的需要。

③ 有利于节约会计核算工作成本。组织会计核算的过程也是对人力、物力和财力的消耗过程,因此要求会计核算本身也要讲求经济效益。会计核算组织程序安排得科学、合理,可以减少不必要的核算环节和手续,节省人力、物力和财力,提高会计核算工作的效益。

在实际工作中,由于各个会计主体的具体情况不同,会计核算组织程序也不可能完全相同。常用的会计核算组织程序主要有以下几种:记账凭证核算组织程序、汇总记账凭证核算组织程序、科目汇总表核算组织程序等。

2. 记账凭证核算组织程序

1)记账凭证核算组织程序的记账程序

记账凭证核算组织程序是指根据经济业务发生后所填制的各种记账凭证直接逐笔地登记总分类账的一种核算组织程序。它是一种最基本的核算组织程序,其他核算组织程序都是在此基础上发展、演变而形成的。

在记账凭证核算组织程序下,记账凭证可以采用"收款凭证""付款凭证""转账凭证"等专用记账凭证的格式,也可采用通用记账凭证的格式。会计账簿除设置总账和相关的明细账外,还需单独设置"现金日记账"和"银行存款日记账"。其记账程序如下。

① 经济业务发生以后,根据有关的原始凭证或原始凭证汇总表编制记账凭证(收款凭证、付款凭证和转账凭证)。

② 根据收款凭证和付款凭证逐笔登记现金日记账和银行存款日记账。

③ 根据原始凭证、原始凭证汇总表和记账凭证登记各种明细分类账。

④ 根据各种记账凭证逐笔登记总分类账。

⑤ 月末,将日记账、明细分类账的余额与总分类账有关账户的余额进行核对。

⑥ 月末,根据总分类账和明细分类账的资料编制财务报表。

记账凭证核算组织程序的账务处理基本程序如图 10-1 所示。

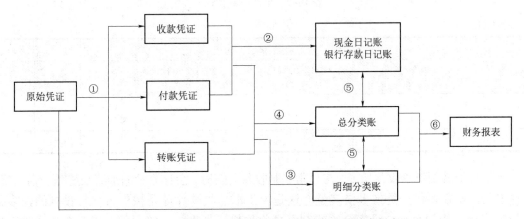

图 10-1 记账凭证核算组织程序的账务处理基本程序

2）记账凭证核算组织程序的特点、优缺点及适用范围

记账凭证核算组织程序的特点是：直接根据各种记账凭证逐笔登记总分类账。

各种会计核算组织程序在账务处理的做法上有共同之处，比如登记各种日记账和明细分类账，不论是在记账凭证核算组织程序下，还是在其他核算组织程序下，在做法上基本是相同的。将各种会计核算组织程序进行比较，它们的特点主要是体现在对总分类账的登记方法上。直接根据各种记账凭证逐笔登记总分类账，是记账凭证核算组织程序的一个鲜明特点。

记账凭证核算组织程序简单明了，易于理解，总分类账可以较详细地反映经济业务的发生情况，其缺点是登记总分类账的工作量较大。该核算组织程序一般只适用于规模较小、经济业务量较少、会计凭证不多的会计主体。

3. 汇总记账凭证核算组织程序

1）汇总记账凭证的编制方法

汇总记账凭证核算组织程序是定期将收款凭证、付款凭证和转账凭证按照会计账户的对应关系进行汇总，分别编制"汇总收款凭证""汇总付款凭证""汇总转账凭证"，然后根据各种汇总记账凭证登记总分类账的一种会计核算组织程序。

汇总记账凭证是按每个科目设置，并按科目一方（借方或贷方）的对应科目进行汇总。汇总记账凭证分为汇总收款凭证、汇总付款凭证和汇总转账凭证。在汇总记账凭证核算组织程序下，根据汇总记账凭证上的汇总数字登记有关的总分类账，这样可以减少登记总分类账的工作量。

（1）汇总收款凭证

汇总收款凭证是根据库存现金收款凭证、银行存款收款凭证定期汇总编制的汇总记账凭证。汇总收款凭证按"库存现金"或"银行存款"的借方分别设置，定期（如5天或10天）将这一期间内的全部库存现金收款凭证、银行存款收款凭证，分别按相对应的贷方科目加以归类、定期汇总，月末结算出汇总收款凭证的合计数，据以登记总分类账。登记总分类账时，应根据汇总收款凭证上的合计数，记入"库存现金"或"银行存款"总分类账户的借方，根据汇总收款凭证上各贷方科目的合计数分别记入有关总分类账户的贷方。其格式如表10-1所示。

表10-1 汇总收款凭证

借方科目： 年 月

贷方科目	金 额				总账页数	
	1日至10日凭证 第 号至第 号	11日至20日凭证 第 号至第 号	21日至30日凭证 第 号至第 号	合计	借方	贷方
合 计						

为了便于编制汇总收款凭证，在日常编制收款凭证时，会计分录的形式最好是一借一贷、一借多贷，不宜多借一贷或多借多贷。这是由于汇总收款凭证是按借方科目设置的，多借一贷或多借多贷的会计分录都会给编制汇总收款凭证带来一定的不便：或者会造成收款凭证在汇总过程中由于被多次重复使用而产生汇总错误，或者造成会计账户之间的对应关系

模糊难辨。

(2) 汇总付款凭证

汇总付款凭证是根据库存现金付款凭证、银行存款付款凭证定期汇总编制的汇总记账凭证。汇总付款凭证按"库存现金"或"银行存款"科目的贷方分别设置，定期（如 5 天或 10 天）将这一期间内的全部库存现金付款凭证、银行存款付款凭证，分别按相对应的借方科目加以归类、定期汇总，月末结算出汇总付款凭证的合计数，据以登记总分类账。登记总分类账时，应根据汇总付款凭证上的合计数，记入"库存现金"或"银行存款"总分类账户的贷方，根据汇总付款凭证上各借方科目的合计数分别记入有关总分类账户的借方。其格式如表 10–2 所示。

表 10–2 汇总付款凭证

贷方科目：　　　　　　　　　　　　　　年　月

借方科目	金　额			合计	总账页数	
	1 日至 10 日凭证第　号至第　号	11 日至 20 日凭证第　号至第　号	21 日至 30 日凭证第　号至第　号		借方	贷方
合　计						

为了便于编制汇总付款凭证，在日常编制付款凭证时，会计分录的形式最好是一借一贷、一贷多借，不宜一借多贷或多借多贷。这是由于汇总付款凭证是按贷方科目设置的，一借多贷或多借多贷的会计分录都会给编制汇总付款凭证带来一定的不便：或者会造成付款凭证在汇总过程中由于被多次重复使用而产生汇总错误，或者造成会计账户之间的对应关系模糊难辨。

(3) 汇总转账凭证

汇总转账凭证是按转账凭证每一贷方科目分别设置的，用来汇总一定时期内转账业务的一种汇总记账凭证。汇总转账凭证通常按所填制的专用记账凭证中转账凭证上会计分录的贷方科目设置，定期（如 5 天或 10 天）将这一期间内的全部转账凭证，按与设置科目相对应的借方科目加以归类、汇总，月末结算出汇总转账凭证的合计数，据以登记总分类账。登记总分类账时，应根据汇总转账凭证上的合计数，记入汇总转账凭证所列贷方科目相应的总分类账户的贷方，并分别记入汇总转账凭证中各借方科目的相应总分类账户的借方。其格式如表 10–3 所示。

表 10–3 汇总转账凭证

贷方科目：　　　　　　　　　　　　　　年　月

借方科目	金　额			合计	总账页数	
	1 日至 10 日凭证第　号至第　号	11 日至 20 日凭证第　号至第　号	21 日至 30 日凭证第　号至第　号		借方	贷方
合　计						

由于汇总转账凭证上的科目对应关系是一个贷方科目与一个或几个借方科目相对应,因此为了便于编制汇总转账凭证,要求所有的转账凭证也应按一个贷方科目与一个或几个借方科目的对应关系来编制,不应编制一个借方科目与几个贷方科目相对应的转账凭证。

2)汇总记账凭证核算组织程序的步骤

汇总记账凭证核算组织程序的基本步骤如下。

① 经济业务发生以后,根据有关的原始凭证或原始凭证汇总表填制各种记账凭证(收款凭证、付款凭证和转账凭证)。

② 根据收款凭证和付款凭证逐笔登记现金日记账和银行存款日记账。

③ 根据原始凭证、原始凭证汇总表和记账凭证登记各种明细分类账。

④ 根据各种记账凭证分别编制汇总收款凭证、汇总付款凭证和汇总转账凭证。

⑤ 根据各种汇总记账凭证登记总分类账。

⑥ 月末,将日记账、明细分类账的余额与总分类账有关账户的余额进行核对。

⑦ 月末,根据总分类账和明细分类账的记录编制财务报表。

汇总记账凭证核算组织程序的账务处理基本程序如图10-2所示。

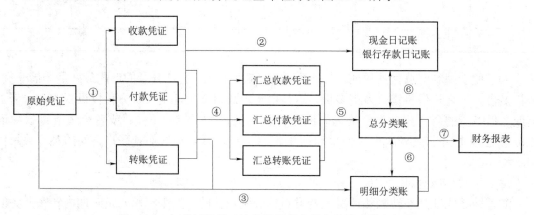

图10-2 汇总记账凭证核算组织程序的账务处理基本程序

3)汇总记账凭证核算组织程序的特点、优缺点及适用范围

汇总记账凭证核算组织程序的特点是:根据汇总记账凭证定期汇总登记总分类账。

汇总记账凭证是根据记账凭证按照会计科目的对应关系进行归类、汇总编制的,在总分类账中也注明了对方科目,因而在汇总记账凭证和总分类账中可以清晰地反映账户之间的对应关系。根据汇总记账凭证月末一次登记总分类账,可以减少登记总分类账的工作量。其缺点是定期编制汇总记账凭证的工作量比较大。该核算组织程序一般只适用于规模较大、经济业务量比较多的会计主体。

4. 科目汇总表核算组织程序

1)科目汇总表的编制方法

科目汇总表核算组织程序是指根据记账凭证定期编制科目汇总表,并据以登记总分类账的一种会计核算组织程序。根据一定时期内的全部记账凭证,按相同的会计科目进行归类,分借、贷方定期(如5天或10天)分别汇总每一个会计科目的本期发生额,填写在科目汇总表的借方发生额栏和贷方发生额栏内,并分别相加,以反映全部会计科目在一定期间的借、贷方发生额。在编制科目汇总表时，首先将汇总期内各项经济业务所涉及的会计科目填在科目汇总表的"会计科目"栏内；其次，根据汇总期内所有记账凭证，按会计科目分别加计借方发生额和贷方发生额，将其汇总数填在各相应会计科目的"借方"栏和"贷方"栏。按会计科目汇总后，应加总借、贷方发生额，进行发生额的试算平衡。根据科目汇总表登记总分类账时，只需要将该表中汇总起来的各科目的本期借、贷方发生额的合计数，分次或月末一次记入相应总分类账的借方或贷方。其格式如表10–4所示。

表 10–4 科目汇总表

年 月 日

会计科目	本期发生额		总账页次
	借方	贷方	
合计			

会计主管人员　　　　记账　　　　稽核　　　　制单

2）科目汇总表核算组织程序的步骤

科目汇总表核算组织程序的基本步骤如下。

① 经济业务发生以后，根据有关的原始凭证或原始凭证汇总表填制各种记账凭证（收款凭证、付款凭证和转账凭证）。

② 根据收款凭证和付款凭证逐笔登记现金日记账和银行存款日记账。

③ 根据原始凭证、原始凭证汇总表和记账凭证登记各种明细分类账。

④ 根据各种记账凭证汇总编制科目汇总表。

⑤ 根据科目汇总表汇总登记总分类账。

⑥ 月末，将日记账、明细分类账的余额与总分类账有关账户的余额进行核对。

⑦ 月末，根据总分类账和明细账的记录编制财务报表。

科目汇总表核算组织程序的账务处理基本程序如图10–3所示。

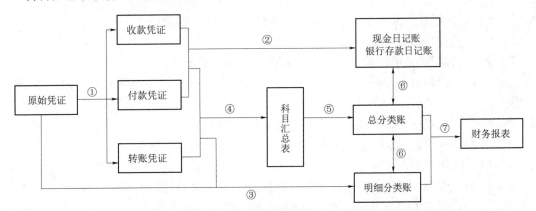

图 10–3 科目汇总表核算组织程序的账务处理基本程序

3）科目汇总表核算组织程序的特点、优缺点及适用范围

科目汇总表核算组织程序的特点是：定期根据所有记账凭证汇总编制科目汇总表，根据科目汇总表上的汇总数字登记总分类账。

科目汇总表核算组织程序定期将记账凭证汇总编制科目汇总表，月末一次记入总分类账，减轻了登记总分类账的工作量，在试算平衡的基础上记账能保证总分类账登记的正确性。其缺点是不能反映账户之间的对应关系，不能够清晰地反映经济业务的来龙去脉。它适用于经济业务较多的会计主体。

10.2　科目汇总表核算组织程序的应用

资料：宏达有限责任公司20×6年12月初各账户余额如表10–5所示。

表10–5　总账账户余额表

账户名称	借方余额	账户名称	贷方余额
库存现金	5 000	累计折旧	100 000
银行存款	67 500	短期借款	55 000
应收账款	75 000	应付账款	35 000
其他应收款	8 000	应交税费	12 000
原材料	70 000	应付职工薪酬	25 000
生产成本	34 500	实收资本	400 000
库存商品	35 000	资本公积	100 000
固定资产	450 000	盈余公积	18 000
合计	745 000	合计	745 000

本月发生下列经济业务。

① 3日，购入甲材料15 000元，增值税为2 250元，材料验收入库，货款以银行存款支付。

② 5日，向银行借入期限为三个月的经营性周转资金20 000元。

③ 6日，用银行存款12 000元缴纳上月税费。

④ 9日，收回购货单位前欠货款20 000元，存入银行。

⑤ 10日，销售B产品一批，货款为30 000元，增值税（销项税额）为5 100元，已收存银行。

⑥ 14日，以银行存款偿还前欠星海公司货款30 000元。

⑦ 15日，从银行存款中提取现金50 000元，准备发放本月工资。

⑧ 17日，用现金50 000元发放本月工资。

⑨ 19日，生产车间租用厂房，用银行存款24 000元预付两年的房租。

⑩ 21日，职工王丽出差预借差旅费3 000元，财务科以现金付讫。

⑪ 22日，用银行存款支付员工各种福利费共计4 000元。
⑫ 23日，车间领用甲材料50 000元，用于A产品生产28 000元，用于B产品生产15 000元，用于车间一般消耗7 000元。
⑬ 25日，销售A产品一批，货款为40 000元，增值税（销项税额）为6 800元，货款未收。
⑭ 27日，以银行存款支付本月水电费2 400元，其中车间耗用2 000元，管理部门耗用400元。
⑮ 28日，销售甲材料一批，售价为10 000元，增值税1 700元，款项存入银行。
⑯ 30日，以现金支付销售产品运费及包装费1 000元。
⑰ 31日，结算本月职工工资50 000元。其中：A产品生产工人工资为20 000元，B产品生产工人工资为15 000元，车间技术人员工资为9 000元，行政管理人员工资为6 000元。
⑱ 31日，摊销应由本月负担的房租1 000元。
⑲ 31日，计提本月固定资产折旧12 000元，其中车间固定资产折旧9 000元，行政管理部门固定资产折旧3 000元。
⑳ 31日，预提应由本月负担的短期借款利息1 000元。
㉑ 31日，职工王丽报销差旅费2 500元，余款500元归还。
㉒ 31日，按A、B产品生产工人工资比例分配结转制造费用。
㉓ 31日，本月生产的B产品尚未完工，A产品全部完工且验收入库，结转完工产品生产成本（假设A产品期初、期末没有在产品）。
㉔ 31日，结转本月已销产品成本35 000元，其中A产品20 000元，B产品15 000元。
㉕ 31日，结转已销甲材料的成本6 000元。
㉖ 31日，结转本月实现的收入和费用。
㉗ 31日，按利润总额的25%计算应交所得税，并转入本年利润。
㉘ 31日，将本年净利润转入利润分配。
㉙ 31日，进行利润分配，按税后利润的10%提取盈余公积。
㉚ 31日，按照股东大会决议，向股东分派现金股利10 000元。
（1）根据上述各项经济业务的原始凭证编制记账凭证（表10-6～表10-39所示）。

表10-6 付款凭证

贷方科目：银行存款　　　　　　　20×6年12月03日　　　　　　　凭证编号：银付第1号

摘　要	借方科目		金　额	记账符号
	总账科目	明细科目		
用银行存款购入甲材料	原材料	甲材料	15 000	√
	应交税费	应交增值税（进项税额）	2 250	
附单据　　　　张		合　计	¥17 250	

会计主管人员：　　　记账：　　　稽核：　　　制单：　　　出纳：　　　领款人：

表 10–7　收款凭证

借方科目：银行存款　　　　　20×6 年 12 月 05 日　　　　　凭证编号：银收第 1 号

摘　要	贷方科目		金　额	记账符号
	总账科目	明细科目		
向银行借入短期借款	短期借款		20 000	√
附单据　　　张	合　　计		¥20 000	

会计主管人员：　　　记账：　　　稽核：　　　制单：　　　出纳：　　　领款人：

表 10–8　付款凭证

贷方科目：银行存款　　　　　20×6 年 12 月 06 日　　　　　凭证编号：银付第 2 号

摘　要	借方科目		金　额	记账符号
	总账科目	明细科目		
用银行存款缴纳上月税费	应交税费		12 000	√
附单据　　　张	合　　计		¥12 000	

会计主管人员：　　　记账：　　　稽核：　　　制单：　　　出纳：　　　领款人：

表 10–9　收款凭证

借方科目：银行存款　　　　　20×6 年 12 月 09 日　　　　　凭证编号：银收第 2 号

摘　要	贷方科目		金　额	记账符号
	总账科目	明细科目		
收回货款	应收账款		20 000	√
附单据　　　张	合　　计		¥20 000	

会计主管人员：　　　记账：　　　稽核：　　　制单：　　　出纳：　　　领款人：

表 10–10　收款凭证

借方科目：银行存款　　　　　20×6 年 12 月 10 日　　　　　凭证编号：银收第 3 号

摘　要	贷方科目		金　额	记账符号
	总账科目	明细科目		
销售商品	主营业务收入		30 000	√
	应交税费	应交增值税（销项税额）	5 100	
附单据　　　张	合　　计		¥35 100	

会计主管人员：　　　记账：　　　稽核：　　　制单：　　　出纳：　　　领款人：

表 10–11　付款凭证

贷方科目：银行存款　　　　　20×6 年 12 月 14 日　　　　　凭证编号：银付第 3 号

摘　要	借方科目		金　额	记账符号
	总账科目	明细科目		
偿还货款	应付账款	星海公司	30 000	√
附单据　　　张	合　　计		¥30 000	

会计主管人员：　　　　记账：　　　　稽核：　　　　制单：　　　　出纳：　　　　领款人：

表 10–12　付款凭证

贷方科目：银行存款　　　　　20×6 年 12 月 15 日　　　　　凭证编号：银付第 4 号

摘　要	借方科目		金　额	记账符号
	总账科目	明细科目		
从银行提取现金	库存现金		50 000	√
附单据　　　张	合　　计		¥50 000	

会计主管人员：　　　　记账：　　　　稽核：　　　　制单：　　　　出纳：　　　　领款人：

表 10–13　付款凭证

贷方科目：库存现金　　　　　20×6 年 12 月 17 日　　　　　凭证编号：现付第 1 号

摘　要	借方科目		金　额	记账符号
	总账科目	明细科目		
发放工资	应付职工薪酬	工资	50 000	√
附单据　　　张	合　　计		¥50 000	

会计主管人员：　　　　记账：　　　　稽核：　　　　制单：　　　　出纳：　　　　领款人：

表 10–14　付款凭证

贷方科目：银行存款　　　　　20×6 年 12 月 19 日　　　　　凭证编号：银付第 5 号

摘　要	借方科目		金　额	记账符号
	总账科目	明细科目		
预付生产车间房租	长期待摊费用		24 000	√
附单据　　　张	合　　计		¥24 000	

会计主管人员：　　　　记账：　　　　稽核：　　　　制单：　　　　出纳：　　　　领款人：

表 10–15 付款凭证

贷方科目：库存现金　　　　20×6 年 12 月 21 日　　　　凭证编号：现付第 2 号

摘要	借方科目		金额	记账符号
	总账科目	明细科目		
王丽预借差旅费	其他应收款	王丽	3 000	√
附单据　　张	合　　计		¥3 000	

会计主管人员：　　　记账：　　　稽核：　　　制单：　　　出纳：　　　领款人：

表 10–16 付款凭证

贷方科目：银行存款　　　　20×6 年 12 月 22 日　　　　凭证编号：银付第 6 号

摘要	借方科目		金额	记账符号
	总账科目	明细科目		
支付职工福利费	应付职工薪酬	职工福利	4 000	√
附单据　　张	合　　计		¥4 000	

会计主管人员：　　　记账：　　　稽核：　　　制单：　　　出纳：　　　领款人：

表 10–17 转账凭证

20×6 年 12 月 23 日　　　　凭证编号：转字第 1 号

摘要	总账科目	明细科目	借方金额	贷方金额	记账符号
车间领用材料	生产成本	A 产品	28 000		√
	生产成本	B 产品	15 000		
	制造费用		7 000		
	原材料	甲材料		50 000	
附单据　　张	合　　计		¥50 000	¥50 000	

会计主管人员：　　　记账：　　　稽核：　　　制单：

表 10–18 转账凭证

20×6 年 12 月 25 日　　　　凭证编号：转字第 2 号

摘要	总账科目	明细科目	借方金额	贷方金额	记账符号
销售商品，货款未收	应收账款		46 800		√
	主营业务收入			40 000	
	应交税费	应交增值税（销项税额）		6 800	
附单据　　张	合　　计		¥46 800	¥46 800	

会计主管人员：　　　记账：　　　稽核：　　　制单：

表 10–19　付款凭证

贷方科目：银行存款　　　　　20×6 年 12 月 27 日　　　　　凭证编号：银付第 7 号

摘　要	借方科目		金　额	记账符号
	总账科目	明细科目		
用银行存款支付水电费	制造费用		2 000	√
	管理费用		400	
附单据　　张	合　　　计		¥2 400	

会计主管人员：　　　记账：　　　稽核：　　　制单：　　　出纳：　　　领款人：

表 10–20　收款凭证

借方科目：银行存款　　　　　20×6 年 12 月 28 日　　　　　凭证编号：银收第 4 号

摘　要	贷方科目		金　额	记账符号
	总账科目	明细科目		
销售甲材料	其他业务收入		10 000	√
	应交税费	应交增值税（销项税额）	1 700	
附单据　　张	合　　　计		¥11 700	

会计主管人员：　　　记账：　　　稽核：　　　制单：　　　出纳：　　　领款人：

表 10–21　付款凭证

贷方科目：库存现金　　　　　20×6 年 12 月 30 日　　　　　凭证编号：现付第 3 号

摘　要	借方科目		金　额	记账符号
	总账科目	明细科目		
用现金支付运费、包装费	销售费用		1 000	√
附单据　　张	合　　　计		¥1 000	

会计主管人员：　　　记账：　　　稽核：　　　制单：　　　出纳：　　　领款人：

表 10–22　转账凭证

20×6 年 12 月 31 日　　　　　凭证编号：转字第 3 号

摘　要	总账科目	明细科目	借方金额	贷方金额	记账符号
结算本月工资	生产成本	A 产品	20 000		√
	生产成本	B 产品	15 000		
	制造费用		9 000		
	管理费用		6 000		
	应付职工薪酬	工资		50 000	
附单据　　张	合　　　计		¥50 000	¥50 000	

会计主管人员：　　　记账：　　　稽核：　　　制单：

表 10-23 转账凭证

20×6 年 12 月 31 日　　　　　　　　　　　　凭证编号：转字第 4 号

摘　要	总账科目	明细科目	借方金额	贷方金额	记账符号
摊销应由本月负担的房租	制造费用		1 000		√
	长期待摊费用			1 000	
附单据　　　张		合　计	¥1 000	¥1 000	

会计主管人员：　　　　　记账：　　　　　稽核：　　　　　制单：

表 10-24 转账凭证

20×6 年 12 月 31 日　　　　　　　　　　　　凭证编号：转字第 5 号

摘　要	总账科目	明细科目	借方金额	贷方金额	记账符号
计提固定资产折旧	制造费用		9 000		√
	管理费用		3 000		
	累计折旧			12 000	
附单据　　　张		合　计	¥12 000	¥12 000	

会计主管人员：　　　　　记账：　　　　　稽核：　　　　　制单：

表 10-25 转账凭证

20×6 年 12 月 31 日　　　　　　　　　　　　凭证编号：转字第 6 号

摘　要	总账科目	明细科目	借方金额	贷方金额	记账符号
预提短期借款利息	财务费用		1 000		√
	应付利息			1 000	
附单据　　　张		合　计	¥1 000	¥1 000	

会计主管人员：　　　　　记账：　　　　　稽核：　　　　　制单：

表 10-26 转账凭证

20×6 年 12 月 31 日　　　　　　　　　　　　凭证编号：转字第 7 号

摘　要	总账科目	明细科目	借方金额	贷方金额	记账符号
王丽报销差旅费	管理费用		2 500		√
	其他应收款	王丽		2 500	
附单据　　　张		合　计	¥2 500	¥2 500	

会计主管人员：　　　　　记账：　　　　　稽核：　　　　　制单：

表10–27 收款凭证

借方科目：库存现金　　　　　20×6年12月31日　　　　　凭证编号：现收第1号

摘　要	贷方科目		金　额	记账符号
	总账科目	明细科目		
收到王丽交回现金	其他应收款	王丽	500	√
附单据　　张	合　计		¥500	

会计主管人员：　　　记账：　　　稽核：　　　制单：　　　出纳：　　　领款人：

表10–28 转账凭证

20×6年12月31日　　　　　凭证编号：转字第8号

摘　要	总账科目	明细科目	借方金额	贷方金额	记账符号
结转本月制造费用	生产成本	A产品	16 000		√
	生产成本	B产品	12 000		
	制造费用			28 000	
附单据　　张	合　计		¥28 000	¥28 000	

会计主管人员：　　　记账：　　　稽核：　　　制单：

表10–29 转账凭证

20×6年12月31日　　　　　凭证编号：转字第9号

摘　要	总账科目	明细科目	借方金额	贷方金额	记账符号
结转本月完工产品成本	库存商品	A产品	64 000		√
	生产成本	A产品		64 000	
附单据　　张	合　计		¥64 000	¥64 000	

会计主管人员：　　　记账：　　　稽核：　　　制单：

表10–30 转账凭证

20×6年12月31日　　　　　凭证编号：转字第10号

摘　要	总账科目	明细科目	借方金额	贷方金额	记账符号
结转已销产品生产成本	主营业务成本		35 000		√
	库存商品	A产品		20 000	
	库存商品	B产品		15 000	
附单据　　张	合　计		¥35 000	¥35 000	

会计主管人员：　　　记账：　　　稽核：　　　制单：

表 10–31　转账凭证

20×6 年 12 月 31 日　　　　　　　　　　　　　　　凭证编号：转字第 11 号

摘　要	总账科目	明细科目	借方金额	贷方金额	记账符号
结转已销甲材料成本	其他业务成本		6 000		√
	原材料	甲材料		6 000	
附单据　　　张	合　　计		¥6 000	¥6 000	

会计主管人员：　　　　　　记账：　　　　　　稽核：　　　　　　制单：

表 10–32　转账凭证

20×6 年 12 月 31 日　　　　　　　　　　　　　　　凭证编号：转字第 12 号

摘　要	总账科目	明细科目	借方金额	贷方金额	记账符号
结转本月实现的收入	主营业务收入		70 000		√
	其他业务收入		10 000		
	本年利润			80 000	
附单据　　　张	合　　计		¥80 000	¥80 000	

会计主管人员：　　　　　　记账：　　　　　　稽核：　　　　　　制单：

表 10–33　转账凭证

20×6 年 12 月 31 日　　　　　　　　　　　　　　　凭证编号：转字第 13 号

摘　要	总账科目	明细科目	借方金额	贷方金额	记账符号
结转本月的成本	本年利润		41 000		√
	主营业务成本			35 000	
	其他业务成本			6 000	
附单据　　　张	合　　计		41 000	¥41 000	

会计主管人员：　　　　　　记账：　　　　　　稽核：　　　　　　制单：

表 10–34　转账凭证

20×6 年 12 月 31 日　　　　　　　　　　　　　　　凭证编号：转字第 14 号

摘　要	总账科目	明细科目	借方金额	贷方金额	记账符号
结转本月的费用	本年利润		13 900		√
	管理费用			11 900	
	销售费用			1 000	
	财务费用			1 000	
附单据　　　张	合　　计		¥13 900	¥13 900	

会计主管人员：　　　　　　记账：　　　　　　稽核：　　　　　　制单：

表 10-35　转账凭证

20×6 年 12 月 31 日　　　　　　　　　　　　凭证编号：转字第 15 号

摘　　要	总账科目	明细科目	借方金额	贷方金额	记账符号
计算所得税	所得税费用		6 275		√
	应交税费	应交所得税		6 275	
附单据　　　张		合　　计	￥6 275	￥6 275	

会计主管人员：　　　　　记账：　　　　　稽核：　　　　　制单：

表 10-36　转账凭证

20×6 年 12 月 31 日　　　　　　　　　　　　凭证编号：转字第 16 号

摘　　要	总账科目	明细科目	借方金额	贷方金额	记账符号
结转所得税	本年利润		6 275		√
	所得税费用			6 275	
附单据　　　张		合　　计	￥6 275	￥6 275	

会计主管人员：　　　　　记账：　　　　　稽核：　　　　　制单：

表 10-37　转账凭证

20×6 年 12 月 31 日　　　　　　　　　　　　凭证编号：转字第 17 号

摘　　要	总账科目	明细科目	借方金额	贷方金额	记账符号
结转本年净利润	本年利润		18 825		√
	利润分配			18 825	
附单据　　　张		合　　计	￥18 825	￥18 825	

会计主管人员：　　　　　记账：　　　　　稽核：　　　　　制单：

表 10-38　转账凭证

20×6 年 12 月 31 日　　　　　　　　　　　　凭证编号：转字第 18 号

摘　　要	总账科目	明细科目	借方金额	贷方金额	记账符号
进行利润分配，提取盈余公积金	利润分配	提取盈余公积	1 882.5		√
	盈余公积			1 882.5	
附单据　　　张		合　　计	￥1 882.5	￥1 882.5	

会计主管人员：　　　　　记账：　　　　　稽核：　　　　　制单：

表 10-39 转账凭证

20×6 年 12 月 31 日　　　　　　　　　　　凭证编号：转字第 19 号

摘　要	总账科目	明细科目	借方金额	贷方金额	记账符号
进行利润分配，向股东分派的现金股利	利润分配	应付现金股利	10 000		√
		应付股利		10 000	
附单据　　　张		合　计	¥10 000	¥10 000	

会计主管人员：　　　　　记账：　　　　　稽核：　　　　　制单：

（2）根据现金和银行存款的收、付款凭证登记现金日记账和银行存款日记账，如表 10-40 和表 10-41 所示。

表 10-40 现金日记账

20×6 年		凭证号码	摘要	对方科目	收入	支出	结余
月	日						
12	1		上期结余				5 000
	15	银付第 4 号	从银行提取现金	银行存款	50 000		55 000
	17	现付第 1 号	发放工资	应付职工薪酬		50 000	5 000
	21	现付第 2 号	王丽预借差旅费	其他应收款		3 000	2 000
	30	现付第 3 号	用现金支付运费包装费	销售费用		1 000	1 000
	31	现收第 1 号	收到王丽交回现金	其他应收款	500		1 500
	31		本月合计		50 500	54 000	1 500

表 10-41 银行存款日记账

20×6 年		凭证号码	摘要	对方科目	收入	支出	结余
月	日						
12	1		上期结余				67 500
	3	银付第 1 号	购入甲材料	原材料		15 000	52 500
	3	银付第 1 号	购入甲材料	应交税费		2 250	50 250
	5	银收第 1 号	向银行借入短期借款	短期借款	20 000		70 250
	6	银付第 2 号	用银行存款缴纳上月税费	应交税费		12 000	58 250
	9	银收第 2 号	收回货款	应收账款	20 000		78 250
	10	银收第 3 号	销售商品	主营业务收入	30 000		108 250
	10	银收第 3 号	销售商品	应交税费	5 100		113 350
	14	银付第 3 号	偿还货款	应付账款		30 000	83 350
	15	银付第 4 号	从银行提取现金	库存现金		50 000	33 350
	19	银付第 5 号	预付生产车间房租	长期待摊费用		24 000	9 350

续表

20×6年		凭证号码	摘要	对方科目	收入	支出	结余
月	日						
	22	银付第6号	支付职工福利费	应付职工薪酬		4 000	5 350
	27	银付第7号	用银行存款支付水电费	制造费用		2 000	3 350
	27	银付第7号	用银行存款支付水电费	管理费用		400	2 950
	28	银收第4号	销售甲材料	其他业务收入	10 000		12 950
	28	银收第4号	销售甲材料	应交税费	1 700		14 650
	31		本月合计		86 800	139 650	14 650

（3）根据各记账凭证汇总编制科目汇总表，如表10-42所示。

表10-42 科目汇总表

会计科目	本期发生额		总账页次
	借方	贷方	
库存现金	50 500	54 000	
银行存款	86 800	139 650	
应收账款	46 800	20 000	
其他应收款	3 000	3 000	
原材料	15 000	56 000	
生产成本	106 000	64 000	
库存商品	64 000	35 000	
固定资产			
长期待摊费用	24 000	1 000	
制造费用	28 000	28 000	
管理费用	11 900	11 900	
销售费用	1 000	1 000	
财务费用	1 000	1 000	
主营业务成本	35 000	35 000	
其他业务成本	6 000	6 000	
所得税费用	6 275	6 275	
主营业务收入	70 000	70 000	
其他业务收入	10 000	10 000	
累计折旧		12 000	
短期借款		20 000	
应付账款	30 000		
应交税费	14 250	19 875	
应付职工薪酬	54 000	50 000	
应付利息		1 000	

续表

会计科目	本期发生额		总账页次
	借方	贷方	
应付股利		10 000	
实收资本			
资本公积			
盈余公积		1 882.5	
本年利润	80 000	80 000	
利润分配	11 882.5	18 825	
合计	755 407.5	755 407.5	

（4）根据科目汇总表登记总分类账，如表10–43～表10–72所示。

表10–43　总分类账

会计科目：库存现金

20×6年		凭证号码	摘　要	借方	贷方	借或贷	余额
月	日						
12	1		期初余额			借	5 000
	31	科汇	本月发生额累计数	50 500	54 000	借	1 500
	31		本月合计	50 500	54 000	借	1 500

表10–44　总分类账

会计科目：银行存款

20×6年		凭证号码	摘　要	借方	贷方	借或贷	余额
月	日						
12	1		期初余额			借	67 500
	31	科汇	本月发生额累计数	86 800	139 650	借	14 650
	31		本月合计	86 800	139 650	借	14 650

表10–45　总分类账

会计科目：应收账款

20×6年		凭证号码	摘　要	借方	贷方	借或贷	余额
月	日						
12	1		期初余额			借	75 000
	31	科汇	本月发生额累计数	46 800	20 000	借	101 800
	31		本月合计	46 800	20 000	借	101 800

表10-46 总分类账

会计科目：其他应收款

20×6年		凭证号码	摘要	借方	贷方	借或贷	余额
月	日						
12	1		期初余额			借	8 000
	31	科汇	本月发生额累计数	3 000	3 000	借	8 000
	31		本月合计	3 000	3 000	借	8 000

表10-47 总分类账

会计科目：原材料

20×6年		凭证号码	摘要	借方	贷方	借或贷	余额
月	日						
12	1		期初余额			借	70 000
	31	科汇	本月发生额累计数	15 000	56 000	借	29 000
	31		本月合计	15 000	56 000	借	29 000

表10-48 总分类账

会计科目：生产成本

20×6年		凭证号码	摘要	借方	贷方	借或贷	余额
月	日						
12	1		期初余额			借	34 500
	31	科汇	本月发生额累计数	106 000	64 000	借	76 500
	31		本月合计	106 000	64 000	借	76 500

表10-49 总分类账

会计科目：库存商品

20×6年		凭证号码	摘要	借方	贷方	借或贷	余额
月	日						
12	1		期初余额			借	35 000
	31	科汇	本月发生额累计数	64 000	35 000	借	64 000
	31		本月合计	64 000	35 000	借	64 000

表10-50 总分类账

会计科目：固定资产

20×6年		凭证号码	摘要	借方	贷方	借或贷	余额
月	日						
12	1		期初余额			借	450 000
	31		本月合计			借	450 000

表 10–51　总分类账

会计科目：长期待摊费用

20×6年		凭证号码	摘　要	借方	贷方	借或贷	余额
月	日						
12	1		期初余额				
	31	科汇	本月发生额累计数	24 000	1 000	借	23 000
	31		本月合计	24 000	1 000	借	23 000

表 10–52　总分类账

会计科目：制造费用

20×6年		凭证号码	摘　要	借方	贷方	借或贷	余额
月	日						
12	1		期初余额				
	31	科汇	本月发生额累计数	28 000	28 000	平	0
	31		本月合计	28 000	28 000	平	0

表 10–53　总分类账

会计科目：管理费用

20×6年		凭证号码	摘　要	借方	贷方	借或贷	余额
月	日						
12	1		期初余额				
	31	科汇	本月发生额累计数	11 900	11 900	平	0
	31		本月合计	11 900	11 900	平	0

表 10–54　总分类账

会计科目：销售费用

20×6年		凭证号码	摘　要	借方	贷方	借或贷	余额
月	日						
12	1		期初余额				
	31	科汇	本月发生额累计数	1 000	1 000	平	0
	31		本月合计	1 000	1 000	平	0

表 10–55　总分类账

会计科目：财务费用

20×6年		凭证号码	摘　要	借方	贷方	借或贷	余额
月	日						
12	1		期初余额				
	31	科汇	本月发生额累计数	1 000	1 000	平	0
	31		本月合计	1 000	1 000	平	0

表 10–56 总分类账

会计科目：主营业务成本

20×6年		凭证号码	摘要	借方	贷方	借或贷	余额
月	日						
12	1		期初余额				
	31	科汇	本月发生额累计数	35 000	35 000	平	0
	31		本月合计	35 000	35 000	平	0

表 10–57 总分类账

会计科目：其他业务成本

20×6年		凭证号码	摘要	借方	贷方	借或贷	余额
月	日						
12	1		期初余额				
	31	科汇	本月发生额累计数	6 000	6 000	平	0
	31		本月合计	6 000	6 000	平	0

表 10–58 总分类账

会计科目：所得税费用

20×6年		凭证号码	摘要	借方	贷方	借或贷	余额
月	日						
12	1		期初余额				
	31	科汇	本月发生额累计数	6 275	6 275	平	0
	31		本月合计	6 275	6 275	平	0

表 10–59 总分类账

会计科目：主营业务收入

20×6年		凭证号码	摘要	借方	贷方	借或贷	余额
月	日						
12	1		期初余额				
	31	科汇	本月发生额累计数	70 000	70 000	平	0
	31		本月合计	70 000	70 000	平	0

表 10–60 总分类账

会计科目：其他业务收入

20×6年		凭证号码	摘要	借方	贷方	借或贷	余额
月	日						
12	1		期初余额				
	31	科汇	本月发生额累计数	10 000	10 000	平	0
	31		本月合计	10 000	10 000	平	0

表 10-61 总分类账

会计科目：累计折旧

20×6年		凭证号码	摘要	借方	贷方	借或贷	余额
月	日						
12	1		期初余额			贷	100 000
	31	科汇	本月发生额累计数		12 000	贷	112 000
	31		本月合计		12 000	贷	112 000

表 10-62 总分类账

会计科目：短期借款

20×6年		凭证号码	摘要	借方	贷方	借或贷	余额
月	日						
12	1		期初余额			贷	55 000
	31	科汇	本月发生额累计数		20 000	贷	75 000
	31		本月合计		20 000	贷	75 000

表 10-63 总分类账

会计科目：应付账款

20×6年		凭证号码	摘要	借方	贷方	借或贷	余额
月	日						
12	1		期初余额			贷	35 000
	31	科汇	本月发生额累计数	30 000		贷	5 000
	31		本月合计			贷	5 000

表 10-64 总分类账

会计科目：应交税费

20×6年		凭证号码	摘要	借方	贷方	借或贷	余额
月	日						
12	1		期初余额			贷	12 000
	31	科汇	本月发生额累计数	14 250	19 875	贷	17 625
	31		本月合计	14 250	19 875	贷	17 625

表 10-65 总分类账

会计科目：应付股利

20×6年		凭证号码	摘要	借方	贷方	借或贷	余额
月	日						
12	1		期初余额			贷	
	31	科汇	本月发生额累计数		10 000	贷	10 000
	31		本月合计		10 000	贷	10 000

表10-66 总分类账

会计科目：应付职工薪酬

20×6年		凭证号码	摘要	借方	贷方	借或贷	余额
月	日						
12	1		期初余额				25 000
	31	科汇	本月发生额累计数	54 000	50 000	贷	21 000
	31		本月合计	54 000	50 000	贷	21 000

表10-67 总分类账

会计科目：应付利息

20×6年		凭证号码	摘要	借方	贷方	借或贷	余额
月	日						
12	1		期初余额				
	31	科汇	本月发生额累计数		1 000	贷	1 000
	31		本月合计		1 000	贷	1 000

表10-68 总分类账

会计科目：实收资本

20×6年		凭证号码	摘要	借方	贷方	借或贷	余额
月	日						
12	1		期初余额			贷	400 000
	31		本月合计			贷	400 000

表10-69 总分类账

会计科目：资本公积

20×6年		凭证号码	摘要	借方	贷方	借或贷	余额
月	日						
12	1		期初余额			贷	100 000
	31		本月合计			贷	100 000

表10-70 总分类账

会计科目：盈余公积

20×6年		凭证号码	摘要	借方	贷方	借或贷	余额
月	日						
12	1		期初余额			贷	18 000
	31	科汇	本月发生额累计数		1 882.5	贷	19 882.5
	31		本月合计		1 882.5	贷	19 882.5

表 10-71 总分类账

会计科目：本年利润

20×6年		凭证号码	摘要	借方	贷方	借或贷	余额
月	日						
12	1		期初余额				
	31	科汇	本月发生额累计数	80 000	80 000	平	0
	31		本月合计	80 000	80 000	平	0

表 10-72 总分类账

会计科目：利润分配

20×6年		凭证号码	摘要	借方	贷方	借或贷	余额
月	日						
12	1		期初余额				
	31	科汇	本月发生额累计数	11 882.5	18 825	贷	6 942.5
	31		本月合计	11 882.5	18 825	贷	6 942.5

（5）根据总分类账期余额进行试算平衡，编制总分类账余额试算平衡表，如表 10-73 所示。

表 10-73 总分类账余额试算平衡表

单位：元

会计科目	期末余额	
	借方	贷方
库存现金	1 500	
银行存款	14 650	
应收账款	101 800	
其他应收款	8 000	
原材料	29 000	
生产成本	76 500	
库存商品	64 000	
固定资产	450 000	
长期待摊费用	23 000	
累计折旧		112 000
短期借款		75 000
应交税费		17 625
应付账款		5 000
应付股利		10 000
应付职工薪酬		21 000
应付利息		1 000
实收资本		400 000

续表

会计科目	期末余额	
	借方	贷方
资本公积		100 000
盈余公积		19 882.5
利润分配		6 942.5
合　计	768 450	768 450

（6）编制资产负债表和利润表，如表 10-74 和表 10-75 所示。

表 10-74　资产负债表　　　　　　　　　　　单位：元

资　产	期末余额	负债和所有者权益	期末余额
货币资金	16 150	短期借款	75 000
应收账款	101 800	应付职工薪酬	21 000
其他应收款	8 000	应交税费	17 625
存货	169 500	应付利息	1 000
固定资产	338 000	应付股利	10 000
长期待摊费用	23 000	应付账款	5 000
		实收资本（或股本）	400 000
		资本公积	100 000
		盈余公积	19 882.5
		未分配利润	6 942.5
合　计	656 450	合　计	656 450

表 10-75　利润表　　　　　　　　　　　单位：元

项　目	本期金额	上期金额
一、营业收入	80 000	
减：营业成本	41 000	
税金及附加		
销售费用	1 000	
管理费用	11 900	
财务费用	1 000	
资产减值损失		
加：公允价值变动收益（损失以"-"号填列）		
投资收益（损失以"-"号填列）		
其中：对联营企业和合营企业的投资收益		
二、营业利润（亏损以"-"号填列）	25 100	
加：营业外收入		
其中：非流动资产处置利得		
减：营业外支出		
其中：非流动资产处置损失		

续表

项　目	本期金额	上期金额
三、利润总额（亏损总额以"-"号填列）	25 100	
减：所得税费用	6 275	
四、净利润（净亏损以"-"号填列）	18 825	
五、其他综合收益的税后净额		
（一）以后不能重分类进损益的其他综合收益		
1. 重新计量设定受益计划净负债或净资产的变动		
2. 权益法下在被投资单位不能重分类进损益的其他综合收益中享有的份额		
（二）以后将重分类进损益的其他综合收益		
1. 权益法下在被投资单位以后将重分类进损益的其他综合收益中享有的份额		
2. 可供出售金融资产公允价值变动损益		
3. 持有至到期投资重分类为可供出售金融资产损益		
4. 现金流量套期损益的有效部分		
5. 外币财务报表折算差额		
六、综合收益总额		
七、每股收益：		
（一）基本每股收益		
（二）稀释每股收益		

本 章 小 结

1. 会计核算组织程序是会计凭证、会计账簿、会计报表和记账程序、记账方法有机结合起来的方式。各单位应根据国家统一会计制度的要求，结合本单位的实际情况，设计合适的会计核算组织程序。

2. 记账凭证核算组织程序是最基本的一种，它的特点是直接根据各种记账凭证逐笔登记总分类账。其缺点是登记总分类账的工作量较大。

3. 汇总记账凭证核算组织程序的特点是根据汇总记账凭证定期汇总登记总分类账，在汇总记账凭证和总分类账中，可以清晰地反映账户之间的对应关系。根据汇总记账凭证月末一次登记总分类账，可以减少登记总分类账的工作量。其缺点是定期编制汇总记账凭证的工作量比较大。

4. 科目汇总表核算组织程序的特点是定期根据所有记账凭证汇总编制科目汇总表，根据科目汇总表上的汇总数字登记总分类账。其优点是减轻了登记总分类账的工作量，在试算平衡的基础上记账能保证总分类账登记的正确性，其缺点是不能反映账户之间的对应关系，不能清晰地反映经济业务的来龙去脉。

思 考 题

1. 什么是会计核算组织程序？设计会计核算组织程序应遵循哪些原则？
2. 什么是记账凭证核算组织程序？这种核算组织程序有哪些优、缺点？
3. 记账凭证核算组织程序下的账务处理步骤是怎样的？
4. 怎样编制汇总收款凭证、汇总付款凭证和汇总转账凭证？
5. 在汇总记账凭证核算组织程序下，应按怎样的步骤进行账务处理？
6. 什么是科目汇总表核算组织程序？这种核算组织程序有哪些优、缺点？
7. 怎样编制科目汇总表？科目汇总表的主要作用是什么？
8. 科目汇总表核算组织程序的账务处理步骤是怎样的？

练 习 题

一、单项选择题

1. 记账凭证核算组织程序下登记总分类账的根据是（ ）。
   A. 记账凭证 B. 汇总记账凭证
   C. 科目汇总表 D. 原始凭证
2. 最基本的账务处理程序是（ ）。
   A. 记账凭证账务处理程序 B. 记账凭证汇总表账务处理程序
   C. 日记总账账务处理程序 D. 汇总记账凭证账务处理程序
3. 科目汇总表的基本编制方法是（ ）。
   A. 按照不同会计科目进行归类定期汇总
   B. 按照相同会计科目进行归类定期汇总
   C. 按照借方会计科目进行归类定期汇总
   D. 按照贷方会计科目进行归类定期汇总
4. 汇总记账凭证核算组织程序的特点是（ ）。
   A. 根据各种汇总记账凭证直接登记明细分类账
   B. 根据各种记账凭证直接登记总分类账
   C. 根据各种汇总记账凭证直接登记日记账
   D. 根据各种汇总记账凭证直接登记总分类账
5. 各种会计核算组织程序的主要区别是（ ）。
   A. 汇总的记账凭证不同 B. 登记总分类账的依据不同
   C. 汇总的凭证格式不同 D. 节省的工作时间不同

二、多项选择题

1. 汇总记账凭证核算组织程序的优点是（ ）。

A. 反映内容详细 B. 简化总账登记
  C. 手续简便 D. 便于试算平衡
  E. 能反映账户对应关系
2. 会计循环的主要环节包括（　　）。
  A. 设置账户 B. 填制会计凭证
  C. 成本计算 D. 登记账簿
  E. 编制会计报表
3. 为了便于编制汇总收款凭证，日常编制收款凭证时，分录形式最好为（　　）。
  A. 一借一贷 B. 一借多贷
  C. 多借一贷 D. 多借多贷
  E. 多借两贷
4. 采用科目汇总表会计核算组织程序时，月末应将（　　）与总分类账进行核对。
  A. 银行存款日记账 B. 现金日记账
  C. 明细分类账 D. 汇总记账凭证
  E. 汇总原始凭证
5. 科目汇总表核算组织程序的优点有（　　）。
  A. 可以进行账户发生额的试算平衡 B. 可以减轻登记总分类账的工作量
  C. 能够保证总分类账登记的正确性 D. 适用性比较强
  E. 能清晰地反映账户之间的对应关系

三、判断题

1. 记账凭证核算组织程序是最基本的一种会计核算组织程序。（　　）
2. 多借多贷的会计分录会使账户之间的对应关系变得模糊不清。（　　）
3. 汇总记账凭证核算组织程序中，其账簿的设置与记账凭证核算组织程序是基本相同的。（　　）
4. 科目汇总表核算组织程序与记账凭证核算组织程序一样，都是根据各种记账凭证登记总分类账。（　　）
5. 采用科目汇总表核算组织程序，记账凭证必须使用收、付、转三种格式。（　　）

四、业务题

某公司20×6年8月份发生下列经济业务。

① 1日，收回大华工厂所欠货款12 000元，存入银行。

② 2日，从上海红星厂购入甲材料500 kg，每千克98元，计49 000元，增值税税额为8 330元；乙材料50 kg，每千克60元，计3 000元，增值税税额为510元。两种材料均未到达企业，货款及税金尚未支付。

③ 2日，采购员王海出差借支现金3 000元。

④ 2日，以现金支付购入甲、乙材料的运杂费1 100元（按材料重量标准分配）。

⑤ 3日，以银行存款偿还短期借款49 000元。

⑥ 4日，以上两种材料均已到达企业并验收入库，结转材料采购成本。

⑦ 4日，车间生产A产品领用甲材料100 kg，每千克100元，计10 000元，乙材料35 kg，每千克62元，计2 170元；车间一般耗用甲材料20 kg，每千克100元，计2 000元。

⑧ 5 日，支付预提的短期借款利息 16 000 元。
⑨ 7 日，以银行存款上缴税金 2 900 元。
⑩ 8 日，厂部购买办公用品 230 元，以现金支付。
⑪ 13 日，按照规定的折旧率，计提本月份固定资产折旧 5 680 元，其中车间固定资产折旧 4 830 元，行政管理部门固定资产折旧 850 元。
⑫ 13 日，接受投资者投入设备 90 000 元，设备投入使用。
⑬ 15 日，以银行存款偿还从红星工厂购入的甲、乙材料的价款 60 840 元。
⑭ 23 日，预提应由本月负担的短期借款利息 400 元。
⑮ 23 日，销售甲材料一批，售价为 20 000 元，增值税 3 400 元，已收存银行，甲材料成本为 9 000 元。
⑯ 25 日，销售 A 产品 70 件，每件 450 元，货款为 31 500 元，增值税销项税额为 5 355 元，价税合计 36 855 元，已收存银行。
⑰ 25 日，开出支票，从银行提取现金 50 000 元备发本月工资。
⑱ 25 日，以现金发放本月份工资，共计 50 000 元。
⑲ 26 日，销售给宏达公司 A 产品 50 件，每件 450 元，货款为 22 500 元，增值税销项税额为 3 825 元，价税合计 26 325 元，尚未收到。
⑳ 27 日，结转售出 A 产品 120 件的实际生产成本，共计 31 200 元。
㉑ 29 日，以银行存款支付销售 A 产品的运杂费 300 元。
㉒ 30 日，结算本月份应付职工工资 50 000 元。其中：制造 A 产品的生产工人工资为 35 000 元，车间技术人员和管理人员工资为 9 000 元，行政管理人员工资为 6 000 元。
㉓ 30 日，王海报销差旅费 3 500 元，不足部分用现金付讫。
㉔ 30 日，结转本月发生的制造费用。
㉕ 30 日，A 产品全部完工验收入库，其实际生产成本为 65 000 元。
㉖ 30 日，将本月发生的收入和费用转到"本年利润"账户。
㉗ 30 日，按利润总额的 25% 计算应交所得税并转入"本年利润"账户。
㉘ 30 日，将本年实现的净利润转入"利润分配"账户。
㉙ 30 日，按净利润的 10% 计提法定盈余公积。
㉚ 30 日，拟向投资者分配股利 5 000 元。

要求：（1）根据上述经济业务编制会计分录；
（2）编制科目汇总表。

第 11 章 会计工作组织

【学习目标】

了解会计工作组织形式,熟悉会计机构和会计人员的设置、会计从业人员的职责与权限,掌握会计人员职业道德的基本内容、会计工作交接的一般程序、会计档案管理的内容。

11.1 会计工作组织概述

1. 会计工作组织的概念

会计工作是指运用一系列会计专门方法,对会计事项进行处理的活动。会计工作是一项综合性很强的经济管理工作,各单位所发生的各项经济业务,都要通过会计加以反映和管理,因而会计工作与其他经营管理工作有着密切的联系;会计工作也是一项政策性很强的工作,必须按照有关的财经政策、法规、制度的要求办理业务。因此,要做好会计工作,就必须建立专门的会计机构,有专职的会计人员,并按照规定的会计制度开展日常的会计工作。

会计工作组织就是根据单位自身特点,按照会计工作的要求,进行会计机构的设置、会计人员的配备、会计制度的制定与执行和会计档案的保管,以及系统内部部门和人员之间的分工与协调的组织工作。会计工作组织的内容,从广义上说,是指与组织会计工作有关的一切事务;从狭义的角度看,主要包括会计工作管理体制、会计机构设置和会计人员的配备、会计规范的制定与执行及会计档案管理等。

2. 组织会计工作的意义

会计工作是一项系统的工作,只有对系统的各个组成部分进行科学、有效的组织和管理,使系统中的各个部分互相协调、合理有序,才能保证系统的正常运行。科学地组织好会计工作,对于顺利完成会计的各项任务,保证实现会计目标,充分发挥会计的作用,具有十分重要的意义。

(1) 提高会计工作的质量和效率

会计是通过对社会再生产过程中的资金运动进行反映和监督,为企业利益相关者提供准确、可靠的会计信息。会计核算在任何一个环节上出现差错,都必然造成整个核算结果不正确或不能及时完成,进而影响整个会计核算工作的质量和效率。所以必须结合会计工作的特点,科学地设置会计机构并配备高素质的会计人员,认真制定并严格执行会计法规和会计制度,只有这样,才能保证会计工作正常、高效地运行。

(2) 有利于加强经济责任和员工的核算意识,强化经济核算

科学的经济预测、正确的经济决策,以及业绩考评等离不开会计。科学地组织好会计工作,可以促使企业单位内部各有关部门管好、用好资金,增收节支,增强核算意识,通过提高经营管理水平,进而提高企业经济效益。

(3) 有利于维护财经法纪,贯彻经济管理工作的方针、政策

会计工作必须严格贯彻、执行国家的有关政策、方针、法令和制度。科学地组织好会计工作,可以促使各单位更好地贯彻、实施各项方针政策,维护好财经纪律,为建立良好的社会经济秩序打下基础。

3. 会计工作组织的原则

对会计工作进行组织和管理要遵循一定的原则。要保证科学、有效地组织和管理会计工作,必须遵循以下几项原则。

(1) 统一性原则

统一性,是指组织会计工作必须按照《会计法》和企业会计准则及其他相关会计法规、制度对会计工作的统一要求,贯彻、执行国家规定的法令制度,进行会计核算,实行会计监督,以便更好地发挥会计工作维护社会主义市场经济秩序、加强经济管理、提高经济效益的作用。

(2) 适应性原则

适应性,是指企业应在遵守国家法规和准则的前提下,根据自身管理的特点及规模大小等情况,确定本企业的会计制度,对会计机构的设置和会计人员的配备做出切合实际的安排。

(3) 效益性原则

效益性,是指组织会计工作时,在保证会计工作质量的前提下,应讲求效益,节约人力和物力,对会计管理程序的规定、会计机构的设置及会计人员的配备等,都应避免烦琐,力求精简,提高工作效率。

11.2 会计机构与会计人员

会计机构和会计人员是会计工作的重要承担者,在加强会计基础工作中起关键作用,同时对会计机构和会计人员的管理也是会计基础工作的一项重要内容。

1. 会计机构的设置

会计机构,是指各企事业单位内部直接从事和组织领导会计工作的职能部门。建立和健

全各单位的会计机构是保证会计工作正常进行、充分发挥会计作用的重要条件。

企业会计机构的设置，在满足管理需要的同时必须与国家的会计管理体制相适应，最大限度地发挥会计机构及会计人员在经济管理中的作用。

《会计法》规定："各单位应当根据会计业务的需要，设置会计机构，或者在有关机构中设置会计人员并指定会计主管人员；不具备设置条件的，应当委托经批准设立从事会计代理记账业务的中介机构代理记账。"由此可见，设置会计机构应以会计业务的需要为基本前提，各单位可以根据本单位的会计业务繁简情况自主决定是否设置会计机构。一般而言，一个单位是否单独设置会计机构，与单位规模大小、经济业务和财务收支的繁简及经营管理的要求有关。

① 大中型企业和具有一定规模的事业单位，以及财务收支数额较大、会计业务较多的社会团体和其他经济组织，都应单独设置会计机构，以便及时组织本单位各项经济活动和财务收支的核算，实行有效的会计监督。

② 不设置会计机构的单位，应当在有关机构中配备专职会计人员，并指定会计主管人员。也就是说，对那些规模较小、财务收支数额不大、会计业务简单的企业及业务和人员都不多的行政单位，可以不单独设置会计机构，而是在计划、统计或经营管理部门等与财务会计工作接近的机构中，配备专职会计工作人员或指定专人负责会计工作，以保证会计工作的正常进行。

③ 不具备设置会计机构和会计人员条件的，应由代理记账业务的机构完成其会计工作。代理记账机构要有健全的代理记账业务规范和财务会计管理制度，代理记账业务的机构，除会计师事务所外，必须申请代理记账资格并经过县级以上财政部门审查批准，并领取由财政部统一印制的《代理记账许可证书》，才能从事代理记账业务。

由于会计工作与财务工作都是综合性的经济管理工作，二者的关系十分密切。因而，在我国的实际工作中，通常将处理财务与会计工作的职能机构合并为一个部门。这个机构的主要任务就是组织和处理本单位的财务与会计工作，如实地反映本单位的经济活动情况，以便及时地向各有关利益相关者提供他们所需要的财务会计资料，参与企业单位经济管理的预测和决策，严格执行会计法规制度，最终实现提高经济效益的目的。

2. 会计机构的组织形式

为了科学地组织会计工作，必须根据企业规模的大小、业务的繁简及企业内部其他各组织机构的设置情况来确定企业的会计工作组织形式。会计工作组织形式一般包括集中核算和非集中核算两种。

（1）集中核算

集中核算，就是把整个单位的会计工作集中于会计部门统一进行，其他部门和下属单位只是对发生的经济业务进行原始记录，编制原始凭证并进行适当汇总，定期把原始凭证和汇总原始凭证送到会计部门，由会计部门进行总分类核算和明细分类核算。采用集中核算形式，由于核算工作集中在会计部门进行，便于会计人员进行合理的分工，采用科学的凭证整理程序，同时在核算过程中运用现代化手段，可以简化和加速核算工作，提高核算效率，节约核算费用，并可根据会计部门的记录，随时了解企业内部各部门的生产经营活动情况。但是集中核算形式不便于各有关部门及时利用核算资料进行日常的分析和考核。

（2）非集中核算

非集中核算又称分散核算，就是将会计工作分散在各有关部门相对独立地进行，企业单位内部各部门核算本身发生的经济业务，包括凭证的整理、明细账的登记、成本的核算、有关会计报表特别是内部报表的编制和分析等工作，而会计部门只是根据企业内部各部门报来的资料进行总分类核算、编制综合性财务报表，并负责指导、检查和监督企业内部各部门的核算工作。采用非集中核算形式，可以使企业内部各部门随时利用有关核算资料检查本部门工作，随时发现问题、解决问题。但这种核算组织形式不便于会计人员的合理分工，核算的工作总量有所增加，核算费用也会增多。

会计机构组织形式的选择，取决于企业规模的大小、经济业务的繁简及经营管理的需要。一般规模较大的企业可以采用非集中核算形式，规模较小的企业可以采用集中核算形式。但是，无论采取哪一种组织形式，企业采购材料物资、销售商品、结算债权债务、现金往来等对外业务都应由会计部门办理。企业单位在确定会计工作组织形式时，既要考虑能正确、及时地反映企业单位的经济活动情况，又要注意简化核算手续，提高工作效率。

3. 会计人员

会计人员通常是指在国家机关、社会团体、企业、事业单位和其他组织中从事财务会计工作的人员，包括会计机构负责人（会计主管人员）及具体从事会计工作的会计师、会计员和出纳员等。合理地配备会计人员、提高会计人员的综合素质是每个单位做好会计工作的决定性因素，对会计核算管理系统的运行起着关键作用。

（1）会计人员的任职资格

《会计法》规定："从事会计工作的人员，必须取得会计从业资格证书。"《会计基础工作规范》规定："会计人员应当具备必要的专业知识和专业技能，熟悉国家有关法律、法规、规章和国家统一会计制度，遵守职业道德。"这些都是对会计人员任职资格的具体规定。

（2）会计机构负责人与会计主管人员

《会计基础工作规范》规定：各单位设置会计机构，应当配备会计机构负责人；在有关机构中配备专职会计人员，应当在专职会计人员中指定会计主管人员。《会计法》规定：担任会计机构负责人（会计主管人员）的，除取得会计从业资格证书外，还应当具备会计师以上专业技术职务资格或者从事会计工作三年以上经历。会计机构负责人、会计主管人员应当具备下列基本条件。

① 坚持原则，廉洁奉公。
② 具有会计专业技术资格。
③ 主管一个单位或者单位内一个重要方面的财务会计工作时间不少于 2 年。
④ 熟悉国家财经法律、法规、规章和方针、政策，掌握本行业业务管理的有关知识。
⑤ 有较强的组织能力。
⑥ 身体状况能够适应本职工作的要求。

（3）总会计师

《会计基础工作规范》规定：大、中型企业，事业单位，业务主管部门应当根据法律和国家有关规定设置总会计师。总会计师由具有会计师以上专业技术资格的人员担任。

《会计法》规定："国有的和国有资产占控股地位或者主导的大、中型企业必须设置总会计师。总会计师的任职资格、任免程序、职责权限由国务院规定。"总会计师在单位负责人领导下，协助单位负责人工作，直接对单位负责人负责。总会计师作为单位财务会计工作的主要负责人，全面负责本单位的财务会计管理和经济核算，参与本单位的重大经营决策活动，是单位负责人的参谋和助手。

(4) 会计人员的主要职责

会计人员的职责也是会计机构的职责，具体包括以下几项内容。

① 依法进行会计核算。会计人员应按照会计法规的规定，认真办理会计核算业务，及时、准确、完整地记录、计算、反映企业财务状况和经营成果及各项经济活动情况，为会计信息使用者提供真实、准确、完整的会计信息。

② 实行会计监督。实行会计监督，即通过会计工作，对本单位的各项经济业务和会计手续的合法性、合理性进行监督。各单位必须依照法律和国家有关规定，接受财政、审计、税务机关的监督，如实提供会计凭证、会计账簿、会计报表和其他会计资料及有关情况。对违反国家统一的财政制度，财务规定的收支不予受理。

③ 制定本单位办理会计事务的具体办法。会计主管人员应根据国家有关的会计法律、法规、规章、制度及其他相关规定，结合本单位具体情况，制定本单位会计工作所必须遵守的具体要求，包括会计人员岗位责任制度、内部稽核制度、财产清查制度、成本计算办法、会计政策的选择及会计档案的保管制度等。

④ 编制业务计划及财务预算，并考核、分析其执行情况。会计人员应积极参与制定经济计划和业务计划，并严格执行财务计划、预算，遵照经济核算原则，通过掌握的会计信息定期检查和分析财务计划、预算的执行情况；遵守各项收支制度、费用开支范围和开支标准，合理使用资金，考核资金使用效果等。

(5) 会计人员的主要权限

《会计法》在明确会计人员职责的同时，也赋予了会计人员相应的权限。会计机构和会计人员的权限主要如下。

① 会计机构、会计人员有权拒绝办理或纠正违法会计事项。会计机构、会计人员对违反《会计法》和国家统一的会计制度规定的会计事项，有权拒绝办理或者按照职权予以纠正。会计机构、会计人员必须按照国家统一的会计制度的规定对原始凭证进行审核，对不真实、不合法的原始凭证有权不予接受，并向单位负责人报告；对记载不准确、不完整的原始凭证予以退回，并要求按照国家统一的会计制度的规定更正、补充。

② 会计机构、会计人员有权监督会计资料和财产安全。会计人员有权监督、检查本单位内部各部门的财务收支、资金使用和财产保管、收发、计量、检验等情况，各部门应该大力支持和协助会计人员工作。会计机构、会计人员发现会计账簿记录与实物、款项及有关资料不相符的，按照国家统一的会计制度的规定有权自行处理的，应当及时处理；无权处理的，应当立即向单位负责人报告，请求查明原因，做出处理。

(6) 会计职业道德

职业道德是指人们在职业生活中应遵循的基本道德，即一般社会道德在职业生活中的具体体现，是职业品德、职业纪律、专业胜任能力及职业责任等的总称。会计职业道德是会计人员从事会计工作应当遵循的道德规范。《会计基础工作规范》对会计人员职业道德做出了如下规定。

① 会计人员在会计工作中应当遵守职业道德，树立良好的职业品质、严谨的工作作风，严守工作纪律，努力提高工作效率和工作质量。

② 会计人员应当热爱本职工作，努力钻研业务，使自己的知识和技能适应所从事工作的

要求。

③ 会计人员应当熟悉财经法律、法规、规章和国家统一会计制度，并结合会计工作进行广泛宣传。

④ 会计人员应当按照会计法规和国家统一会计制度规定的程序和要求从事会计工作，保证所提供的会计信息合法、真实、准确、及时、完整。

⑤ 会计人员办理会计事务应当实事求是、客观公正。

⑥ 会计人员应当熟悉本单位的生产经营和业务管理情况，运用掌握的会计信息和会计方法，为改善单位内部管理、提高经济效益服务。

⑦ 会计人员应当保守本单位的商业秘密。除法律规定和单位领导人同意外，不能私自向外界提供或者泄露单位的会计信息。

财政部门、业务主管部门和各单位应当定期检查会计人员遵守职业道德的情况，并作为会计人员晋升、晋级、聘任专业职务、表彰奖励的重要考核依据。会计人员违反职业道德的，由所在单位进行处罚；情节严重的，由县级以上财政部门吊销其会计证。

4. 会计岗位责任制

会计工作的岗位责任制，就是在会计机构内部按照会计工作的内容和会计人员的配备情况，进行合理的分工，使每项会计工作都有专人负责，每位会计人员都能明确自己的职责的一种管理制度。

《会计基础工作规范》规定："各单位应当建立会计人员岗位责任制度。主要内容包括：会计人员的岗位设置；各会计工作岗位的职责和标准；各会计工作岗位的人员和具体分工；会计工作岗位轮换办法；对各会计工作岗位的考核办法。"各单位应当根据会计业务需要设置会计工作岗位。会计工作岗位一般可分为：会计机构负责人或者会计主管人员、出纳、财产物资核算、工资核算、成本费用核算、财务成果核算、资金核算、往来结算、总账报表、稽核、档案管理等。开展会计电算化和管理会计的单位，可以根据需要设置相应的工作岗位，也可以与其他工作岗位相结合。

（1）会计机构负责人工作岗位

会计机构负责人工作岗位的具体职责是：负责组织、领导本单位的财务会计工作，完成各项工作任务，对本单位的财务会计工作负全面责任；组织学习和贯彻党的经济工作的方针、政策、法令和制度，根据本单位的具体情况，制定本单位的各项财务会计制度、办法并组织实施；组织编制本单位的财务成本计划、单位预算，并检查其执行情况；组织编制财务报表和有关报告；负责财会人员的政治思想工作；组织财会人员学习政治理论和业务知识；负责对财会人员的工作进行考核等。

（2）出纳工作岗位

出纳工作岗位的具体职责是：负责办理现金收付和银行结算业务；登记现金日记账和银行存款日记账；保管库存现金和各种有价证券；保管有关印章、空白收据和空白支票。

（3）财产物资核算工作岗位

财产物资核算工作岗位的具体职责是：按照财务会计有关法规的要求，会同有关部门制定本企业材料物资核算与管理办法；负责审查材料物资供应计划和供货合同，并监督其执行情况；会同有关部门制定和落实储备资金定额，办理材料物资的请款和报销业务，计算确定材料物资的采购成本；严格审查、核对材料物资入库、出库凭证，进行材料物资明细核算，参与库存材料、物资的清查盘点工作；对于固定资产的核算，负责审核、办理有关固定资产的购建、调拨、内部转移、盘盈、盘亏、报废等会计手续，配合固定资产的管理部门和使用部门建立固定资产管理制度；进行固定资产的明细核算，参与固定资产清查，按规定正确计算、提取固定资产折旧，以真实地体现固定资产价值；制定固定资产重置、修理计划，指导和监督有关部门管好、用好固定资产。

（4）工资核算工作岗位

工资核算工作岗位的具体职责是：负责计算职工的各种工资和奖金，办理职工的工资结算，并进行有关的明细核算，分析工资总额计划的执行情况，控制工资总额支出，参与制订工资总额计划。

（5）成本费用核算工作岗位

成本费用核算工作岗位的具体职责是：负责编制成本、费用计划，并将其指标分解、落实到有关责任单位和个人；会同有关部门拟定成本费用管理与核算办法，建立、健全各项原始记录和定额资料，遵守国家的成本开支范围和开支标准，正确地归集和分配费用，计算产品成本，登记费用成本明细账，并编制有关的财务报表，分析成本计划的执行情况。

（6）财务成果核算工作岗位

财务成果核算工作岗位的具体职责是：负责编制收入、利润计划并组织实施；随时掌握销售状况，预测销售前景，及时督促销售部门完成销售计划，组织好销售货款的回收工作，正确计算并及时解交有关税利；负责收入、应收款和利润的明细核算，编制有关收入、利润方面的财务报表，并对其进行分析和利用。

（7）资金核算工作岗位

资金核算工作岗位的具体职责是：负责资金的筹集、使用和调度；随时了解、掌握资金市场的动态，为企业筹集生产经营所需资金，同时应合理安排资金的使用，本着节约的原则，运用好资金，以尽可能低的资金耗费取得尽可能好的效果。

（8）往来结算工作岗位

往来结算工作岗位的具体职责是：负责办理应收、应付款项的往来结算业务，对于各种应收、应付、暂收、暂付等往来款项，要随时清理结算，应收的抓紧催收，应付的及时偿付，暂收、暂付款项要督促清算；负责备用金的管理和核算，负责其他应收款、应付款和备用金的明细核算；管理其他应收、应付款项的凭证、账册和资料等。

（9）总账报表工作岗位

总账报表工作岗位的具体职责是：负责总账的登记与核对，并与有关的日记账和明细账相核对，依据账簿记录编制有关财务报表和报表附注等相关内容，负责财务状况和经营成果的综合分析，收集、整理各方面经济信息以便进行财务预测，制订或参与制订财务计划，参与企业的生产经营决策等。

（10）稽核工作岗位

稽核工作岗位的具体职责是：负责确立稽核工作的组织形式和具体分工，明确稽核工作的职责、权限，审核会计凭证和复核会计账簿、报表。

（11）档案管理工作岗位

档案管理工作岗位的具体职责是：负责制定会计档案的立卷、归档、保管、查阅和销毁等管理制度，保证会计档案的妥善保管、有序存放、方便查阅，严防毁损、散失和泄密。

会计工作岗位，可以一人一岗、一人多岗或者一岗多人，但出纳人员不得兼管稽核、会计档案保管和收入、费用、债权债务账目的登记工作。会计人员的工作岗位应当有计划地进行轮换。企业可以根据自身需要设置会计岗位，做到各项会计工作有岗有责、各司其职，必要时可以将各岗位人员进行适当轮换，以便于提高会计人员的综合能力，也有利于各岗位之间的相互协调与配合。

11.3 会计档案与会计工作交接

1. 会计档案

1）会计档案的概念

会计档案是指会计凭证、会计账簿、财务报告和其他会计资料等会计核算专业资料，是记录和反映企业经济业务的重要史料和证据。会计档案是国家经济档案的重要组成部分，是企业日常发生的各项经济活动的历史记录，是总结经营管理经验、进行决策所需的主要资料，也是检查各种责任事故的重要依据。各单位的会计部门对会计档案必须高度重视，严加保管。大中型企业应建立会计档案室，小型企业应有会计档案柜并指定专人负责。对会计档案应建立严密的保管制度，妥善管理，不得丢失、损坏、抽换或任意销毁。会计档案建档要求、保管期限、销毁办法等见《会计档案管理办法》的规定。

2）会计档案的内容

会计档案的内容是指会计档案的范围，具体包括会计凭证类、会计账簿类、财务报告类和其他会计核算资料类四个部分。

① 会计凭证类。包括原始凭证、记账凭证、汇总凭证及其他会计凭证。

② 会计账簿类。包括总账、明细账、日记账、固定资产卡片、辅助账簿及其他会计账簿。

③ 财务报告类。包括月度、季度、年度财务会计报告，还包括财务报表、附表、附注及文字说明、其他财务报告。

④ 其他会计核算资料类。包括银行存款余额调节表、银行对账单、其他应当保存的会计核算专业资料、会计档案移交清册、会计档案保管清册、会计档案销毁清册。

3）会计档案的管理

（1）会计档案的归档

会计档案是重要的经济档案材料，为保证其安全完整，必须妥善保管。各单位往年形成的会计档案，都应由会计部门按照归档的要求整理、立卷并装订成册，编制会计档案保管清册。根据《会计档案管理办法》，各单位当年的会计档案，在会计年度终了后，由本单位财会部门保管一年，期满后移交本单位档案管理部门保管；未设立档案部门的，应当在财务部门内部指定专人保管。

移交本单位档案机构保管的会计档案，原则上应当保持原卷册的封装。个别需要拆封重新整理的，档案机构应会同会计机构有关人员和经办人员共同拆封整理，以分清责任。

（2）会计档案的保管期限

会计档案的重要程度不同，保管期限也有所不同。按照《会计档案管理办法》的规定，会计档案的保管期限分为永久保管和定期保管两类，其中定期保管期限又分为 3 年、5 年、10 年、15 年、25 年，时间是从会计年度终了后第一天算起。企业单位会计档案的具体保管期限如表 11–1 所示。

表 11–1 企业单位会计档案保管期限

序号	档案名称	保管期限	备注
一	会计凭证类		
1	原始凭证	15 年	
2	记账凭证	15 年	
3	汇总凭证	15 年	
二	会计账簿类		
4	总账	15 年	包括日记总账
5	明细账	15 年	
6	日记账	15 年	现金日记账和银行存款日记账保管 25 年
7	固定资产卡片		固定资产报废清理后保管 5 年
8	辅助账簿	15 年	
三	财务报告类		包括各级主管部门汇总财务报告
9	月、季度财务报告	3 年	包括文字分析
10	年度财务报告（决算）	永久	包括文字分析
四	其他会计核算资料类		
11	会计移交清册	15 年	
12	会计档案保管清册	永久	
13	会计档案销毁清册	永久	
14	银行余额调节表	5 年	
15	银行对账单	5 年	

（3）会计档案的使用及借阅

各单位应建立健全会计档案的查阅、复制登记制度，严格遵守查阅、复制和收回制度，以保证会计档案的安全完整。各单位保管的会计档案不得借出，如有特殊需要，经本单位负责人批准，可以提供查阅或者复制，并办理登记手续。查阅或复制会计档案的人员，严禁在会计档案上涂画、拆封和抽换。

（4）会计档案的销毁

会计档案保管期满需要销毁时，应由本单位档案机构会同会计机构经过认真的鉴定，提出销毁意见，编制"会计档案销毁清册"，详细列明欲销毁会计档案的类别、名称、册（张）数及所属年月等，然后由单位负责人审查签字。在销毁会计档案时，应由档案部门和财务部门共同派人监销。国家机关销毁会计档案时，还应有同级财政部门、审计部门派人员参加监销。财政部门销毁会计档案时，应当由同级审计部门派人员参加监销。

2. 会计工作交接

会计工作交接，是指会计人员调动工作或者离职时，与接替人员办清交接手续的制度。

会计工作交接是会计工作中的一项重要内容，办好会计工作交接，有利于保持会计工作的连续性，明确各自的责任。

《会计法》规定："会计人员调动工作或者离职，必须与接管人员办清交接手续。"一般会计人员办理交接手续，由会计机构负责人（会计主管人员）监交；会计机构负责人（会计主管人员）办理交接手续，由单位负责人监交，必要时主管单位可以派人会同监交。《会计基础工作规范》对此也有相关的规定。

1）会计工作交接的要求

① 会计人员工作调动或者因故离职，必须将本人所经管的会计工作全部移交给接替人员。没有办清交接手续的，不得调动或者离职。会计人员临时离职或者因病不能工作且需要接替或者代理的，会计机构负责人、会计主管人员或者单位领导人必须指定有关人员接替或者代理，并办理交接手续。临时离职或者因病不能工作的会计人员恢复工作的，应当与接替或者代理人员办理交接手续。移交人员因病或者其他特殊原因不能亲自办理移交的，经单位领导人批准，可由移交人员委托他人代办移交，但委托人对所移交的会计凭证、会计账簿、会计报表和其他有关资料的合法性、真实性承担法律责任。

② 移交人员在办理移交时，要按移交清册逐项移交，接替人员要逐项核对点收。移交清册一般应当填制一式三份，交接双方各执一份，存档一份。移交人员对所移交的会计凭证、会计账簿、会计报表和其他有关资料的合法性、真实性承担法律责任。接替人员应当认真接管移交工作，并继续办理移交的未了事项。接替人员应当继续使用移交的会计账簿，不得自行另立新账，以保持会计记录的连续性。

③ 会计人员办理交接手续，必须有监交人负责监交。一般会计人员交接，由单位会计机构负责人、会计主管人员负责监交；会计机构负责人、会计主管人员交接，由单位领导人负责监交，必要时可由上级主管部门派人会同监交。交接完毕后，交接双方和监交人员要在移交清册上签名或者盖章，并应在移交清册上注明：单位名称，交接日期，交接双方和监交人员的职务、姓名，移交清册页数及需要说明的问题和意见等。

④ 单位撤销时，必须留有必要的会计人员，会同有关人员办理清理工作，编制决算。未移交前，不得离职。接收单位和移交日期由主管部门确定。单位合并、分立的，其会计工作交接手续比照上述有关规定办理。

2）会计工作交接前的准备工作

会计人员办理移交手续前，必须及时做好以下工作。

① 对已经受理的经济业务，应全部填制会计凭证。

② 尚未登记的账目应登记完毕，并在最后一笔余额后加盖经办人员印章。

③ 整理应移交的各项资料，对未了事项写出书面材料。

④ 编制移交清册，列明应当移交的会计凭证、会计账簿、会计报表、印章、现金、有价证券、支票簿、发票、文件、其他会计资料和物品等内容；实行会计电算化的单位，从事该项工作的移交人员还应当在移交清册中列明会计软件及密码、会计软件数据磁盘（磁带等）及有关资料、实物等内容。

3）会计工作交接内容

移交人员按移交清册逐项移交，接替人员逐项核对点收，具体内容如下。

① 现金、有价证券要根据会计账簿有关记录进行点交。库存现金、有价证券必须与会计

账簿记录保持一致。不一致时,移交人员必须限期查清。

② 会计凭证、会计账簿、会计报表和其他会计资料必须完整无缺。如有短缺,必须查清原因,并在移交清册中注明,由移交人员负责。

③ 银行存款账户余额要与银行对账单核对,如不一致,应当编制银行存款余额调节表调节相符,各种财产物资和债权债务的明细账户余额要与总账有关账户余额核对相符;必要时,要抽查个别账户的余额,与实物核对相符,或者与往来单位、个人核对清楚。

④ 移交人员经管的票据、印章和其他实物等,必须交接清楚;移交人员从事会计电算化工作的,要对有关电子数据在实际操作状态下进行交接。

⑤ 会计机构负责人、会计主管人员移交时,还必须将全部财务会计工作、重大财务收支和会计人员的情况等,向接替人员详细介绍。对需要移交的遗留问题,应当写出书面材料。

本 章 小 结

1. 会计工作组织就是根据单位自身特点,按照会计工作的要求,进行会计机构的设置、会计人员的配备、会计制度的制定与执行和会计档案的保管,以及系统内部部门和人员之间的分工与协调的组织工作。

2. 会计机构,是指各企事业单位内部直接从事和组织领导会计工作的职能部门。各单位应按照国家有关会计法律法规,根据会计业务的需要,设置本单位的会计机构,配备适当的会计人员。

3. 会计职业道德是会计人员从事会计工作应当遵循的道德规范。

4. 会计档案是指会计凭证、会计账簿、财务报告和其他会计资料等会计核算专业资料,是记录和反映单位经济业务的重要史料和证据。各单位应根据《会计档案管理办法》的规定对会计档案进行建档、保管和销毁。

5. 会计工作交接,是指会计人员调动工作或者离职时,与接替人员办清交接手续的制度。会计工作交接是会计工作中的一项重要内容,办好会计工作交接,有利于保持会计工作的连续性,明确各自的责任。

思 考 题

1. 企业会计工作组织包括哪些基本内容?
2. 会计人员有哪些职责和权限?
3. 我国《会计法》对各单位会计机构的设置做了哪些具体的规定?
4. 什么是会计职业道德?
5. 我国会计职业道德的基本内容有哪些?
6. 会计档案包括哪些基本内容?怎样保管会计档案?

7. 会计工作交接的程序及其具体内容如何？
8. 会计岗位责任制包括哪些具体内容？

练 习 题

一、单项选择题

1. 在会计机构内部，使每一项工作都有专人负责，每个会计人员都有明确的职责，这反映的是（　　）。
   A. 会计工作岗位责任制的要求　　B. 内部牵制制度的要求
   C. 稽核审查制度的要求　　　　　D. 基本会计准则的要求
2. 把整个企业的主要会计核算工作都集中在企业一级的会计部门，这是（　　）。
   A. 总分类核算　　　　　　　　　B. 明细分类核算
   C. 集中核算　　　　　　　　　　D. 非集中核算
3. 当年形成的会计档案，在会计年度终了后，可暂时由会计机构保管（　　）。
   A. 1个月　　　B. 3个月　　　C. 6个月　　　D. 1年
4. 以下会计档案，应当永久保管的是（　　）。
   A. 日记账　　　　　　　　　　　B. 总账
   C. 月、季度财务会计报告　　　　D. 年度财务会计报告
5. 在办理会计工作交接时，一般会计人员交接，负责监交的是（　　）。
   A. 注册会计师　　　　　　　　　B. 单位负责人
   C. 会计机构负责人　　　　　　　D. 上级主管部门所派人员

二、多项选择题

1. 企业会计机构的设置，应视企业规模、业务繁简程度而定，可以（　　）。
   A. 单独设置　　　　　　　　　　B. 与其他机构合并设置
   C. 只在内部各业务部门设置　　　D. 不单独设置，但应配备专职会计人员
   E. 不单独设置，但应指定专人负责办理会计工作
2. 企业会计工作的组织形式通常分为（　　）。
   A. 总分类核算　　　　　　　　　B. 独立核算
   C. 专业核算和群众核算　　　　　D. 集中核算
   E. 非集中核算
3. 各单位的会计档案一般分为（　　）。
   A. 会计科目和账户类　　　　　　B. 会计凭证类
   C. 会计账簿类　　　　　　　　　D. 财务报告类
   E. 其他会计核算资料类
4. 会计人员的职责包括（　　）。
   A. 进行会计核算　　　　　　　　B. 实现会计监督
   C. 参与制订计划，编制预算　　　D. 办理其他会计事项

E. 拟定本单位办理会计事务的具体办法
　5. 会计人员岗位责任制度的主要内容包括（　　）。
　　　A. 会计人员的岗位设置　　　　　　B. 各会计工作岗位的人员和具体分工
　　　C. 各会计工作岗位的职责和标准　　D. 会计工作岗位轮换办法
　　　E. 对各会计工作岗位的考核办法

三、判断题

1. 会计人员岗位责任制要求会计人员长期固定在某一岗位工作。　　　　　　（　　）
2. 会计人员、会计机构的主要职责是进行会计核算和实行会计监督。　　　　（　　）
3. 会计工作交接完毕后，接管人员应另立新账，不得继续使用原有会计账簿。（　　）
4. 出纳人员既保管库存现金、管理银行账户和办理银行转账结算的交易事项，又登记现金日记账和银行存款日记账，这是违背"钱账分管"原则的。　　　　　　　　　（　　）
5. 会计人员既要维护本单位的合法经济利益，又要维护国家的整体利益，因而具有双重身份。　　　　　　　　　　　　　　　　　　　　　　　　　　　　　　　　（　　）

第 12 章 财务报表分析

【学习目标】
通过本章的学习，使学生理解财务报表分析的基本概念、内容和财务报表分析的基本框架，掌握财务报表分析的基本方法，在此基础上能够运用这些方法做出正确的评价。

12.1 财务报表分析概述

1. 财务报表分析的含义与作用

财务报表分析是依据企业财务报表数据和相关信息，采用一系列专门方法和技术，对企业财务质量状况和经营情况做出评价，以便于企业的投资者、债权人和管理当局等会计信息使用者做出正确的经济决策。

财务报表分析以企业的财务报告及其他相关资料为主要依据，对企业财务状况和经营成果进行评价和剖析，揭示企业财务状况和经营管理各个方面存在的问题，从而为改进企业财务管理工作和优化经济决策提供重要财务信息。具体来说，财务报表分析的作用主要表现以下几个方面。

（1）可以为企业管理者提供财务分析信息，促进企业加强内部管理

利用财务分析信息，可以恰当地对企业过去和当前的财务活动及财务状况进行反映，揭示企业财务活动中存在的主要矛盾，考核、评价工作业绩，总结经验教训，以便更好地采取措施，挖掘潜力，制定正确的投资和经营策略，实现企业的理财目标。

（2）利用财务比率指标分析财务报表，可以不受企业规模和经营类型等的限制进行比较分析

企业的生产经营类型往往不同，规模有大有小，所获得的财务结果及所发生的耗费也会

随经营的类型、规模大小而变化。因此，财务绝对数指标具有局限性，不具有企业间比较的基础。采用财务比率，可以排除规模上的差异甚至经营类型行业间的差异，使企业前后期指标及不同企业指标之间具有广泛的可比性。

（3）财务报表分析有利于为利益相关者提供决策依据

不论是外部投资人还是企业的债权人都十分关注企业经营管理人员的业绩，企业的偿债能力、盈利能力、投资的发展前景、投资的风险程度等，以作为是否进行投资决策的依据。财务报表分析运用财务比率，从相对数方面对企业的财务活动进行分析评价，有利于报表使用者了解企业的经营状况和经营成果，从而做出正确的决策。

> **视野拓展**
>
> 财务分析是财务分析主体为实现财务分析目标，以财务信息及其他相关信息为基础，运用财务分析技术，对分析对象的财务活动的可靠性和有效性进行分析，为经营决策、管理控制及监督管理提供依据的一门具有独立性、边缘性、综合性的经济应用学科。财务分析的主体是多元的，投资者、中介机构（如财务分析师）、管理者、监管部门、其他利益相关者等都是财务分析的主体，他们都从各自目的出发进行财务分析。

2. 财务报表分析的内容

财务报表分析的目的不同，分析的侧重点也不同。一般而言，财务报表分析的内容如下。

（1）偿债能力分析

偿债能力是指企业偿还到期债务的能力。企业偿债能力分析包括短期偿债能力分析和长期偿债能力分析。短期偿债能力分析主要分析企业债务能否及时偿还。长期偿债能力分析主要分析企业资产对债务本金的支持程度和对债务利息的偿付能力。

（2）营运能力分析

营运能力反映了企业对资产的利用和管理能力。营运能力分析包括：从资产周转的角度，评价企业经营活动量的大小和资产利用效率的高低；从资产结构的角度，分析企业资产构成的合理性。通过营运能力分析，可以了解企业资产利用效率、管理水平、资金周转状况，从而为评价企业经营管理水平提供依据。

（3）盈利能力分析

获取利润是企业的主要经营目标之一，企业要生存和发展，必须争取获得较高利润，这样才能在竞争中立于不败之地。盈利能力分析主要分析企业经营活动和投资活动产生收益的能力，包括企业盈利水平分析、社会贡献能力分析、资本保值增值能力分析等。

（4）发展能力分析

无论是企业管理者还是投资者、债权人，都非常关心企业的发展能力。通过对企业的发展能力进行分析，可以判断企业发展潜力，预测企业经营前景，从而为企业管理者和投资者进行经营决策和投资决策提供重要依据，避免决策失误给企业带来损失。

（5）综合能力分析

从总体上分析企业的综合财务实力，评价企业各项财务活动的相互联系和协调情况，揭示企业经济活动中的优势和薄弱环节，指导企业改进工作。

12.2 财务报表分析的方法

企业进行财务报表分析，最主要的方法是比率分析法、趋势分析法和因素分析法。

1. 比率分析法

比率分析法是指利用财务报表不同项目指标间的相互关系，计算出比率，反映各会计要素之间的相互关系和内在联系，从而分析和评价企业财务状况和经营成果的方法。比率分析法排除了规模等的影响，使不同比较对象具有了可比性，因此被广泛用于历史比较、同业比较和预算比较。根据分析的目的和要求不同，比率分析又可以分为以下3种。

（1）相关比率分析

相关比率分析是指通过计算两个性质不同而又相关指标的比率，反映经济活动的相互关系，考察有关系的相关业务安排是否合理，以保障企业营运活动顺畅进行。例如，将利润与成本费用、销售收入、总资产等进行比较所建立起的成本费用利润率、销售利润率、总资产利润率等，可以从不同角度比较企业获利能力的高低及其增减变化情况。

（2）趋势比率分析

趋势比率分析是指通过对比两期或连续数期财务报告中的相同指标，确定其增减变动的方向、数额和幅度，说明企业财务状况和经营成果的变动趋势。

通过分析期与前期（上季、上年同期）财务报表中有关项目金额的对比，可以从差异中及时发现问题，查找原因，改进工作。连续数期的财务报表项目的比较，能够反映出企业的发展动态，揭示当期财务状况和营业情况增减变化，发现问题并评价企业财务管理水平，同时也可以预测企业未来的发展趋势。

（3）构成比率分析

构成比率分析又称结果比率分析，是指通过计算某项经济指标的各个组成部分占总体的比重，考察总体中各个部分的形成和安排是否合理，以便协调各项财务活动。

2. 趋势分析法

这种方法是将前、后两期或两期以上的财务报表数据进行比较，对某项指标在不同时期的增减变动情况做出分析，揭示该指标的发展变化规律，从而为未来财务预测提供依据。趋势分析法有绝对金额式和相对比例式两种形式。绝对金额式通常采用增减变动额观察指标变化趋势。其计算公式为

增减额=分析期数额−基期数额

相对比例式一般采用增减变动率观察指标变化趋势，其计算公式为

增减率=[（分析期数额−基期数额）]/基期数额×100%

在实际工作中，通常采用编制比较财务报表的方式进行趋势分析。

3. 因素分析法

因素分析法是指根据某项综合指标与其影响因素之间的关系，从数值上分别确定各因素变化对该项综合指标影响程度的方法。企业财务活动是一个有机的整体，每项财务指标的高

低都要受若干因素的影响，只有将这些因素加以分解，才能真正把握它们的影响程度和变化规律，更有说服力地评价企业经营状况，从而肯定成绩，找出差距，抓住主要矛盾，有的放矢地解决问题。因素分析法的思路是：当若干因素对要分析的指标产生影响时，假定其他各个因素都没有变化，依序确定每个因素单独变化所产生的影响。具体有连环替代法和差额分析法两种方法。

运用因素分析法的一般程序是：确定需要分析的指标；确定影响该指标的各因素及与该指标的关系；计算、确定各个因素影响程度的数值。

1）连环替代法

连环替代法是将分析指标分解为各个可以计量的因素，并根据各个因素之间的依存关系，顺次用各因素比较值（通常为实际值）替代基准值（通常为标准值或计划值），据以测定各因素对分析指标的影响。

例 12-1

企业 20×6 年 12 月份某种原材料费用实际数是 19 800 元，而计划数是 16 000 元，实际比计划增加了 3 800 元，由于原材料费用由产品产量、单位产品材料耗用量和材料单价三个因素的乘积构成，因此可以把材料费用这一总指标分解为这三个因素，然后逐个来分析它们对材料费用总额的影响程度。假定这三个因素的数值如表 12-1 所示。

表 12-1　产品原材料费用构成情况表

项目	单位	计划数	实际数
产品产量	件	200	220
单位产品材料耗用量	kg/件	10	9
材料单价	元/kg	8	10
材料费用总额	元	16 000	19 800

根据表中数据，材料费用总额实际数较计划数增加 3 800 元，这是分析的对象。运用连环替代法，可以计算各因素变动对材料费用总额的影响程度如下。

计划指标：200×10×8=16 000（元）　　　①
第一次替代：220×10×8=17 600（元）　　②
第二次替代：220×9×8=15 840（元）　　　③
第三次替代：220×9×10=19 800（元）　　④
因素分析：
②-①=1 600（元）　　　　　产量增加影响
③-②=-1 760（元）　　　　材料节约影响
④-③=3 960（元）　　　　　价格提高影响
1 600-1 760+3 960 =3 800（元）　　全部因素的影响

2）差额分析法

差额分析法是连环替代法的一种简化形式，它是利用各个因素比较值与基准值之间的差额，计算各个因素对分析指标的影响。

例 12-2

承例 12-1，采用差额分析法计算、确定各个因素变动对材料费用的影响。

① 由于产量增加对材料费用的影响。

（220-200）×10×8=1 600（元）

② 由于材料消耗节约对材料费用的影响。

（9-10）×220×8 = -1 760（元）

③ 由于原材料单价提高对材料费用的影响。

（10-8）×220×9 = 3 960（元）

全部因素的影响为

1 600-1 760+3 960 =3 800（元）

因素分析法既可以全面分析各个因素对某一经济指标的影响，又可以单独分析某个因素对某一经济指标的影响，在财务分析中应用较为广泛。

3）运用因素分析法必须注意的关键问题

（1）分析因素关联性

经济指标的构成因素，必须客观上与经济指标存在因果关系，能够反映该指标差异的内在原因，否则就失去了分析的意义。

（2）因素替代顺序性

替代因素时，必须按照各个因素的依存关系，排列成一定顺序并依次替代，不可随意加以颠倒，否则就会得出不同结果。

（3）顺序替代连环性

因素分析法在计算每一个因素变动影响时，都是在前一次计算的基础上进行的，并采用连环比较方法确定因素变化影响的结果。因为只有保持计算程序的连环性，才能使各因素影响之和等于分析指标的变动差异，以全面说明分析指标的变动原因。

（4）计算结果假定性

由于因素分析法计算的各因素变动的影响数会因替代计算的顺序不同而有差别，即其计算结果只是在某种假定前提下的结果，离开了这种假定前提，就不会是这种影响结果。为此，财务分析人员在具体运用此方法时，应力求使这种假定是合乎逻辑的假定，是具有实际经济意义的假定，这样计算结果的假定性就不会妨碍分析的有效性。

12.3 财务指标分析

总结和评价企业财务状况与经营成果的分析指标包括偿债能力指标、营运能力指标和获利能力指标。下面是大华公司 20×6 年的资产负债表（见表 12-2）和利润表（见表 12-3）。

表 12-2 资产负债表

20×6 年 12 月 单位：万元

资产	期末余额	年初余额	负债和所有者权益	期末余额	年初余额
流动资产：			流动负债：		
货币资金	1 800	1 600	短期借款	4 600	4 000
以公允价值计量且其变动计入当期损益的金融资产	1 000	2 000	应付账款	2 400	2 000
应收账款	2 600	2 400	预收款项	800	600
预付款项	140	80	其他应付款	200	200
存货	10 400	8 000	流动负债合计	8 000	6 800
其他流动资产	160	120	非流动负债：		
流动资产合计	16 100	14 200	长期借款	4 000	4 000
非流动资产：			非流动负债合计	4 000	4 000
持有至到期投资	800	800	负债合计	12 000	12 000
固定资产	8 000	4 000	所有者权益（或股东权益）：		
无形资产	1 100	1 000	实收资本（或股本）	10 000	7 200
非流动资产合计	9 900	5 800	盈余公积	3 000	1 500
			未分配利润	1 000	500
			所有者权益合计	14 000	9 200
资产总计	26 000	20 000	负债和所有者权益总计	26 000	20 000

表 12-3 利润表

20×6 年 12 月 单位：万元

项　目	本期金额	上期金额
一、营业收入	42 000	37 200
减：营业成本	24 400	21 400
税金及附加	2 400	2 160
销售费用	5 200	3 640
管理费用	3 800	3 240
财务费用	1 000	1 600
加：投资收益（损失以"-"号填列）	200	160
二、营业利润（亏损以"-"号填列）	5 400	5 320
加：营业外收入	600	600
减：营业外支出	300	200
三、利润总额（亏损总额以"-"号填列）	5 700	5 720
减：所得税费用	1 425	1 430
四、净利润（净亏损以"-"号填列）	4 275	4 290

1. 企业偿债能力分析

偿债能力是指企业偿还各种到期债务的能力。通过偿债能力分析，可以揭示企业的财务风险。企业管理人员、投资人、债权人等都十分重视企业的偿债能力分析。反映偿债能力大小的指标主要包括短期偿债能力、长期偿债能力和偿债能力保障程度等。

1）短期偿债能力

短期偿债能力是指企业以流动资产及时足额偿还流动负债的能力。常用的指标有流动比率、速动比率、现金比率和现金流动负债比率。

（1）流动比率

流动比率是用来评价企业用流动资产偿还流动负债的能力，表明企业每一元流动负债有多少流动资产作为支付的保障。其计算公式为

$$流动比率 = \frac{流动资产}{流动负债}$$

$$大华公司年末流动比率 = \frac{流动资产}{流动负债} = \frac{16\,100}{8\,000} = 2.013$$

流动比率是衡量资产的流动性，反映企业短期偿债能力的一个重要财务指标。该比率越高，说明企业偿还流动负债的能力越强，流动负债得到偿还的保障越大。但应当指出，各种行业有不同的衡量标准，应该结合不同的行业特点和企业流动资产结构等因素对流动比率进行分析。从理财的角度看，过高的流动比率也并非是好现象。因为一个经营活动正常的企业，资金应当有效地在生产经营过程中运转，过多地滞留在流动资产形态上，就会影响利用的效果，影响企业的获利能力。经验表明，流动比率为2比较合适。

运用流动比率指标分析、评价企业的短期偿债能力时，应注意以下几个问题。

① 判断偿债能力时必须结合所在的行业。企业的标准流动比率为2，是就一般情况而言的，并不是绝对标准。不同行业和企业因资产、负债占用情况不同，流动比率会有较大差别，一些行业的流动比率达到1时就可能表示其有足够的偿债能力了，而有些行业的流动比率达到或超过2，也不一定表明其偿债能力很强。

② 流动比率是根据资产负债表等有关资料计算出来的，体现的仅仅是账面上的支付能力，要注意企业有无出于某种目的，采取不正当做法进行调整，以掩盖实际偿债能力。

③ 应结合流动资产的结构状况进行分析。由于流动资产中各项目的变现能力有差别，企业流动比率的变动也不一定能准确说明企业偿债能力的好坏。例如，如果企业流动比率增加是由于存货的增加引起的，而当存货的销售发生困难，甚至导致过时报废时，企业的偿债能力实际上并没有得到改善。所以，分析时还需要用其他指标对流动比率进行补充，以正确分析、评价企业的偿债能力。

（2）速动比率

速动比率是企业速动资产与流动负债的比率，表明企业每一元流动负债有多少速动资产作为支付的保障。其计算公式为

$$速动比率 = \frac{速动资产}{流动负债}$$

速动资产=流动资产−存货（或=货币资金+以公允价值计量且其变动计入当期损益的金融

资产+应收账款+预付账款等）

$$\text{大华公司年末速动比率} = \frac{\text{速动资产}}{\text{流动负债}} = \frac{1\,800+1\,000+2\,600+140}{8\,000} = 69.25\%$$

速动比率是对流动比率的补充，因为流动比率在评价企业短期偿债能力时有一定的局限性。在流动资产中，存货流动性较差，若存货滞销，在较短的时期内不能变为现金，就会影响偿债能力。一般来说，流动资产扣除存货后称为速动资产，将它与流动负债对比，构成速动比率，一般要求速动比率在100%以上。但是这个比率不是绝对的，不同行业的速动比率会有很大差别，没有统一标准的速动比率。例如，采用大量现金销售的商店，几乎没有应收账款，大大低于1的速动比率是很正常的。相反，一些应收账款较多的企业，速动比率可能要大于1。

（3）现金比率

速动资产中，流动性最强、可直接用于偿债的资产称为现金资产。现金资产包括货币资金、以公允价值计量且其变动计入当期损益的金融资产等。现金资产与流动负债的比值称为现金比率，其计算公式为

$$\text{现金比率} = \frac{\text{货币资金}+\text{以公允价值计量且其变动计入当期损益的金融资产}}{\text{流动负债}}$$

$$\text{大华公司年末现金比率} = \frac{\text{货币资金}+\text{以公允价值计量且其变动计入当期损益的金融资产}}{\text{流动负债}}$$

$$= \frac{1\,800+1\,000}{8\,000} = 35\%$$

现金比率假设现金资产是可偿债资产，表明企业每一元流动负债有多少现金资产作为支付的保障。这一比率越高，表明企业的偿债能力越强。近年来，由于现金流动受到财务报表使用者的日益青睐，因此短期偿债能力评估越来越侧重于现金比率分析。

但是需要注意，如果企业有过多的现金资产，现金比率过高，意味着企业流动负债未能合理运用，会导致企业机会成本增加。通常现金比率保持在25%左右为宜。

（4）现金流动负债比率

现金流动负债比率简称现金流量比率，是指企业一定期间经营活动现金净流量与流动负债的比率。其计算公式如下。

$$\text{现金流动负债比率} = \frac{\text{经营活动现金净流量}}{\text{流动负债}} \times 100\%$$

假设大华公司20×6年经营活动现金净流量为6 000万元，则

$$\text{大华公司年末现金流动负债比率} = \frac{\text{经营活动现金净流量}}{\text{流动负债}} = \frac{6\,000}{8\,000} \times 100\% = 75\%$$

现金流量比率反映企业经营活动获得现金偿还短期债务的能力，只有这一比率大于或等于1时，债权人的全部流动负债才有现金保障。

2）长期偿债能力

长期偿债能力是指企业以其资产或劳务支付长期债务的能力。通过对长期偿债能力进行

分析，可以帮助股东判断其资本的安全性。反映企业长期偿债能力的指标有资产负债率、负债与权益比率、权益乘数、利息保障倍数和现金流量利息保障倍数。

（1）资产负债率

资产负债率也称负债比率，反映企业的资产中有多少是通过举债的方式取得的，反映债权人发放贷款的安全程度。其计算公式为

$$资产负债率 = \frac{负债总额}{资产总额}$$

$$大华公司年末资产负债率 = \frac{负债总额}{资产总额} = \frac{12\,000}{26\,000} = 46.15\%$$

对债权人来说，资产负债率越低越好。因为在企业清算时，资产变现所得很可能低于其账面价值，而所有者一般只承担有限责任，因此企业的资产负债率过高，债权人蒙受损失的可能性越大。但从股东和经营者的立场来看，则可能希望资产负债率高些，一方面以利于企业筹集资金扩大规模，另一方面有利于利用财务杠杆增加企业所有者的获利能力，但反过来又会影响企业的筹资能力。如果资产负债率大于100%，表明企业已资不抵债，可视为已达到破产的警戒线。一般来说，该指标为0.5比较合适，有利于风险与收益的平衡。

（2）负债与权益比率

负债与权益比率也称为产权比率，是企业负债总额与所有者权益总额的比率。其计算公式如下。

$$负债与权益比率 = \frac{负债总额}{所有者权益总额}$$

$$大华公司年末负债与权益比率 = \frac{负债总额}{所有者权益总额} = \frac{12\,000}{14\,000} \times 100\% = 85.71\%$$

负债与权益比率越低，说明企业长期偿债能力越强，债权人权益的保障程度越高，债权人承担的风险越低。

（3）权益乘数

权益乘数是指资产总额相当于股东权益的倍数。权益乘数越大，说明股东投入的资本在资产总额中所占的比重越小。其计算公式如下。

$$权益乘数 = \frac{资产总额}{股东权益}$$

$$大华公司年初权益乘数 = \frac{资产总额}{股东权益总额} = \frac{20\,000}{9\,200} = 2.1739$$

$$大华公司年末权益乘数 = \frac{资产总额}{股东权益总额} = \frac{26\,000}{14\,000} = 1.8571$$

$$大华公司平均权益乘数 = \frac{资产总额}{股东权益总额} = \frac{26\,000 + 20\,000}{14\,000 + 9\,200} = 1.9828$$

权益乘数也可用来衡量企业的财务风险，其值越高，企业的财务风险就越大。公式中的资产总额与股东权益也可以采用平均值。

(4) 利息保障倍数

利息保障倍数是企业息税前利润与债务利息费用的比率。它是从盈利能力角度对企业长期偿债能力进行分析、评价的指标，反映企业收益能力对债务利息偿付的保障程度。其计算公式如下。

$$利息保障倍数 = \frac{利润总额 + 利息费用}{利息费用}$$

$$大华公司年末利息保障倍数 = \frac{利润总额 + 利息费用}{利息费用} = \frac{5\,700 + 1\,000}{1\,000} = 6.7$$

利息保障倍数用于反映企业经营所得支付债务利息的能力，其值越大说明偿债能力越强。一般要求企业的利息保障倍数至少大于1，如果小于1，说明企业经营所得不足以偿还债务及利息，长此下去，将会导致企业入不敷出，甚至破产倒闭。公式中的利息费用如果无法得到，可以用企业利润表中的财务费用代替。

(5) 现金流量利息保障倍数

现金流量利息保障倍数是指经营现金净流量与利息费用的比率，其计算公式如下。

$$现金流量利息保障倍数 = \frac{经营现金净流量}{利息费用}$$

$$大华公司年末现金流量利息保障倍数 = \frac{经营现金净流量}{利息费用} = \frac{6\,000}{1\,000} = 6$$

它表示一元利息费用有多少倍的经营现金流量做保障，它比收益基础的利息保障倍数更可靠，因为实际支付的是现金，而不是收益。

2. 企业营运能力分析

营运能力是指企业对其有限资源的配置和利用能力，即企业资金的利用效果。企业的营运能力反映了企业资金的周转状况。评价企业营运能力的指标主要有总资产周转率、流动资产周转率、存货周转率、应收账款周转率等。

(1) 总资产周转率

总资产周转率是销售净收入与平均总资产的比率，是企业全部资产的利用率，主要是投入或使用全部资产所获得产出的能力。其计算公式为

$$总资产周转率 = \frac{销售净收入}{平均总资产}$$

其中

销售净收入 = 销售收入 − 销售退回 − 销售折让 − 销售折扣

平均总资产 = (期初总资产 + 期末总资产) ÷ 2

$$大华公司20×6年总资产周转率 = \frac{42\,000}{(26\,000 + 20\,000)/2} = 1.8261（次）$$

该指标反映了企业资产的周转速度，即企业全部资产的使用效率，揭示了企业每占用一元资产，可以获得多少收入。该指标越大，说明企业资产利用效率越高。

总资产周转率也可用周转天数来表示，其计算如下。

$$\text{大华公司20×6年总资产周转天数} = \frac{360}{1.826} = 197 \text{（天）}$$

（2）流动资产周转率

流动资产周转率是指企业一定时期内营业收入与平均流动资产总额的比率，它是反映流动资产使用效率的指标。其计算公式为

$$\text{流动资产周转率} = \frac{\text{营业收入}}{\text{平均流动资产总额}}$$

其中

$$\text{平均流动资产总额} = （\text{期初流动资产总额} + \text{期末流动资产总额}）\div 2$$

$$\text{大华公司20×6年流动资产周转率} = \frac{42\,000}{(16\,100 + 14\,200)/2} = 2.77 \text{（次）}$$

也可以计算流动资产周转天数，计算如下。

$$\text{大华公司20×6年流动资产周转天数} = \frac{360}{2.77} = 130 \text{（次）}$$

流动资产的周转次数或天数，均表示流动资产的周转速度。在一定时期内，流动资产周转次数越多或者每周转一次所需要的天数越少，表明流动资产周转速度越快，流动资产的使用效率越高，等于相对扩大资产投入，企业获利能力增强。

（3）存货周转率

存货周转率是指一定时期内企业营业成本与平均存货余额的比率，是衡量和评价企业购入存货、投入生产、销售收回等各环节管理效率的综合性指标。存货周转率指标有存货周转次数和存货周转天数两种形式，相应的计算公式如下。

$$\text{存货周转率（次数）} = \frac{\text{营业成本}}{\text{平均存货余额}}$$

$$\text{存货周转天数} = \frac{360}{\text{存货周转次数}}$$

其中

$$\text{平均存货} = （\text{期初存货} + \text{期末存货}）\div 2$$

一般而言，存货周转率越高越好。因为存货周转率是个正指标，越高说明企业存货流动速度快，经营效率高。当然，存货周转率在不同行业之间可能存在较大的差别，财务分析时要将本企业与同行业的平均数进行对比，以衡量其存货管理的效率。

$$\text{大华公司20×6年存货周转率} = \frac{24\,400}{(10\,400 + 8\,000)/2} = 2.65 \text{（次）}$$

$$\text{大华公司20×6年存货周转天数} = \frac{360}{2.65} = 136$$

（4）应收账款周转率

应收账款周转率（次数），是指企业一定时期内营业收入与平均应收账款余额的比率，是反映应收账款周转速度的指标。其计算公式为

$$应收账款周转率（次数）=\frac{营业收入}{平均应收账款余额}$$

$$平均应收账款余额=（期初应收账款+期末应收账款）\div 2$$

$$应收账款周转天数=\frac{360}{应收账款周转率（次数）}$$

$$大华公司20\times6年应收账款周转率（次数）=\frac{42\,000}{(2\,600+2\,400)/2}=16.8（次）$$

$$大华公司20\times6年应收账款周转天数=\frac{360}{应收账款周转率（次数）}=\frac{360}{16.8}=21（天）$$

应收账款周转率（次数）可以用来估计企业对于应收账款的变现速度和管理效率。应收账款周转率（次数）越高、天数越少，说明企业收回应收账款的速度越快，造成坏账损失的风险越小。对应收账款周转天数（平均收现期或账龄）进行分析，是制定企业信用政策的一个重要依据。

3. 企业盈利能力分析

分析资产负债表中企业的偿债能力指标是有一定局限性的，应将其与企业的盈利能力指标相结合进行分析。因为企业偿债能力的高低还取决于企业盈利能力的高低，企业利润越多，企业可用于偿还负债本息的资金就越多。因此，对反映企业盈利能力的指标进行计算与分析，投资者可以明确企业的长期偿债能力状况。

盈利能力通常是指企业在一定时期内获取利润的能力，是企业经营业绩的体现。企业经营业绩的好坏最终可通过企业的盈利能力来反映，利润率越高，盈利能力越强；利润率越低，盈利能力越差。盈利是企业的主要经营目标，是企业生存和发展的物质基础，它不仅关系到企业所有者的利益，也是企业偿还债务的一个重要来源。因此，企业管理者、债权人和投资者都十分关心企业的盈利能力，并重视对利润率及其变动趋势的分析与预测。盈利能力分析是财务分析的重要组成部分，也是评价企业经营管理水平的重要依据。衡量企业盈利能力大小的指标主要有：销售净利率、成本费用利润率、总资产报酬率、资产净利率、净资产收益率、市盈率和每股收益等。

（1）销售净利率

销售净利率是指企业净利润与营业收入净额的比率。它反映企业通过营业实现的净利润水平。其计算公式为

$$销售净利率=\frac{净利润}{营业收入净额}\times100\%$$

$$大华公司20\times6年销售净利率=\frac{净利润}{营业收入净额}=\frac{4\,275}{42\,000}\times100\%=10.18\%$$

该比率越高，表明企业的收入质量越好，企业为社会创造的价值越多，对收益的贡献能

力越强。但要注意的是，评价该指标时，需要与同行业其他企业这一指标进行比较。

（2）成本费用利润率

成本费用利润率是指企业利润总额与成本费用总额的比率。它是反映企业生产经营过程中发生的耗费与获得的收益之间关系的指标。其计算公式为

$$成本费用利润率=\frac{利润总额}{成本费用总额}\times 100\%$$

$$成本费用利润率=\frac{利润总额}{成本费用总额}=\frac{5\,700}{24\,400+2\,400+5\,200+3\,800+1\,000}\times 100\%=15.49\%$$

这一比率越高，说明企业为取得收益而付出的代价越小，企业的盈利能力越强。因此，通过这一比率不仅可以评价企业盈利能力的高低，也可以评价企业经营管理水平和对成本费用的控制能力。

（3）总资产报酬率

总资产报酬率是指企业息税前利润总额与企业平均资产总额的比率。它是反映企业资产综合利用效果的指标。其计算公式为

$$总资产报酬率=\frac{息税前利润总额}{平均资产总额}\times 100\%$$

其中

平均资产总额=（期初资产总额+期末资产总额）÷2

$$大华公司20\times 6年总资产报酬率=\frac{息税前利润总额}{平均资产总额}=\frac{5\,700+1\,000}{(26\,000+20\,000)/2}\times 100\%=29.13\%$$

该比率越高，表明资产利用的效益越好，整个企业盈利能力越强，经营管理水平越高。

（4）资产净利率

资产净利率是指企业净利润与平均资产总额的比率。它反映企业的盈利能力。其计算公式为

$$资产净利率=\frac{净利润}{平均资产总额}\times 100\%$$

$$大华公司20\times 6年资产净利率=\frac{4\,275}{(26\,000+20\,000)/2}\times 100\%=18.59\%$$

该比率越高，表明单位资产所获得的净利润越多。

（5）净资产收益率

净资产收益率是指企业运用投资者投入资本获得收益的能力，反映了股东权益的剩余报酬。其计算公式如下。

$$净资产收益率=\frac{净利润}{平均净资产}\times 100\%$$

$$大华公司20\times 6年净资产收益率=\frac{净利润}{平均净资产}=\frac{4\,275}{(14\,000+9\,200)/2}\times 100\%=36.85\%$$

净资产收益率是公司经营管理业绩的最终反映。从上市公司本身运作来看，净资产收益率越高，说明公司净资产（股东权益）运用得越好，公司的盈利能力越好，所以可以通过净资产收益率来评估公司的经营情况。但必须注意的是，要同时分析公司的资产负债率，如果公司的资产负债率很高，即使净资产收益率很高，也有面临债务危机的风险，因而应慎重选择。

（6）市盈率

市盈率反映了普通股的市场价格与当期每股收益之间的关系，是判断企业股票潜在价值的一个重要尺度。上市公司的市盈率一直是广大股票投资者进行中、长期投资的重要决策指标。其计算公式如下。

$$市盈率 = \frac{普通股每股市价}{每股净收益}$$

市盈率反映了投资者对该种股票每元利润所愿意支付的价格。一般情况下，收益增长潜力较大的企业，其普通股的市盈率就比较高；收益增长潜力较小的企业，该比率就低。所以，市盈率是判断股票是否具有吸引力及测算股票发行价格的重要参数。该指标在一个企业几年内的数值能够表明企业盈利能力的稳定性，可在一定程度上反映企业管理部门的经营能力和盈利能力及潜在的成长能力，可作为选择投资项目的参考性指标。一般情况下，经营前景良好、很有发展前途的企业的股票市盈率会趋于上升；反之，经营前景暗淡、发展机会不多的企业，其股票市盈率处于较低的水平。但是该指标过高意味着投资风险较高。

假设大华公司 20×6 年 12 月 31 日的股票市价是 10.50 元，每股收益 0.40 元。则其市盈率计算如下。

$$市盈率 = \frac{每股市价}{每股收益} = \frac{10.50}{0.40} = 26.25$$

（7）每股收益

每股收益，是指净利润扣除优先股股利后的余额与发行在外的普通股平均股数之比（如果存在可转换债券，要计算稀释每股收益）。它反映每股发行在外的普通股所能分摊到的净收益额。这一指标对普通股股东的利益关系极大，因此往往根据这一指标来进行投资决策。其计算公式如下。

$$每股收益 = \frac{净利润 - 优先股股利}{发行在外普通股加权平均数}$$

假设大华公司年末发行在外的普通股为 10 000 万股，年内股份无增减变化，则每股收益为 0.427 5 元（4 275/10 000）。

显然，每股收益越高，说明企业的盈利能力越强。关于每股收益的信息，在利润表及附注中可以查询到。

4. 杜邦分析法

企业偿债能力、营运能力和盈利能力等各种财务分析指标，只是从某一特定的角度对企业的财务状况及经营成果进行分析，它们都不足以全面地评价企业总体的财务状况及经营成果。为了全面评价企业的财务状况和经营成果，需要对具有内在联系的各种财务指标进行综合分析。杜邦分析法是常用的综合分析方法。

杜邦分析法又称杜邦财务分析体系，是由美国杜邦公司最先采用的，所以被称为杜邦分析法。该方法是利用各主要财务指标间的内在联系，通过制定多种比率的综合财务分析体系来考察企业财务状况及经济效益。这种财务分析方法从评价企业绩效最具综合性和代表性的指标——净资产收益率出发，对指标进行层层分解，揭示企业各指标间的结构关系，查明各主要指标的影响因素，为决策者优化财务状况、提高企业经营效率提供思路。杜邦分析图如图 12-1 所示。

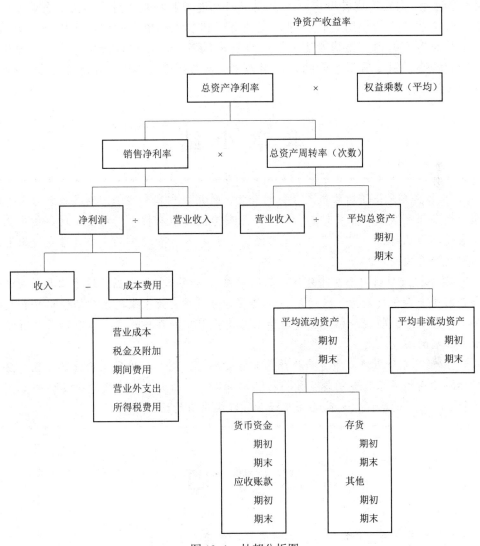

图 12-1　杜邦分析图

在杜邦分析图中，净资产收益率是整个分析系统的起点和核心，是一个综合性最强的财务比率。该指标反映了所有者投入资本的获利能力，反映企业筹资、投资、资产运营等活动的效率，它的高低取决于总资产净利率和权益乘数。总资产净利率也是一个重要的财务比率，综合性也很强，它是销售净利率和总资产周转率（次数）的乘积。它揭示了企业生产经营活动的效率，企业的销售收入、成本费用、资产结构、资产周转速度及资金占用额等因素都直接影响到总资产净利率的高低。权益乘数（平均）反映了所有者权益同总资产的关系，在总资产需要量既定的前提下，企业适当开展负债经营，相对减少所有者权益所占的份额，就可使权益乘数（平均）提高，这样能给企业带来较大的财务杠杆利益，但同时企业也需要承受较大的风险。因此，企业既要合理使用全部资产，又要妥善安排资金结构，对权益乘数（平均）指标不能一味求大，应让其保持适中的数值。销售净利率反映了企业净利润与营业收入的关系，提高销售净利率是提高企业盈利的关键，提高销售净利率有扩大营业收入和降低成本费用两个途径。总资产周转率揭示了企业资产实现营业收入的综合能力。企业要联系营业收入分析企业资产的使用是否合理、流动资产和非流动资产的比例安排是否恰当。此外，还必须对资产的内部结构及影响资产周转率的各个因素进行分析，不仅要分析企业的总资产周转率，更要分析企业的存货周转率与应收账款周转率，并将其周转情况与资金占用情况结合分析。

本 章 小 结

1. 本章主要介绍了财务报表分析的含义、作用、内容和方法。财务报表分析是依据企业财务报表数据和相关信息，采用一系列专门方法和技术，对企业财务质量状况和经营情况做出评价，以便于企业的投资者、债权人和管理当局等会计信息使用者做出正确的经济决策。

2. 财务报表分析以企业对外发布的财务报表资料为主要依据，运用比率分析法分析和判断企业的偿债能力、营运能力和盈利能力，对企业未来的生产经营水平和发展趋势进行分析等，将会计核算信息转换为对决策有用的财务信息，以有助于利益相关者做出正确的决策。

3. 杜邦财务分析法以净资产收益率为核心指标，对指标进行层层分解，揭示企业各指标间的结构关系，查明各主要指标的影响因素，帮助管理者发现企业财务管理和经营管理中存在的问题，为改善企业经营管理提供有价值的信息。

思 考 题

1. 什么是财务报表分析？简述财务报表分析的意义。
2. 怎样评价企业的短期偿债能力？有哪几项指标？各自的评价标准是什么？
3. 如何评价企业的营运能力？包括哪些主要指标？
4. 如何评价企业的盈利能力？有哪些主要指标？
5. 财务分析的方法主要有哪些？各自的内容是什么？
6. 评价企业的长期偿债能力时可通过哪几种指标来判别？

7. 什么是杜邦分析法？它的核心内容是什么？

练 习 题

一、单项选择题

1. 杜邦财务分析体系的核心指标是（　　）。
   A. 总资产报酬率　　　　　　　　B. 总资产周转率
   C. 净资产收益率　　　　　　　　D. 主营业务净利率
2. 用于评价企业盈利能力的总资产报酬率指标中的"报酬"是指（　　）。
   A. 息税前利润　　　　　　　　　B. 营业利润
   C. 利润总额　　　　　　　　　　D. 净利润
3. 偿还短期债务的能力主要取决于（　　）。
   A. 负债总额与资产总额的比率　　B. 资产周转的速度
   C. 企业盈利能力　　　　　　　　D. 资产变现能力
4. 反映长期偿债能力的比率是（　　）。
   A. 现金比率　　　　　　　　　　B. 股东权益比率
   C. 流动比率　　　　　　　　　　D. 速动比率
5. （　　）不属于财务分析的基本方法。
   A. 比率分析　　　　　　　　　　B. 趋势分析
   C. 共同比分析　　　　　　　　　D. 因素分析

二、多项选择题

1. 下列各项中，可能直接影响企业净资产收益率指标的措施有（　　）。
   A. 提高销售净利率　　　　　　　B. 提高资产负债率
   C. 提高总资产周转率　　　　　　D. 提高流动比率
2. 反映企业盈利状况的财务指标有（　　）。
   A. 销售净利率　　　　　　　　　B. 总资产报酬率
   C. 净资产收益率　　　　　　　　D. 资本保值增值率
3. 影响总资产报酬率的因素有（　　）。
   A. 净利润　　　B. 所得税　　　C. 利息　　　D. 资产平均总额
4. 财务分析的依据包括（　　）。
   A. 资产负债表　　　　　　　　　B. 利润表
   C. 现金流量表　　　　　　　　　D. 利润分配表
5. 以下指标中，不反映营运能力的比率是（　　）。
   A. 资产负债率　　　　　　　　　B. 营业收入利润率
   C. 资本金利润率　　　　　　　　D. 资产周转率

三、判断题

1. 市盈率是评价上市公司盈利能力的指标，它反映投资者愿意对公司每股净利润支付的价格。   （ ）
2. 权益乘数的高低取决于企业的资金结构，资产负债率越高，权益乘数越高，财务风险越大。   （ ）
3. 在总资产报酬率不变的情况下，资产负债率越高，净资产收益率越低。（ ）
4. 资产负债率越高，说明企业的偿债能力越弱。   （ ）
5. 一般来说，企业的利息保障倍数至少大于或等于1。   （ ）

四、计算题

1. ABC公司20×6年12月31日的资产负债表（部分）如表12-4所示。

表12-4　ABC公司的资产负债表（部分）　　　　　　　　　单位：元

资产	金额	负债及所有者权益	金额
货币资金	5 200	应付账款	
应收账款净额		应交税费	5 000
存货		长期负债	
固定资产	60 000	实收资本	40 000
		未分配利润	
合计	86 800	总计	

补充资料：

① 年末流动比率为1.6。
② 产权比率为0.6。
③ 以销售额和年末存货计算的存货周转率为15次。
④ 以销售成本和年末存货计算的存货周转率为10次。
⑤ 本年销售毛利为64 000元。

要求：
（1）计算存货余额；
（2）计算应收账款净额、应付账款余额；
（3）计算长期负债；
（4）计算未分配利润余额。

2. 某公司资料如表12-5所示。

表12-5　某公司资产负债表

20×6年12月31日　　　　　　　　　　　　　　　　　　　　　单位：万元

资产	年初	年末	负债及所有者权益	年初	年末
流动资产			流动资产负债合计	450	300
货币资金	100	90	长期负债合计	250	400
应收账款净额	120	180	负债合计	700	700
存货	230	360	所有者权益合计	700	700
流动资产合计	450	630			
固定资产合计	950	770			
总计	1 400	1 400	总计	1 400	1 400

其他资料:

该公司20×5年度销售利润为15%,总资产周转率为0.52次,权益乘数为2.2,净资产收益率为17.16%。该公司20×6年度销售收入为841万元,净利润总额为122万元。

要求:

(1) 计算20×6年年末速动比率、资产负债率和权益乘数;

(2) 计算20×6年总资产周转率、销售净利率和净资产收益率;

(3) 利用差额分析法分析销售净利率、总资产周转率和权益乘数变动对净资产收益率的影响。

参考文献

[1] 陈国辉,陈文铭. 基础会计. 北京:清华大学出版社,2016.
[2] 蒙丽珍,蒋晓凤. 新企业会计准则应用讲解. 大连:东北财经大学出版社,2014.
[3] 财政部会计资格评价中心. 初级会计实务. 北京:中国财政经济出版社,2015.
[4] 郭雪萌. 基础会计学. 北京:北京交通大学出版社,2012.
[5] 中华人民共和国财政部. 企业会计准则. 北京:经济科学出版社,2006.
[6] 会计从业资格考试辅导教材编写组. 会计基础. 北京:中国财经出版社,2015.
[7] 张捷. 基础会计. 北京:中国大民大学出版社,2015.
[8] 国务院法制办公室. 中华人民共和国公司法. 北京:中国法制出版社,2014.